PUBLIÉ SOUS LA DIRECTION
DE LA
SECTION TECHNIQUE DES TROUPES COLONIALES
du Ministère de la Guerre

UNE ÉTAPE

de la

Conquête de l'Afrique Équatoriale française

1908 - 1912

*Historique des Opérations Militaires en Afrique Équatoriale Française,
de 1908 à 1912,
fait par des Officiers de l'État-Major des Troupes à Brazzaville.*

IMPRIMERIE-LIBRAIRIE MILITAIRE UNIVERSELLE
L. FOURNIER
264, Boulevard Saint-Germain, 264 — PARIS

UNE ÉTAPE

de la

Conquête de l'Afrique Équatoriale française

1908-1912

PUBLIÉ SOUS LA DIRECTION
DE LA
SECTION TECHNIQUE DES TROUPES. COLONIALES
du Ministère de la Guerre

UNE ÉTAPE

de la

Conquête de l'Afrique Équatoriale

française

1908 - 1912

*Historique des Opérations Militaires en Afrique Équatoriale Française,
de 1908 à 1912,
fait par des Officiers de l'État-Major des Troupes à Brazzaville.*

IMPRIMERIE-LIBRAIRIE MILITAIRE UNIVERSELLE
L. FOURNIER
264, Boulevard Saint-Germain, 264 — PARIS

Historique des opérations militaires en Afrique Équatoriale française, de 1908 à 1912, fait par des Officiers de l'État-Major des Troupes, à Brazzaville [1]

AVANT-PROPOS

(Voir croquis nᵒ 1 à la fin du chapitre I.)

Plan d'action du Gouverneur Général

La création en 1908 du Gouvernement Général de l'Afrique Equatoriale Française, confié à M. Merlin, marque l'ouverture de l'ère de la conquête effective de nos vastes possessions du Gabon et du Congo.

A cette époque, le Gouvernement de la Métropole décidait de renoncer à la politique de « pénétration

---

[1] M. Martial Merlin étant gouverneur général, le colonel Mordrelle (1908-1909) et le général Goullet (1910-1912) étant commandants supérieurs des troupes.

pacifique » suivie jusqu'alors dans nos possessions du Gabon et du Congo. Cette politique n'avait donné que de maigres résultats ; les peuplades sauvages des bassins de l'Ogooué, du Congo, de l'Oubangui, malgré leur état d'inorganisation sociale, avaient réussi à conserver leur indépendance ; les tentatives patientes mais inefficaces des chefs de postes, qui ne disposaient d'aucun moyen d'imposer l'obéissance à leurs prétendus administrés, avaient échoué.

Les troupes d'occupation de la colonie comprenaient :

Au Gabon : 2 compagnies ;

Au Moyen-Congo : 2 compagnies ;

Dans l'Oubangui-Chari : 1 compagnie.

Chacune de ces unités avait 200 tirailleurs sénégalais.

Le territoire militaire du Tchad était gardé par un bataillon de 4 compagnies, comprenant, chacune, 300 indigènes. Une décision malencontreuse avait en 1907, supprimé l'escadron et la batterie du territoire militaire comme unités administratives et les avait incorporés dans le bataillon mixte du Tchad, dont les forces d'infanterie ne dépassaient guère, par suite, un millier de fusils.

L'examen le plus sommaire de la situation de la colonie suffisait à faire ressortir l'insuffisance de ces forces, la nécessité d'une occupation méthodique et l'urgence d'une réorganisation militaire. La création d'un bataillon dans chacune des colonies du groupe fut décidée. Ces troupes furent placées sous un commandement unique, par un décret créant le Groupe des Troupes de l'Afrique Equatoriale Française et l'emploi de Commandant Supérieur de ces troupes.

L'arrivée des unités de renfort accordées par la Métropole devait s'effectuer par échelons, de la fin de 1908 à la fin de 1911. Cette réorganisation progressive allait faire passer nos effectifs :

Au Gabon : de deux compagnies à un régiment de deux bataillons ;

Au Moyen-Congo : de deux compagnies à un bataillon de six compagnies ;

Au Tchad : de quatre compagnies à un régiment mixte de trois bataillons (douze compagnies), un escadron et une batterie.

*
* *

Il importait, dès le début, de fixer les règles de l'occupation qui venait d'être décidée et de préciser le mode d'emploi des forces militaires qui allaient être réparties sur le territoire de la colonie, plus particulièrement, d'indiquer les principes et de cette occupation, et de notre action sur les peuplades indigènes, principes que les officiers de chacune de nos unités auraient à appliquer concurremment avec les administrateurs des quelques circonscriptions déjà soumises.

Ces directives sont exposées par M. le Gouverneur Général Merlin dans ses premières circulaires d'avril et de septembre 1909. Après avoir rappelé les erreurs auxquelles aboutit le manque de méthode et d'esprit de suite dans l'occupation et l'administration d'un pays, le Gouverneur Général donne toutes les raisons qui militent en faveur d'un plan d'action méthodique. Il enjoint aux Lieutenants-Gouverneurs une sorte de programme de pénétration et de classement, par ordre d'urgence, des régions à occuper, en prenant comme base les principaux facteurs géographiques, politiques et économiques. Ce programme doit être strictement proportionné aux effectifs et aux moyens dont la colonie dispose ; il convient d'éviter toute hâte intempestive qui pourrait ruiner prématurément la santé du personnel et empêcher ainsi l'occupation d'être effective et durable.

« Dans ce pays, dit M. Merlin, il ne faut pas procé-« der par bonds individuels, mais par masses, constam-« ment, bien que lentement, progressives. »

Le Gouverneur Général recommande également de ne pas se contenter de sillonner le pays en tous sens par des reconnaissances rapides qui ne laissent derrière elles aucune trace et n'ont qu'une influence momentanée. Ce qu'il faut, c'est s'établir à demeure, avoir une base solide d'où l'on puisse rayonner facilement et étendre son action progressivement. Quant aux groupements réfractaires et hostiles, il importe de les envelopper le plus possible, de les cerner, pour ainsi dire, et de les amener par la force même des choses à se soumettre, en leur enlevant toute possibilité de fuite dans la forêt ou dans les territoires inoccupés.

Après avoir défini l'unité territoriale administrative : la « cellule d'occupation », à laquelle il donne le nom de circonscription, le Gouverneur Général en précise le mode d'organisation. Chaque circonscription sera divisée en subdivisions, et, dès que les disponibilités en personnel le permettront, circonscriptions et subdivisions seront commandées par des Administrateurs ou des Officiers, à l'exclusion des agents subalternes.

Les chefs des circonscriptions et des subdivisions doivent concentrer leurs efforts sur un programme des plus restreints. Il leur est enjoint de mener à bout tout travail entrepris. Si, dans les débuts de l'occupation, leur rôle doit se borner à être les agents de renseignements pour l'autorité supérieure, ils devront, toutefois, commencer à organiser et administrer la circonscription en recourant aux chefs indigènes dans la mesure du possible ; ils se mettront en rapport avec leurs collègues des circonscriptions voisines, afin qu'une action continue et féconde se substitue partout aux efforts individuels non coordonnés et, partant, stériles.

Les régions occupées par les troupes régulières ne sont pas autre chose que des circonscriptions où les administrateurs sont les officiers de la compagnie qui occupe la circonscription. L'occupation militaire a le même but et se poursuit suivant les mêmes méthodes que l'occupation administrative. Il ne faut voir dans ces circonscriptions que des régions où la soumission n'est pas encore effective, où un foyer mal éteint peut encore se rallumer ; la présence des troupes dans un pays n'a pas un caractère répressif, mais un caractère préventif.

La compagnie de tirailleurs est l'unité d'occupation ; le capitaine qui la commande est le chef de la circonscription ; les lieutenants sont les chefs de subdivision ; ils ont, au minimum, avec eux, 50 fusils. Les postes doivent être solidement et convenablement installés, entourés de cultures ; un marché doit toujours être organisé à proximité. Ces postes doivent être des pôles d'attraction où les indigènes viennent prendre contact avec nous et se familiariser avec nos procédés de commandement.

Si les circonstances obligent, malheureusement, à recourir à la force, ce ne sera que dans les cas nettement déterminés d'insoumission et de rébellion ; on devra limiter la répression aux seuls groupements réfractaires, exiger la destruction des fortifications et s'emparer, si possible, des meneurs, qui seront déportés.

Tel est, sommairement esquissé, le programme de notre action, conçu par M. le Gouverneur Général Merlin.

Ces instructions réservaient à nos unités un double rôle, administratif et militaire.

Elles tendaient à obtenir ce résultat, éminemment désirable, de soumettre, par le procédé connu de la tache d'huile, ceux que nous voulions administrer, en réduisant au minimum les coups de force ; mais elles exigeaient une suite continue d'efforts considérables.

A la vérité, ces instructions paraissaient s'appliquer plus particulièrement aux trois colonies du Gabon, du Moyen-Congo et de l'Oubangui-Chari. Au territoire militaire du Tchad, une politique toute spéciale était à suivre. Là, en effet, il ne s'agissait pas seulement d'administrer, mais encore de faire face au Nord et à l'Est à des ennemis audacieux et bien armés et d'être toujours prêt au combat.

De la côte de l'Atlantique jusqu'au bord de l'Oubangui, dans la zone climatérique équatoriale où la forêt domine, nous n'avions guère à rencontrer, suivant une expression connue, qu'une poussière de tribus déprimées, sans aucun lien social, individualistes, mal armées.

Au Nord, au contraire, des guerriers groupés par des sultans, marchands d'esclaves, dont nous gênions le commerce, les déprédations et les procédés inhumains d'administration, des rezzous venus des confins désertiques, les uns et les autres bien pourvus d'armes et de munitions, organisés, fanatisés par l'Islam autant que par l'amour du pillage et de la guerre, tels étaient les dangereux ennemis que nous avions à combattre.

L'action de nos troupes présente, par suite, un caractère bien différent, suivant qu'elle s'exerce dans l'intérieur de la colonie ou sur nos confins militaires.

Ici, un adversaire qui attaque et manœuvre en rase campagne, là un ennemi insaisissable, faisant le vide devant nos colonnes.

Lorsque le Pahouin résiste, il est installé derrière de hautes palissades, dans des banzas (1) échelonnées qu'entoure la forêt, ordinairement impénétrable ; il faudra déboucher à quelques mètres de l'ennemi, qui fuira lorsque, coupe-coupe à la main, nos tirailleurs seront parvenus, sous le feu, à tourner les défenses accessoires nombreuses, accumulées sur l'étroit sentier qui conduit aux retranchements.

L'historique qui suit se divise donc, naturellement, en deux parties, si l'on tient compte des caractéristiques différentes des opérations exécutées par nos troupes de l'Afrique Equatoriale sur deux théâtres distincts.

PREMIÈRE PARTIE :

Opérations au Gabon, au Moyen-Congo et dans l'Oubangui-Chari.

DEUXIÈME PARTIE :

Opérations dans le territoire militaire du Tchad.

---

(1) Réduits.

PREMIÈRE PARTIE

GABON - MOYEN-CONGO - OUBANGUI-CHARI

CHAPITRE PREMIER

Vue d'ensemble sur l'occupation militaire avant 1909

*Situation militaire jusqu'en 1903. — Situation politique
et militaire en fin 1908. — Création des circonscriptions d'administration militaire. — Les circonscriptions sont les théâtres de chaque unité.*

(Voir croquis nº 1 à la fin du présent chapitre.)

Jusqu'à la création du Gouvernement Général et du
Commandement Supérieur du Groupe de l'Afrique
Equatoriale Française, nos troupes, rattachées au
Commandement Supérieur de l'Afrique Occidentale
Française, qui a son siège à Dakar, avaient à faire
face, au jour le jour et sans plan d'ensemble, aux
difficultés innombrables et subites qui surgissaient à
chaque instant. A ce régime, elles usaient des forces
tout à fait insuffisantes et une énergie soutenue, digne
de meilleurs résultats.

Au moment de la réorganisation des troupes coloniales, après le vote de la loi du 7 juillet 1900, les dé-
crets du 28 décembre 1900 ne mentionnent comme
troupes du Congo « qu'un bataillon de tirailleurs sénégalais stationné au Chari ».

En 1902, quatre autres compagnies de tirailleurs sénégalais furent envoyées de Dakar, à la disposition du Commissaire Général du Congo ; un décret du 6 octobre 1912, faisant suite à celui du 15 juillet, constituait en régiment ces huit compagnies et groupait les troupes et services militaires de la colonie sous les ordres du Lieutenant-Colonel commandant le régiment à Libreville. L'installation du chef-lieu de ce commandement à Libreville présentait de sérieux inconvénients ; la majeure partie des troupes, en effet la moitié de l'infanterie, toute l'artillerie et la cavalerie étaient stationnées dans le territoire militaire du Tchad, dont le chef-lieu, Fort-Lamy, est à 3.500 kilomètres de Libreville ; l'action d'un tel commandement était inefficace et, dès la fin de 1913, les huit compagnies de ce régiment furent constituées en deux bataillons formant corps, l'un de cinq compagnies réparties dans l'Oubangui-Chari-Tchad, l'autre de trois compagnies affectées au Gabon et au Moyen-Congo. Ces forces militaires, rattachées au Groupe de l'Afrique Occidentale Française (Décret du 26 mai 1903), furent réparties en deux commandements locaux distincts : détachement du Moyen-Congo et détachement du Chari-Tchad, commandés chacun par le plus ancien officier de troupe ; le centre du détachement Gabon, Moyen-Congo était, en outre, transféré à Brazzaville, qui devenait en même temps le chef-lieu des possessions du Congo Français et Dépendances.

En 1906 le Gabon avait une seule compagnie de tirailleurs, le Moyen-Congo en avait deux, l'Oubangui-Chari-Tchad en avait cinq, dont quatre stationnées dans le territoire militaire du Tchad. Le décret du 4 février 1906, modifiant celui du 29 décembre 1903, constituait le Congo Français et Dépendances en quatre circonscriptions administratives : 1° le Gabon ;

2° le Moyen-Congo ; 3° l'Oubangui-Chari ; 4° le Territoire Militaire du Tchad. Ces quatre circonscriptions forment trois colonies, ayant chacune leur autonomie administrative et financière : le Gabon (chef-lieu Libreville), le Moyen-Congo (chef-lieu Brazzaville) l'Oubangui-Chari-Tchad (chef-lieu Bangui) ; l'officier supérieur commandant le Territoire Militaire du Tchad relève de cette dernière colonie, mais le Territoire Militaire du Tchad a son budget propre.

En 1907, une deuxième compagnie était envoyée au Gabon et une troisième au Moyen-Congo. Un bataillon dit du Gabon, était organisé à la date du 1er janvier 1908.

Au commencement de 1908, les effectifs présents avaient la composition et la répartition suivante :

Bataillon du Gabon à deux compagnies.

GABON

Portion centrale : Libreville.

1re compagnie dans l'Ogooué (postes à N'Djolé et à Boué).

2° compagnie dans l'Ofoué N'Gounié (postes à Mouïla et à Moabi).

Bataillon du Moyen-Congo à trois compagnies.

MOYEN-CONGO

Portion centrale à Brazzaville.

1re compagnie à Brazzaville et dans la Louené.

2° compagnie dans la Lobaye (postes à Betou, M'Baïli, Mongoumba Enyellé).

OUBANGUI-CHARI

3° compagnie (postes à Mobaye, Bangassou, Zémio).

Le décret portant création du Gouvernement Général de l'Afrique Equatoriale Française est du 28 juin

1908 ; à ce moment, la création d'un bataillon destiné à l'Oubangui-Chari est décidée, ainsi que la constitution des bataillons à quatre compagnies chacun et la réduction de l'effectif des unités de 250 tirailleurs à 200.

Avant d'exposer les opérations qui se sont déroulées à partir de 1909 jusqu'en fin 1912, un examen sommaire de la situation politique et militaire de chacune des colonies du Gabon, du Moyen-Congo et de l'Oubangui-Chari, en indiquant les circonstances et les besoins auxquels il fallait faire face, permettra de faire ressortir les conditions dans lesquelles devait se faire la mise en œuvre des moyens d'action mis à la disposition du nouveau Gouvernement Général de l'Afrique Equatoriale Française.

Au Gabon, dès les premiers mois de 1908, et sur la demande de la Société concessionnaire de la N'Goko Sangha, dont un agent, qui devait installer une factorerie à Alati, fait prisonnier par les indigènes, avait été obligé d'appeler à son secours les Allemands voisin, du Cameroun, la 1re compagnie (capitaine Fabiani), qui se trouvait à N'Djolé, remonte l'Ogooué et l'Ivindo, pour créer dans l'Ivindo les postes de Alati et de Viel, puis ceux de M'Vahdi et de Makokou. L'Administrateur Weber recevait également la mission d'occuper, avec une centaine de gardes régionaux, l'autre partie du territoire gabonais voisine du Sud-Cameroun, le Voleu N'Tem ; mais faute de moyens matériels, devant les difficultés rencontrées dans le gouvernement des indigènes et la résistance opposée à notre action, on s'était trouvé dans l'obligation d'évacuer les postes établis dans le Voleu N'Tem. La 3e compagnie de tirailleurs venue de Dakar en septembre 1908, remplace la 1re compagnie à N'Djolé et permet d'amorcer la pénétration de l'Okano, en occupant les postes d'Omvan et de La-Lara.

Dans la Haute N'Gounié, où se trouvait la 2ᵉ compagnie, les indigènes étaient en état de rebellion ouverte ; ils avaient poussé l'audace jusqu'à venir piller la factorerie de Nyanga, à quelques kilomètres de la côte, en mai 1908.

Dans son discours d'ouverture de la Session du Conseil du Gouvernement, en 1909, M. le Gouverneur Général s'exprimait comme suit : « Au Gabon, la si-« tuation était particulièrement mauvaise ; une effer-« vescence de plus en plus menaçante agitait les indi-« gènes ; en certains points, elle s'était même mani-« festée par des actes d'hostilité ouverte, les routes « avaient été coupées, les factoreries avaient été pil-« lées sans que les répressions ni les sanctions néces-« saires aient pu intervenir, par suite de la faiblesse « des effectifs dont on disposait. A part le littoral ma-« ritime, le bord même de l'Ogooué, j'oserais à peine « ajouter les environs immédiats de Libreville, on peut « dire que tout le monde échappait à notre autorité et « que la sécurité n'était assurée nulle part. »

Le nombre des postes ressortissant aussi bien à l'administration civile qu'à l'administration militaire, ne dépassait pas trente-trois pour une colonie aussi étendue que les Iles Britanniques ; le contact avec les indigènes n'avait pu être pris qu'en de rares localités, notre domination n'existait, en somme, que de nom.

Au Moyen-Congo, la situation est à peu près la même. Le premier effort militaire avait été fait dans la Haute Sangha et dans la Louessé. La 1ʳᵉ compagnie avait pu occuper, sans trop de difficultés, la Haute-Sangha, de 1903 jusqu'en 1906, moment où les tirailleurs y sont remplacés par de la milice ; le Lieutenant-Gouverneur du Moyen-Congo constatait, en 1908, que, de toutes les régions, la Sangha était la seule où le développement de notre action politique et administrative eût réalisé les plus sensibles progrès. Dans la Louené, le commandant Sadorge avait fait installer, en 1906, des postes de pénétration, à Sibiti et à Makalana ; afin de préparer une jonction éventuelle avec les troupes du Gabon, de la Haute N'Gounié et du Haut-Ogoué. Mais la faiblesse de l'effectif dont disposaient les chefs de postes rendit leur action à peu près nulle. Il fallut, d'ailleurs, retirer ces troupes, dès 1908, pour les envoyer dans le Djoueh-Sembé, à la frontière Sud-Cameroun ; le territoire de la Louené entre dans la formation de la région d'administration civile de Madingou (28 novembre 1908). La Lobaye était occupée depuis 1905. La 2ᵉ compagnie (capitaine Méchet) y avait alors été envoyée, après que quatre Européens avaient été massacrés et mangés dans la factorerie d'Engellé. Une autre compagnie de tirailleurs (capitaine Guillemat) avait été formée en 1907, avec des éléments rendus disponibles, par suite du remplacement des troupes régulières dans la Sangha par de la milice ; ces deux unités opèrent dans la Lobaye, s'emparant de Loko, d'Engellé, où 80 Bandjos restent sur le terrain, mais elles ne peuvent poursuivre plus avant leurs opérations. Elles étaient fusionnées, quelques mois plus tard, en une seule unité de 250 fusils. Les rebelles avaient fait de Béra-N'Djoko (*village des tueurs d'éléphants*) leur centre de résistance.

En même temps que l'envoi dans l'Ivindo de la compagnie Fabiani, du Bataillon du Gabon, un détachement de la 1ʳᵉ compagnie du bataillon du Moyen-Congo (Lieutenants Poucher et Braun) gagnait la frontière Sud-Cameroun par la Sangha et la Ngoko. Quand on apprend, à Brazzaville, les graves incidents dont la région du Djouch-Sembé est le théâtre, une colonne d'opérations est formée avec la 1ʳᵉ compagnie, sous les ordres du commandant Garnier puis du lieutenant-colonel Mangin (opérations du Djoueh-Sembé, en juillet-août 1908). Après ces opérations, une région du Djoueh-Sembé était organisée et le commandement en était laissé au lieutenant Lorcery, qui occupait, avec 150 fusils de la 1re compagnie, les postes de Sembé, de Zalangoy, des Rapides, de Viel et d'Alati ; de plus, des groupes de trois ou quatre tirailleurs étaient placés près des traitants dans les factoreries de la Société « La N'Goko-Sangha ». Mais, dès le départ de la colonne, les factoreries sont attaquées et pillées, les gardes sont tués ou blessés, les armes et leurs munitions sont enlevées ; un agent européen, M. Cassagne, est assassiné à Balzoc. Les lieutenants Lorcery et Poucher réussissent, néanmoins, à se maintenir à Sembé. Une intervention rapide s'imposait donc de ce côté, dès la fin de 1908.

La colonie avait été divisée en sept régions administratives, dont deux militaires, la Lobaye (chef-lieu Belon), et le Djoueh Sembé (chef-lieu Sembé). Mais cette division était surtout théorique et, en réalité, notre action ne se fait sentir qu'aux alentours des divers postes administratifs et le long des rivières navigables, en dépit des efforts considérables fournis, soit par les administrateurs, soit par les officiers et les troupes d'occupation, on ne tient que des portions infimes du territoire, et même dans les régions considérées comme pacifiées, il y a souvent des révoltes, des cas d'insoumission, des refus de payer l'impôt.

En ce qui concerne l'Oubangui-Chari, on peut dire, qu'en dehors de la route d'étapes de Bangui au Chari, et des cours des fleuves Oubangui et M'Bomou, le pays est peu ou pas connu. Le méridien de Mobaye divise sensiblement l'Oubangui en deux zones ; celle de l'Ouest est peuplée de tribus diverses, sans lien entre elles, sans organisation autonome, analogues en somme, aux peuplades du Gabon et du Moyen-Congo ; dans celle de l'Est, au contraire, on trouve de petits sultans locaux, qui ont pu grouper autour d'eux, soit par la force, soit par l'intérêt, une population assez dense et qui tirent le plus clair de leurs revenus de la vente des esclaves aux Arabes venus du Darfour. Le plus puissant de ces sultans se trouve à N'Délé : c'est Mohammed el Senoussi. C'est lui qui a fait massacrer Crampel, à El Kouti, le 22 mars 1891. M. Gentil a acheté sa neutralité au moment de notre lutte contre Rabah ; Senoussi traite avec nous et consent à recevoir près de lui un officier, Résident de France, avec une garde de quelques tirailleurs. Mais la mission donnée à notre Résident est des plus difficiles : Senoussi dispose de plus de 2.000 bazinguers (1) bien armés, et il peut continuer ses exactions comme par le passé, malgré ses promesses.

Le bataillon de l'Oubangui-Chari reçoit ses deux compagnies nouvelles de septembre à décembre 1908. La 3e compagnie de Mobaye devient 3e compagnie du nouveau bataillon de l'Oubangui-Chari ; elle est concentrée tout entière à Mobaye et la 2e compagnie sera dirigée sur Bangassou et occupera les postes du M'Bomou à Rafaï et à Zémio. Quant à la 1re compagnie, elle est envoyée à Fort-Archambault et occupera la région comprise entre le Chari et la frontière Est-Cameroun (postes de Laïet à Léré) en pays Sara, dont les populations, bien que dépendant du Territoire du Tchad, donnaient quelques inquiétudes.

En résumé, on peut voir que, jusqu'en 1908, nos quelques unités sont constamment en mouvement, appelées en toute hâte, d'un point à un autre, par des incidents sans cesse renaissants ; elles ne peuvent

______

(1) Soldats.

s'établir à demeure en aucune région de leur trop
vaste champ d'opérations ; on courait au plus pressé ;
on faisait acte de présence, puis on disparaissait, sans
avoir le temps de rien organiser. Des considérations
de protection commerciale interviennent dans la création et le choix des emplacements de nos postes ; on
a même été jusqu'à répartir leur faible garnison en
petits détachements de trois à quatre hommes préposés
à la garde de factoreries. Ajoutons que les compagnies régulières étaient encore armées de fusils mo-
déle 1874, de même que les miliciens ; 30 % des munitions de cet armement véluste étaient à détruire ; la
pénétration du projectile se trouvait, en outre, insuffi-
sante contre un ennemi s'abritant le plus souvent derrière un arbre ou une palissade.

Prenant comme points de départ la répartition de
nos troupes, telle qu'elle venait d'être imposée par les
circonstances et la constitution à quatre compagnies
prévue dès fin 1908, pour chacun des bataillons affectés respectivement au Gabon, au Moyen-Congo et à
l'Oubangui-Chari, le Gouverneur Général pouvait procéder à l'organisation méthodique dont il avait for-
mulé les principes dans ses circulaires sur l'occupation. C'est ainsi que par arrêté pris en septembre 1909,
il consacre cette organisation en divisant chaque colonie en circonscriptions d'administration civile ou d'administration militaire, suivant qu'elles sont commandées par des administrateurs ou par des officiers.

Le Gabon comprend seize circonscriptions civiles,
dont quelques-unes ne comportent aucune occupation,
et quatre circonscriptions militaires :

Circonscription de l'Ofoué N'Gounié, occupée par la
2ᵉ compagnie ;

Circonscription de l'Okano, qui sera occupée par la
4ᵉ compagnie ;

Circonscription du Voleu N'Tem, qui sera occupée par la 3e compagnie ;

Circonscription de l'Ivindo, qui sera occupée par la 1re compagnie.

Le Moyen-Congo comprend onze circonscriptions d'administration civile et trois circonscriptions d'administration militaire :

Circonscription de la Koudou, occupée par les 1re et 3e compagnies (la 3e compagnie a encore des détachements dans la circonscription de l'Ivindo) ;

Circonscription de la Lobaye, occupée par la 2e compagnie ;

Circonscription de l'Ibenga-Mota, qui ne sera occupée qu'en 1910, à l'arrivée de la 4e compagnie du bataillon du Moyen-Congo.

L'Oubangui-Chari comprend quatre circonscriptions d'administration civile et trois circonscriptions d'administration militaire :

Circonscription du Haut-Oubangui, occupée par la 3e compagnie ;

Circonscription du M'Bomou, occupée par la 2e compagnie ;

Circonscription du Dar-Konti, qui sera occupée par la 4e compagnie.

La division territoriale fixée par les arrêtés de septembre 1909, et la répartition corrélative des troupes ne subiront aucune modification de principe jusqu'en 1912, sauf les changements correspondant à l'arrivée successive dans la colonie des nouvelles unités de renfort, qui viennent successivement porter à huit le nombre des unités du Gabon et à six celui des unités du Moyen-Congo et de l'Oubangui-Chari. Les remaniements territoriaux, consécutifs à l'accord franco-

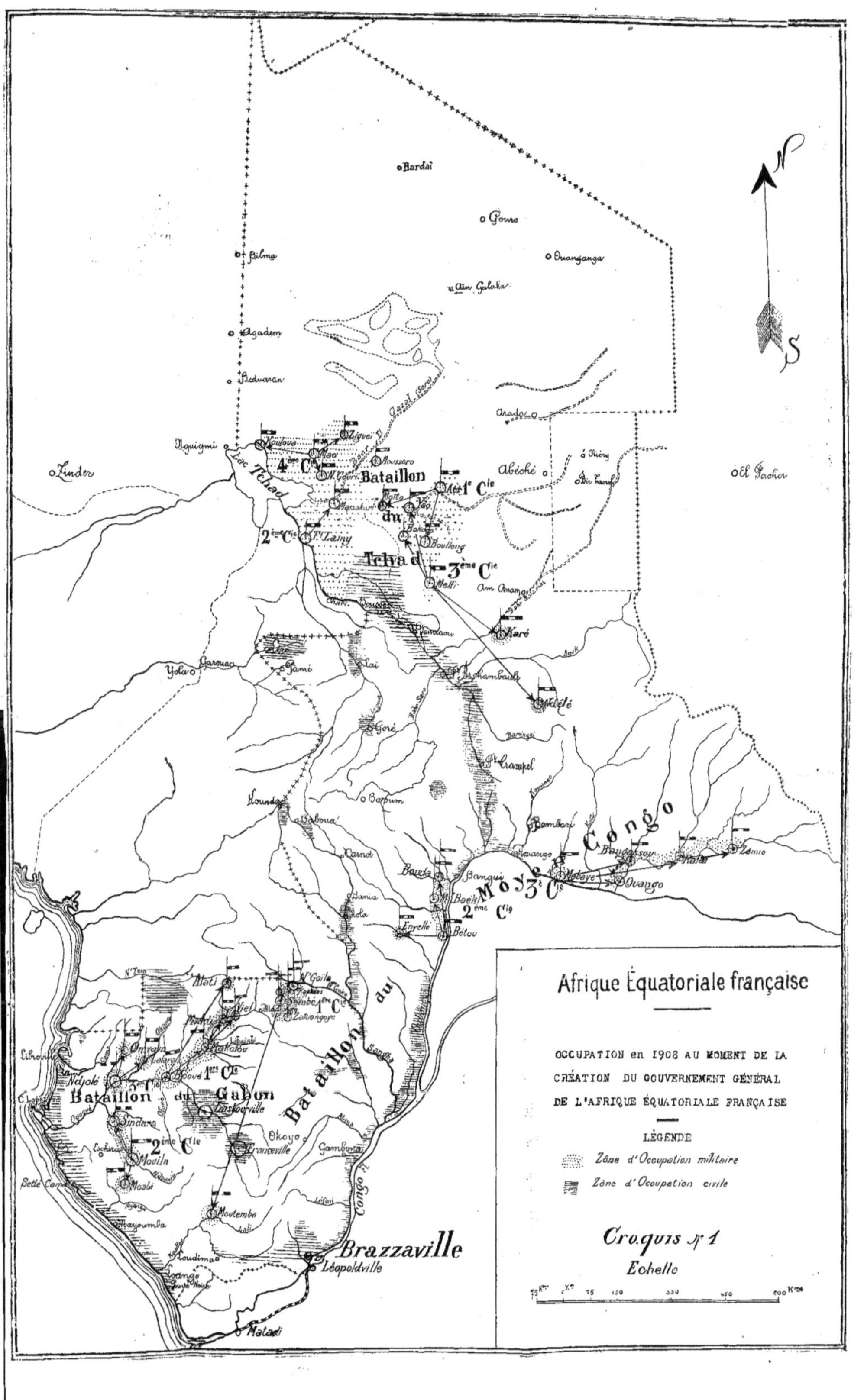

Afrique Équatoriale française

OCCUPATION en 1908 AU MOMENT DE LA
CRÉATION DU GOUVERNEMENT GÉNÉRAL
DE L'AFRIQUE ÉQUATORIALE FRANÇAISE

LÉGENDE
Zône d'Occupation militaire
Zône d'Occupation civile

Croquis Nº 1
Echelle

Bardaï
Gouro
Ouanjanga
Bilma
Aïn Galaka
Agadem
Beduaran
Arada
Nguigmi
Moulova
Zigvaï
Thiery
Abéché
El Facher
Zinder
Mao
Moussoro
Lac Tchad
4ème Cie
M'Goun
Bataillon
1re Cie
Massakori
Fort Lamy
Mogita
du
Yao
2ème Cie
Bokoro
Tchad
Boullong
3ème Cie
Melfi
Am Anam
Fort Crampel
Maré
Archambault
Ndélé
Yola
Garoua
Pamé
Goré
Koundé
Barium
Congo
Bambari
Bangassou
Zemio
Rafaï
Carnot
Banza
Bania
Bangui
Moyen
3ème Cie
Obaye
Ouango
Bael
2ème Cie
Loualo
Linvelle
Bétou
N'Tem
Alati
N'Goila
Bataillon
1re Cie
Sembé
Zovongoye
au
Libreville
Ouesso
Makokou
Ndjolé
Booué
1re Cie
Gabon
Bataillon du
Franceville
Sindara
Okoyo
Gamboma
Mouila
2ème Cie
Mossi
Alima
Setté Cama
Moutemba
Loudima
Brazzaville
Léopoldville
Matadi

allemand, survenus en novembre 1911, n'ont porté, en ce qui concerne les territoires occupés militairement, que sur les circonscriptions du Voleu N'Tem, au Gabon, de la Koudou et de la Lobaye au Moyen-Congo. Les trois unités rendues disponibles par l'évacuation de ces territoires avaient leur emploi tout indiqué, soit dans de nouvelles régions encore inoccupées, soit pour resserrer l'occupation des régions trop étendues pour l'effectif qui leur était affecté.

Les opérations militaires qui se sont déroulées de 1909 à 1912 ont eu pour objet la pénétration et l'occupation de chaque circonscription militaire. Si, nulle part, nous n'avons trouvé devant nous de résistance sérieuse, par contre, combien disséminés ont dû être nos efforts. C'est qu'en effet, nous avons affaire aux populations les plus primitives, barbares jusqu'à l'anthropophagie, individualistes jusqu'à l'anarchie. Elles ne connaissent ni groupements, ni agglomérations ; demeurées à l'état fragmentaire, elles sont incapables de se solidariser pour nous résister. Peut-être ne nous seraient-elles pas nettement hostiles ; mais, foncièrement paresseuses, elles se trouvent gênées par nous, d'où des heurts.

A cause de l'état inorganique de ces populations indigènes, notre action peut s'exercer dans une contrée sans que les régions voisines en subissent quelque influence. C'est pourquoi chaque circonscription militaire peut être considérée comme un théâtre spécial d'opérations.

Cette division en théâtres d'opérations particuliers sera adoptée dans l'exposé qui suit ; elle aura l'avantage de faire ressortir, en même temps que les augmentations successives de nos forces, la progression corrélative de l'œuvre de pénétration et d'occupation militaire de l'Afrique Equatoriale Française.

CHAPITRE II

GABON : OPÉRATIONS DANS LA N'GOUNIÉ, L'OFOUÉ, LA LOLO

Opérations du commandant Sicre en pays Mocabé (août-septembre 1909). — Occupation des circonscriptions de l'Ofoué-N'Gounié, par la 2ᵉ compagnie, puis de la Lolo-Ouaya, à l'arrivée de la 8ᵉ compagnie.

(Voir croquis nº 2 à la fin du présent chapitre)

Les grandes lignes du programme militaire de 1909, arrêté par le Gabon, étaient les suivantes :

« La faiblesse des effectifs ne permettant pas d'agir
« simultanément et de façon efficace dans plusieurs
« territoires, il y a lieu de n'envisager, dès l'abord, que
« des opérations destinées à ramener l'ordre dans
« l'Ofoué-N'Gounié, dont certaines parties continuent
« à tenir en éveil les craintes qu'elles font concevoir
« depuis plus de deux ans pour les exploitations agri-
« coles et commerciales.

« En outre, loin de rester inactifs, les postes mili-
« taires, à quelque région qu'ils appartiennent, doivent
« préparer l'avenir (recensement, routes, etc.). »

La conclusion de ce passage, extrait de la lettre nº 18 G du Chef de Bataillon Sicre, au Lieutenant-Gouverneur, en date du 8 février 1909, était celle-ci :

« Deux contrées paraissent tout d'abord désignées
« pour être le théâtre d'opérations militaires intérieu-
« res, dans la région de l'Ofoué-N'Gounié : le pays
« Mocabé et le pays Issogho, dans la région de l'Okano :
« la contrée voisine de l'Abanga. »

Les opérations qui amenèrent la pacification du pays
Mocabé présentent, cependant, bien moins le caractère d'opérations de guerre (il n'y a eu, à proprement
parler, aucun engagement) que celui de négociations,
appuyées par la présence et par l'emploi possible de
la force.

Les causes premières des troubles qui, depuis cinq
ans, régnaient dans le pays Mocabé, avaient leur origine dans des jalousies entre tribus, qui, toutes dési-
raient monopoliser à leur profit le rôle d'intermé-
diaire entre les commerçants acheteurs de la côte et
les indigènes producteurs de l'arrière-pays.

Les Mocabés s'étaient fait surtout remarquer par leur
attitude provocante et leur résistance aux ordres de
l'Administration, lorsque celle-ci avait tenté d'intervenir dans les querelles locales pour les faire cesser. A
leur tête, se trouvait un féticheur célèbre et très influent, du nom de Mavouroulou.

Le caractère que le Lieutenant-Gouverneur du Gabon
entendait conserver à l'opération était défini par lui
en ces termes : « S'efforcer de ramener les rebelles par
« la persuasion ; recueillir avec soin toutes les doléan-
« ces ; n'imposer à leur soumission que des conditions
« compatibles avec les sentiments d'humanité dont
« nous devons faire preuve dans toutes les circonstan-
« ces, conditions d'ailleurs subordonnées aux ressour-
« ces des rebelles, au souci de notre dignité, en tenant
« compte également de tous les griefs qu'ils pourraient
« faire valoir et dont la légitimité serait reconnue. Dans
« l'éventualité, enfin, où tous les moyens pacifiques
« seraient reconnus inefficaces par le Chef de Bataillon,
« agir avec toute la vigueur nécessaire pour arriver à
« la pacification complète et garantir les résultats obte-
« nus par une occupation effective du territoire jus-

« qu'au retour certain des rebelles à de meilleurs sen-
« timents. »

Ce plan, dans son texte évidemment plus politique
que militaire, avait cependant le rare mérite de laisser
toute liberté au commandant de la colonne, pour prendre sur place toutes les décisions qu'il jugerait conve-
nables.

Le Chef de Bataillon Sicre, chargé de la direction des
opérations, quitta Libreville le 14 juin et arriva le
1er juillet à Moabi, poste fixé pour la concentration des
troupes d'opérations.

Celles-ci se composaient de la 2e compagnie du bataillon du Gabon (capitaine Thibault, lieutenants
Frech, Chaix et Lemarce), d'un peloton détaché de la
4e compagnie nouvellement débarquée, et de cinquante
gardes régionaux, sous les ordres de l'Administrateur
Tilaux. Au total, 310 fusils, commandés par sept officiers et encadrés par autant de sous-officiers européens.

Le théâtre des opérations se présentait comme un
pays recouvert de l'épaisse forêt équatoriale, offrant
partout des difficultés considérables au passage des
troupes, aussitôt que l'on s'écarte de la piste indigène.
Cette forêt est montueuse, coupée de nombreux ruisseaux, aux bords escarpés et difficilement accessibles ;
partout, le terrain présente des obstacles très sérieux.
Refusant constamment le combat et entraînées aux ru-
ses de la guerre de forêt, les populations sont pratiquement insaisissables, sauf par des marches de nuit
d'une extrême difficulté.

L'embuscade est la règle ; il est difficile de l'éventer ;
la distance à laquelle les indigènes font usage de leurs
armes, une vingtaine de mètres, la rend fréquemment
meurtrière.

Dans le cas particulier de la révolte Mocabé, il était logique de chercher à s'emparer, avant tout, de Mavouroulou, âme de la rébellion.

Le Commandant prit des dispositions pour cerner la zone où ce chef était signalé.

En mai et juin, les indigènes n'avaient pas hésité à attaquer par deux fois les détachements Thibault et Frech, dans les maisons du poste de Moabi (un tirailleur tué). La présence de gros effectifs les incita, cette fois, à la prudence. Ils temporisèrent et essayèrent de donner le change au Chef de Bataillon en lui faisant espérer la reddition volontaire de Mavouroulou. Le Commandant Sicre éventa bientôt ce stratagème un peu naïf et résolut de tenter un coup de main, par surprise contre le campement du féticheur.

Dans la nuit du 18 au 19 août 1909, les troupes désignées se portèrent sur l'ancien village de Madonga, à proximité duquel était installé Mavouroulou. Celui-ci faillit tomber entre les mains du Capitaine Thibault ; le Commandant Sicre, trompé par ses guides, erra une partie de la nuit dans la forêt et ne put arriver à capturer le chef rebelle.

Malgré cet insuccès, la mise en mouvement des troupes et la rupture des négociations qu'ils avaient espéré semblables à toutes les négociations antérieures, démontrèrent aux indigènes que les bénignes méthodes de la clémence quand même avaient fait leur temps, et, les remplissant de crainte, les incitèrent à la sagesse. Un grand nombre firent leur soumission. La capture, à quelques jours de là, des compagnons ordinaires de Mavouroulou, fit le reste et emporta l'adhésion des hésitants.

Telle fut la conclusion de cette campagne toute pacifique, qui ne nous coûta qu'*un tirailleur tué* et *deux blessés*.

Les rebelles payèrent un tribut de guerre, dont l'importance fut fixée selon les vues du Lieutenant-Gouverneur, de façon à leur faire comprendre que la force chez les Français marchait de pair avec l'humanité et la modération dans la victoire.

A l'issue de la campagne, la 2ᵉ compagnie du Bataillon du Gabon fut chargée de l'occupation de la nouvelle circonscription de l'Ofoué-N'Gounié ; un nouveau poste était créé à M'Dendé ; par mesure de prudence, le peloton de la 4ᵉ compagnie fut maintenu à Sindara jusqu'au commencement de 1910.

La circonscription de l'Ofoué-N'Gounié comprenait dans sa zone d'action, les bassins des affluents de droite de la N'Gounié et de celui de l'Ofoué. Ces régions, qui n'avaient pu encore être pénétrées, étaient devenues le refuge de tous les dissidents et de tous les mécontents.

Dans les pays Mocabé de la rive gauche de la N'Gounié, la tranquillité n'a plus été troublée et la remise de cette région à l'autorité civile a été décidée dès 1912. L'évacuation par la 2ᵉ compagnie des postes de N'Dendé, de Moabi et de Sindara devait permettre à cette unité de reporter son action entre la N'Gounié et l'Ofoué, en même temps que la 8ᵉ compagnie du régiment nᵒ 1, arrivée du Gabon dès janvier 1912, allait occuper la nouvelle circonscription de la Lolo-Ouaya.

La 2ᵉ compagnie put ainsi créer, à l'ouest de la N'Gounié, les postes de Magango, de Kimbelé et de Mimongo sans incidents notables.

La 8ᵉ compagnie, de son côté, devait rencontrer plus de difficultés.

C'est dans le voisinage du nouveau poste de Konanadembé, parmi les populations de race Powé, que s'est surtout affirmée l'hostilité de ces indigènes, qui

semblent décidés à résister à l'occupation française,
venant troubler leur anarchie traditionnelle. Ils offrent
tous les caractères des races du Gabon voisines (Pahouins, Mocabés, etc.). Ils sont armés d'un assez grand
nombre de fusils mais surtout de flèches et de sagaies
qu'ils empoisonnent. Les Powés usent de petits piquets
empoisonnés et de fosses profondes, coupant souvent
l'unique sentier, dissimulées sous des feuilles qui les
cachent complètement et au fond desquelles sont plan-
tés, la pointe de l'air, des pieux affilés mesurant d'un
mètre à deux mètres de hauteur.

D'après le journal de marche de la 8e compagnie, les
principales agressions qui ont marqué cette période,
sont les suivantes :

Le 15 mai, le Lieutenant Drouan, chef de la subdivision de Konanadembé, veut procéder avec un détachement de vingt-cinq hommes, à l'arrestation du chef
du village du Mapouma (2 kilomètres du poste). Il ne
peut s'en emparer qu'en faisant usage de ses armes.

Le 25 mai, aux abords immédiats de Konanadembé,
en l'absence du Lieutenant Drouan, une corvée d'eau,
bien qu'escortée par des tirailleurs en armes, est attaquée. Un tirailleur est tué ; un domestique indigène,
mortellement blessé, expire après une agonie de six
heures. Les coupables ne peuvent être joints.

Le Lieutenant Drouan, parti de Konanadembé, le
23 mai, se rendait, à la tête de seize hommes, à Kola-
Moutou, pour opérer la liaison avec la portion centrale
de la 8e compagnie ; il rencontre un détachement venu
de Soké, sous les ordres de l'Adjudant Ducamp, et
marche avec cette troupe jusqu'à Kola-Moutou. Aucun
incident ne se produit. Tous les villages établis sur la
route sont évacués.

Le 29 mai, le Lieutenant quitte Kola-Moutou pour

regagner Konanadembé avec ses seize tirailleurs seulement ; l'Adjudant Ducamp rallie Soké par une autre route. Le Lieutenant est arrêté au village de Popa par des indigènes armés, qui protestent contre l'arrestation motivée d'un guide ; le 30 mai, au matin, au moment où il va continuer sa route, il est assailli ; deux tirailleurs sont blessés ; mais un feu à volonté disperse les Powés en leur infligeant des pertes sensibles. Le détachement regagne Konanadembé sans guide et après avoir subi à plusieurs reprises le feu d'isolés, qui, heureusement, ne blessent personne.

L'Adjudant Ducamp ayant quitté Kola-Moutou pour Soké le 28 mai, est l'objet, le 29 mai, à Kimboka, d'une première attaque des indigènes. Le détachement se dégage et passe sans pertes. Mais un traitant indigène de la S. H. O. (1), demeuré imprudemment dans le village après le passage de la colonne, est massacré. Le 31 mai, de nombreux incidents marquent la traversée de chaque village. Cependant, nous ne subissons aucune perte, grâce à la bravoure et au sang-froid remarquables de l'adjudant. Le 1er juin, nouvelle attaque au village de Madibo. Aucune perte. Le soir du même jour, nouvelle attaque plus violente à Vegué (2). La troupe exécute des feux qui dispersent l'ennemi. A la sortie du village, l'Adjudant Ducamp est atteint légèrement d'un coup de feu au bas-ventre. Le 2 juin, le détachement rentre enfin à Soké.

Quatre jours après le retour de l'Adjudant dans ce poste, le sergent Fort, resté à Soké, part avec une escorte pour aller continuer ses services à Konanadembé. A peine ce dernier a t-il dépassé le village de Mokoko, à une demi-heure du poste, que des coups de feu

---

(1) Société du Haut-Ogoué.
(2) Sur la route de Kola-Moutou, à Boké.

sont tirés sur le détachement. Le sergent Fort est atteint de deux blessures légères et un tirailleur est blessé légèrement aussi. Le même sergent Fort repart de Konanadembé, le 10 juin, pour porter un courrier au Commandant de la 8ᵉ compagnie à Kola-Mouton. Pendant la marche, ce n'est qu'une guérilla continuelle. Les villages les moins hostiles se bornent à prendre la fuite. Un tirailleur est légèrement blessé, le 11 juin, au village de Totabinga.

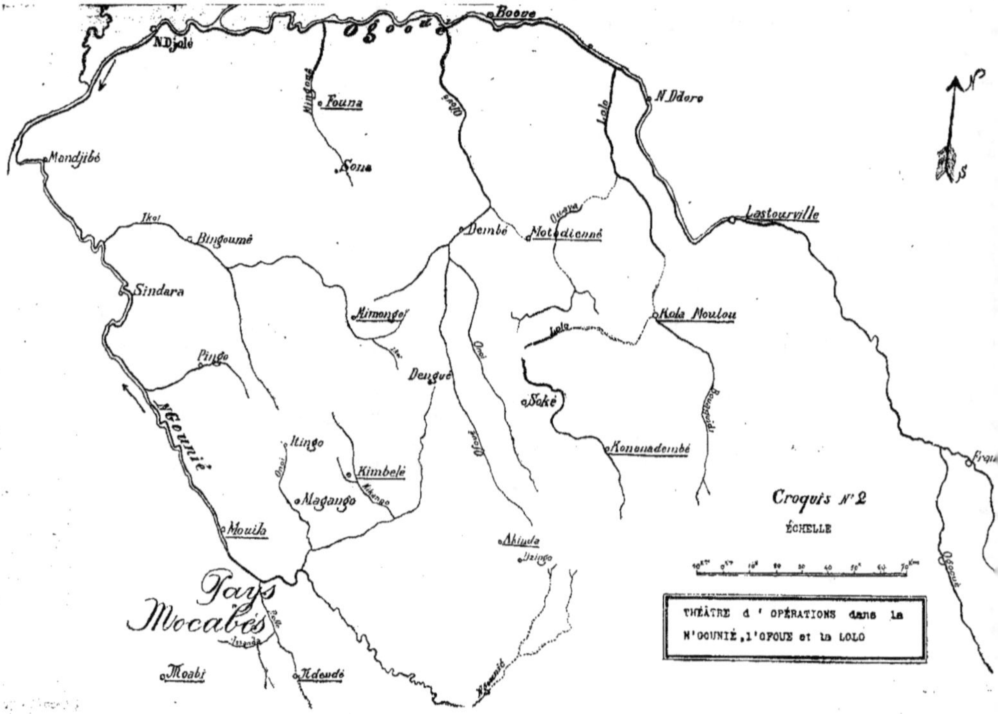

CONQUÊTE DE L'AFRIQUE ÉQUATORIALE

Ogooué
Booue
N.Djolé
Mandjibé
Ngunié
Founa
Sona
Ndoro
N.Ddoro
Lolo
Lastourville
Ikoï
Bingoumé
Dembo
Notodianné
Ouaya
Sindara
Kola Noulou
Lolo
Mimongoï
Ila
Pingo
Onoï
Ossi
Dengué
Ngounié
Itingo
Soké
Onoï
Kimbelé
Nkango
Magango
Konouadembé
Mouila
Ofoué
Akinda
Uzingo
Pays
Mocabés
Bolé
Ivenda
Moabi
Ndoudé
Ngounié
Ogooué
Firqu
Croquis N°2
ÉCHELLE
THÉÂTRE d'OPÉRATIONS dans la
N'GOUNIÉ, l'OFOUE et la LOLO

CHAPITRE III

OPERATIONS DANS L'OKANO

*Arrivée de la 4ᵉ compagnie du Bataillon du Gabon. —
Reconnaissance du pays Essoban (juin-juillet 1909).
Opérations du capitaine Debieuvre (août-octobre
1909). — Incidents marquant l'occupation de la circonscription de l'Okano.*

(Voir croquis n° 3 à la fin du présent chapitre)

Deux arguments de grande valeur militaient pour
une démonstration dans la région de l'Okano. Il convenait, tout d'abord, de venger l'échec infligé en 1907
à l'un de nos détachements par les Pahouins Essoban
d'Ebelé. Ces indigènes et leurs voisins montraient,
depuis cette époque, une insolence qui rendait toute
administration effective impossible et qui ne pouvait
plus être tolérée.

Il était nécessaire d'établir la liaison entre les postes
fondés dans le Voleu-N'Tem, d'une part, et ceux de la
basse Lara et de l'Ogoué, d'autre part, séparés par
quinze étapes environ à travers un pays presque inconnu et réputé hostile.

Les premières reconnaissances de la garnison de La
Lara vers le Nord avaient dû soutenir des engagements
avec les indigènes ; en mars 1909 encore, le sergent
Thomas, escorté de vingt tirailleurs, était l'objet d'une
agression au village d'Agnan, à deux jours au Nord
du poste, et ne se dégageait qu'avec peine.

La pénurie des effectifs, seule, avait empêché une
démonstration militaire ; l'arrivée de la 4ᵉ compagnie

du bataillon du Gabon (mai 1909), vint libérer la 3e, jusque-là absorbée par la garde des postes, et permit au Commandement d'utiliser cette unité pour l'opération projetée, dont le commandement fut confié au capitaine Debieuvre.

Cette opération peut être divisée en deux parties :

1° Reconnaissance du pays Essobam, en vue de rétablir l'ordre dans la région et de régler définitivement les suites de l'affaire d'Ebelé ;

2° Jonction à établir entre La Lara et Oyem, poste chef-lieu du Voleu-N'Tem.

La première partie s'exécute sans aucune difficulté. Le capitaine Debieuvre se rend chez les Essobams avec dix tirailleurs seulement. Usant tantôt de la persuasion, tantôt de la menace d'une action militaire, il a bientôt désagrégé les forces de la résistance pahouine. Grâce à son sang-froid, aucun conflit ne se produit. Partie de N'Djolé le 23 juin 1909, la reconnaissance y rentrait le 13 juillet suivant, ayant obtenu la soumission des groupements essobams. Un poste devait être installé à Ebelé.

Une circonstance tout imprévue devait donner à l'exécution de la deuxième partie du programme arrêté une importance militaire particulière. Le capitaine Debieuvre, dans sa marche sur Oyem, allait avoir à combattre et à disperser les bandes de pillards connues sous le nom de « Binzimas », qui pour opérer plus facilement le pillage des villages et le rapt des femmes, s'étaient donné un semblant d'organisation militaire. Ils avaient un insigne de reconnaissance, consistant en un bonnet rouge, des chefs, des grades subalternes, etc. On a dit que le mouvement avait été inspiré et soutenu par des commerçants du Cameroun désireux de retarder l'occupation française des régions du Nord limitrophes de la colonie allemande : c'est faire là un grand honneur à de vulgaires voleurs. Les bandes de pillards n'ont, tout simplement, cherché qu'à tirer le meilleur parti d'une situation troublée. Au reste le fait du « Binzima » n'était pas nouveau. Le capitaine Roche, de la mission Bonnel de Mézières, l'administrateur Weber, avaient signalé, l'un en 1902, à la frontière du Cameroun, l'autre en 1907 aux sources de l'Okano, l'existence de bandes de pillards, se disant les soldats des blancs. Mais jamais l'organisation du brigandage en pays inoccupé n'avait pris une telle extension.

Il était de la plus haute importance de protéger contre ces bandes armées les populations encore indécises ou récemment soumises.

La colonne d'opération, commandée par le capitaine Debieuvre, s'organisa à N'Djolé. Composée de détachements des 3ᵉ et 4ᵉ compagnies, avec deux officiers (capitaine Debieuvre et lieutenant Bourdeau), elle comprenait deux sous-officiers européens et quatre-vingt-dix-sept tirailleurs. A deux reprises elle fut renforcée en cours de route, d'abord par la garnison de La Lara, ensuite par celle du poste d'Oyem. Cinquante partisans pahouins étaient, en outre, attachés à la colonne.

Le départ de N'Djolé eut lieu le 23 août. Ce même jour, en arrivant à Makoné, le capitaine Debieuvre apprenait la présence d'une bande de « Binzimas », établie dans le massif montagneux du Mikongo. La colonne venait à peine de quitter Makoné, le 26 août, que les « Binzimas » envahissaient le village et le mettaient à sac.

Le capitaine Debieuvre s'installa aussitôt à Etouna et envoya ses patrouilles fouiller les abords du massif qui lui avait été signalé comme le refuge des bandits.

Le 27 août, les partisans annonçaient que les « Binzimas, » avaient leur quartier général à Okola, en bordure du Mikongo. La colonne fut mise en route dès le lendemain contre ce village, qu'elle atteignit après une marche des plus pénibles. La position fut immédiatement enlevée, malgré une résistance assez sérieuse des « Binzimas ». Les brigands abandonnaient sur place sept morts et deux blessés. De notre côté, deux tirailleurs avaient été blessés.

Ce premier échec ne découragea pas les « Binzimas ». En effet, le chef du poste de La Lara, l'adjudant Roger, rendait compte de ce que le mouvement de banditisme armé s'étendait à toute la vallée de la Haute-Lara. Des villages étaient attaqués et pillés audacieusement aux abords du poste ; les populations soumises, étonnées de l'impunité des pillards, commençaient à douter de notre force et à se ménager l'appui des Binzimas. Ceux-ci avaient poussé l'audace jusqu'à tenter de dévaliser une caravane conduite par un agent européen de la Société du Haut-Ogooué, M. Girou. L'adjudant Roger prit l'initiative de couper court à une situation aussi grave qui menaçait de soulever tout le pays contre l'autorité française et de nous aliéner quelques groupes turbulents qui n'avaient fait qu'officiellement leur soumission. Avec vingt tirailleurs seulement, il joignait la bande principale des « Binzimas », et, par deux fois, le 12 août, lui infligeait un échec. L'ennemi perdait quatre hommes tués ; de notre côté, deux tirailleurs étaient blessés.

Cependant la colonne principale avait atteint Ebelé, où le capitaine Debieuvre installait le poste projeté. L'accueil qu'il recevait confirmait les sentiments de soumission définitive des Essobams. Le 1er septembre la colonne atteignait sans incidents nouveaux le poste de La Lara.

Elle en repartait le 5 septembre et pénétrait aussitôt dans une contrée terrorisée par les « Binzimas ». Considérant qu'il était parvenu dans la zone où son action politique pouvait efficacement s'exercer en vue d'amener la dislocation des groupements rebelles les plus méridionaux, le capitaine Debieuvre envoyait des émissaires, à toutes les tribus pahouines ayant adhéré dans la contrée au mouvement ou l'ayant simplement encouragé. Il donne rendez-vous aux divers représentants de ces tribus au village de N'Zork (Essibil), non sans laisser entendre que, faute par les intéressés de se rendre à cette convocation, il est décidé à recourir à d'autres moyens moins pacifiques. Intimidés par l'effectif de la colonne, les chefs pahouins répondent à l'invitation du capitaine. Le 8 septembre, les tribus situées entre La Lara et N'Zork (Essibil) acceptent de faire leur soumission, même celles ayant notoirement participé au mouvement « Binzima ».

La marche sur Oyem fut reprise le 10 septembre. Elle s'exécuta dans des conditions matérielles extrêmement pénibles. Des pluies diluviennes continuelles avaient transformé les abords des moindres ruisseaux en de vastes marécages où la marche s'exécutait dans la boue jusqu'aux genoux. Il fallut le plus souvent suivre le lit de marigots grossis, tenant lieu de chemin. L'endurance de tous ne se démentit pas dans ces rudes épreuves et la colonne progressa normalement vers son but.

Le 14 septembre, au village de Biborg, le capitaine Debieuvre se joignait au détachement du lieutenant Maignan (1), commandant le poste d'Oyem, qui était allé à sa rencontre.

---

(1) Cet officier est l'auteur de l'étude intitulée : *Le Pays Pahouin*, publiée par la « Revue des Troupes Coloniales » en 1912 (2ᵉ sem. p. 546 et 697 il a été tué au combat d'Aïn-Galaka, le 27 novembre 1913.

Les deux groupes se portèrent par deux itinéraires différents sur Oyem, où ils se trouvèrent de nouveau réunis le 21 septembre.

Par suite des difficultés du ravitaillement, la colonne du capitaine Debieuvre dut séjourner à Oyem jusqu'au 8 octobre. Ces quelques jours furent employés à achever la désorganisation des bandes « Binzimas » du Voleu. Les renseignements fournis par le lieutenant Maignan sur le compte des indigènes étant excellents et l'attitude des principaux chefs des plus correctes, le capitaine estime ne pas devoir se montrer trop rigoureux à leur égard.

Le 8 octobre, renforcée d'un détachement de la garnison d'Oyem, commandé par le lieutenant Maignan, la colonne reprit sa route vers le sud. Son effectif, à ce moment, est de : 3 officiers, 4 sous-officiers européens et 149 tirailleurs.

Afin de reconnaître la plus grande étendue de pays possible le capitaine Debieuvre divisa ses forces en quatre groupes qui prirent N'Zork (Essibikan), comme point de rendez-vous et qui cheminèrent parallèlement, séparés les uns des autres par une journée de marche environ, de groupe à groupe.

On pénétra ainsi sans incidents au milieu de populations dont beaucoup voyaient les Européens pour la première fois.

La réunion de ces quatre détachements se fit à N'Zork du 11 au 17 octobre, comme il avait été fixé.

A partir de ce moment, la mission confiée au capitaine Debieuvre est virtuellement remplie.

Il reste cependant à profiter des mouvements de troupes auxquels va donner lieu la dislocation, pour visiter les régions suspectes, et impressionner les habitants en choisissant les itinéraires nouveaux pour le retour.

En conséquence, les détachements de La Lara et d'Ebelé regagnent leurs garnisons par des sentiers directs non reconnus et le détachement Maignan revient vers Oyem, en se portant d'abord de N'Zork (Essibikan), à N'Zork (Essibil) (4 jours S.-E.), puis, de ce point, à Oyem par une route située à l'Est des chemins parcourus par la colonne à l'aller.

Un seul incident marque le retour de ces divers détachements dans leurs postes :

Le lieutenant Maignan, parvenu à N'Zork (Essibil) et apprenant la présence dans le Sud-Est d'une bande d'environ 100 « Binzimas », marche sur la grosse agglomération d'Ayang, lieu de concentration des voleurs. Le village se rend sans résistance et livre l'un des chefs du mouvement. Le détachement Maignan, cette exécution achevée, rentre à Oyem le 10 novembre.

Indiquons ici que, durant le cours des opérations de la colonne Debieuvre, une bande s'était reformée sur les derrières de celle-ci dans la région d'Ebelé. Le sergent Bérard, chef du poste d'Ebelé, réussissait par un coup de main heureux à la disperser, et son chef demandait à se soumettre.

La colonne fut dissoute après 72 jours d'opérations bien dirigées et fertiles en résultats de toute espèce. Accomplies dans des conditions particulièrement pénibles, elles développèrent les qualités des compagnies de nouvelle formation qui, destinées à tenir garnison dans le pays reconnu, n'avaient encore aucune idée des conditions particulières de la guerre en forêt.

Dans le courant de l'année 1909, quelques troubles se manifestèrent encore dans la région de N'Djolé. En novembre, un courrier postal fut arrêté, tué et mangé par les habitants du village de Bingoung, dans la région de Junckville. Cette agression avait son origine dans de vieilles querelles entre indigènes. Les coupables ayant refusé de déférer aux convocations de l'autorité et ayant adopté une attitude menaçante très préjudiciable aux intérêts commerciaux de la route de N'Djolé à Boué, le capitaine Laignoux, commandant la 4ᵉ compagnie, fut chargé de ramener l'ordre avec 112 tirailleurs. Cette tâche fut remplie avec peine, la nature du pays et la fuite des indigènes en forêt, ayant rendu la conduite des opérations très difficile. Le village coupable fut détruit.

La sécurité de la route de l'Ivindo était de nouveau assurée et les communications se trouvaient rétablies.

Le poste de N'Djolé, point terminus de la navigation à vapeur sur l'Ogooué, centre de maisons de commerce importantes, était remis à l'administration civile le 1ᵉʳ janvier 1910. Le chef-lieu de la circonscription de l'Okano était établi au poste de Mitzik (4ᵉ compagnie). A l'arrivée du 2ᵉ peloton de la 4ᵉ compagnie qui avait été maintenu à Sindara, le poste d'Essone est créé (mars 1910).

La circonscription de l'Okano n'a été, par la suite, le théâtre d'aucun incident marquant. En avril 1911, une reconnaissance est conduite par le capitaine Laignoux sur N'Gomazap, village dont le chef faisait échec au lieutenant Dayme, commandant le poste d'Essone, et cherchait à soulever la région contre notre administration. Elle obtient un plein succès (pertes : un tirailleur blessé mortellement un autre grièvement blessé).

En 1912, le lieutenant Robinet de Plas, chef du poste d'Essone, prend contact, le 13 juillet, à Omvan avec le capitaine Boulangé, reconnaît la route qui unit ces

deux postes, châtie les villages d'Endoum et de N'Gomazap qui se sont refusés à payer l'impôt.

Du 4 au 14 août, il reconnaît le cours de l'Abanga
jusque dans la subdivision d'Ebelé.

Dans le courant de 1912, le chef-lieu de la circonscription était reporté de Mitzik à La-Lara.

CHAPITRE IV

SOMMAIRE : *Arrivée de la 3ᵉ Compagnie. — Incidents d'Anzonbeu (juin-juillet 1910). — Surprise d'Abouna (août 1910). — Incident d'Akok (déc. 1910). — Affaire d'Elelem (déc. 1910). — 2ᵉ affaire d'Abouna (avril 1911). — Incident d'Elenzork-Essa (juin 1912). — Evacuation de la région du Voleu-N'Tem.*

(Voir croquis n° 4 à la fin du présent chapitre.)

Dès le commencement de 1909, des fractions appartenant à la 3ᵉ Compagnie vont occuper les postes de Minvoul, Bitam, Oyem. Dans cette région, la population est relativement dense et notre influence administrative y fera des progrès sensibles. Les indigènes qui se rallient à notre cause, réclament la protection de nos postes contre les agissements dont ils sont les victimes de la part des tribus qui n'acceptent pas encore notre autorité. Notre intervention, en pareils cas, affirme notre domination.

En novembre 1909, un rapt de femmes avait été commis par les habitants du village d'Anzongbeu, subdivision de Bitam, au préjudice d'une tribu voisine en bons rapports avec le poste. Cet incident, courant en pays Pahouin, provoqua une plainte des indigènes lésés.

Après avoir inutilement convoqué les coupables, le chef de poste, peu familiarisé avec les mœurs pahouines, crut pouvoir envoyer quatre gardes régionaux avec mission de régler le palabre sur place. Or il se trouvait que le village d'Anzongbeu faisait partie d'un groupement non reconnu et animé de sentiments hostiles. A peine les gardes eurent-ils essayé de remplir leur mission qu'ils essuyèrent une fusillade mettant deux d'entre eux hors de combat.Courageusement, ils rispostèrent et blessèrent un Pahouin ; ils purent ainsi se dégager et entraîner un prisonnier sans être sérieusement poursuivis.

Les changements qui se produisirent à cette époque dans le personnel en service au Voleu-N'Tem firent différer le règlement définitif de l'incident jusqu'à l'arrivée, en 1910, du nouveau commandant de la circonscription, le capitaine Roussel, qui dispose alors de toute la 3e Compagnie.

Le lieutenant-gouverneur du Gabon, saisi de l'affaire, avait été d'avis d'exécuter une répression militaire contre le village d'Anzongbeu. Mais le gouverneur général estima, au contraire, qu'une action de force était nuisible et qu'il convenait de donner une sanction à l'incident par des moyens uniquement et rigoureusement pacifiques, hors le cas d'agression caractérisée des indigènes.

Le capitaine Roussel, dans le but de se conformer à cette décision, envoya l'adjudant Roger du poste de Bitam avec mission de lier conversation, au moyen d'agents sûrs, avec les Essobams coupables, et de recueillir tous les renseignements possibles sur l'emplacement exact du groupement, sur sa force et sur ses alliances. Ce sous-officier devait en outre inviter le chef d'Anzongbeu à livrer à l'autorité française l'indigène coupable de vol et ceux qui avaient fait usage de leurs armes contre les tirailleurs. Faute par Anzongbeu de déférer à ces ordres, l'exécution en serait poursuivie par la force et le village serait solidairement, rendu responsable d'avoir donné asile à des malfaiteurs et considéré en état de rébellion contre l'autorité.

Le capitaine Roussel en tournée dans le nord de la circonscription fit donner rendez-vous aux Essobams pour les premiers jours de juin à Mébama, où le lieutenant Maignan viendrait régler l'incident.

A l'époque fixée, le lieutenant Maignan prit le commandement d'un détachement de 45 tirailleurs formé par les garnisons d'Oyem, de Bitam et de Minvoul. Le lieutenant Bourdeau et l'adjudant Roger étaient placés sous ses ordres.

Le 11 juin, selon le programme arrêté, le détachement d'opérations était concentré à Mébama. Les Essobams essayèrent aussitôt de faire traîner les choses en longueur et en même temps commencèrent à émigrer secrètement en masse vers le territoire Ekoreti, pays situé entre le N'Kom et le N'Tem, dont la population, faute d'avoir été informée des dernières modifications de la frontière franco-allemande, se croyait ou sujette du Cameroun ou indépendante. En raison de cette situation indécise, ce territoire était devenu en peu de temps le refuge de tous les individus recherchés par les autorités de l'un et de l'autre pays. Le lieutenant Maignan avait reçu accessoirement mission de reconnaître cette région et de faire cesser l'espèce d'inviolabilité qu'elle avait acquise aux yeux des indigènes.

Apprenant donc l'exode des Essobams, le chef de détachement passe sur le territoire Ekoreti et s'y installe du 16 au 30 juin. Il envoie le lieutenant Bourdeau reconnaître en détail le pays avec mission d'apprivoiser les populations et de les dissuader de lier partie avec les Essobams.

Cette reconnaissance a lieu sans incidents. *Elle démontre que ce pays jamais occupé, jamais reconnu est pratiquement aux mains des Allemands ; la plupart des villages possèdent des factoreries en parfait état, gérées par des traitants du Cameroun.*

Pendant l'occupation d'Ekoreti les Essobams fugitifs ont subrepticement regagné leurs villages, pensant l'orage passé ; désireux d'en finir avec une résistance par inertie qui ne semble pas devoir de sitôt prendre fin, le lieutenant Maignan tente, dans la nuit du 29 au 30 juin, une surprise contre les villages rebelles. Cette opération très bien conduite réussit au delà de toute espérance. Les Essobams, surpris dans leur sommeil, laissent entre les mains des tirailleurs onze prisonniers, parmi lesquels figurent les trois principaux coupables de l'agression contre les miliciens.

Aussitôt les soumissions abondent, la dislocation du détachement s'accomplit peu après et le détachement d'Oyem regagne sa garnison le 6 juillet 1910.

L'activité déployée par le capitaine Roussel et par ses lieutenants, amenant un contact plus étroit entre administrateurs et administrés, augmentait les chances de conflit ; l'histoire de la pénétration du Voleu-N'Tem est remplie de tous ces petits incidents qui, sans avoir une grosse répercussion sur la politique générale de la circonscription, montrent le degré de la résistance que les populations étaient décidées à nous opposer.

Les opérations du capitaine Debieuvre en 1909 avaient fait reconnaître à nos troupes le secteur N'Zork-Oyem-Elelem, celles d'Anzongbeu, le secteur Bitam-Oyem-Minvoul. Le commandant de circonscription orienta l'activité de son personnel vers l'occupation du secteur N'Zork-Oyem-Bitam. Les incidents d'Abouna et d'Akok marquèrent cette prise de possession.

Les habitants d'Abouna (16 kilomètres s.-o. d'Oyem), au cours d'une des querelles chères aux Pahouins, avaient assassiné le chef d'un village voisin de M'Bolenzork. Les gens de M'Bolenzork coururent aussitôt porter plainte au capitaine, chef de circonscription.

Le peu d'hommes alors présents à Oyem ne permettait pas une intervention immédiate. Le lieutenant Langlumé, chef du poste de N'Zork, n'avait que des recrues insuffisamment instruites pour prendre part à une action quelconque et le chef de circonscription devait se rendre à N'Djolé pour affaires urgentes. Le réglement du palabre fut différé. Les gens d'Abouna en profitèrent pour venir attaquer des villages soumis (en particulier Métu) du groupement de M'Bolenzork et se vantèrent de n'avoir rien à faire avec l'autorité française.

Le lieutenant Maignan fut envoyé avec un sergent européen et 14 tirailleurs pour engager des pourparlers avec Abouna. Arrivé le 11 à M'Bolenzork, le lieutenant envoie des émissaires aux rebelles pour annoncer son intention de régler pacifiquement le conflit.

Le 12 août, il se porte sur Abouna ; il est reçu par un feu violent des guerriers embusqués à 100 mètres du village. Malgré le faible effectif de sa troupe et les pertes déjà éprouvées (2 tirailleurs, le guide, l'interprète blessés), le lieutenant Maignan réussit à s'emparer des 4 villages de l'agglomération, incendie les cases sous le feu des habitants renforcés de leurs parents des villages voisins et se replie en bon ordre sur M'Bolenzork. Au cours de cette retraite, deux autres tirailleurs sont blessés, le chef de M'Bolenzork venu avec le détachement est tué. Mais l'énergie des hommes valides permet à leur chef de ne laisser personne en arrière.

A ces nouvelles, le capitaine fait renforcer le détachement par 16 hommes d'Oyem et 10 de N'Zork. Une attaque de nuit dirigée sur l'emplacement d'Abouna, qu'on dit réoccupé, reste sans résultat. Les gens se sont enfuis dans la forêt. Il fallait remettre à plus tard le réglement de cette affaire et savoir attendre le moment où, les villages une fois reconstruits, les gens vaqueraient à leurs anciennes occupations et seraient à nouveau vulnérables dans leurs biens.

Quelques mois plus tard, un nouvel incident se produisit à Akog, à l'ouest de la route de Bitam à Oyem.

Le caporal-fourrier Fabre, chargé d'une enquête au sujet d'un rapt de femmes, après avoir en vain tenté de palabrer avec les indigènes d'Akog, est brusquement attaqué par les Pahouins au moment où, la nuit venue, il se dispose à quitter ce point pour aller coucher dans un village soumis voisin. Il est blessé légèrement ainsi que deux tirailleurs. Le détachement riposta et put continuer sa route. Trois jours après les rebelles faisaient leur soumission.

Un dernier incident marqua, dans la région du Voleu-N'Tem la fin de l'année 1910.

Le village d'Elelem (tribu Bekoué), situé sur la grande piste d'Oyem à Mitzik, désirait venger l'assassinat de l'un des siens, perpétré par l'une des tribus N'Kodjié, voisines du poste d'Oyem. Les Bekoués persuadés, comme tous les indigènes éloignés des postes, que nous ne pourrions écouter avec impartialité une plainte portée contre nos voisins, décidèrent de se faire justice eux-mêmes. Un N'Kodjié, porteur du courrier de France, venant de Mitzik, fut tué à son passage à Elelem.

Le lendemain du meurtre, le sergent Poli qui se trouvait en mission aux environs, arrive devant le village qu'il trouve en armes. Les trois tirailleurs d'escorte n'en imposent pas aux rebelles et le sergent doit se replier sous les quolibets des Békoués.

Il importait au plus haut point de rendre libre la route de ravitaillement de la circonscription et d'imposer le principe que : *les indigènes employés par nous — porteurs ou courriers — doivent être intangibles.* Aussi le capitaine Roussel partait-il le 26 décembre avec 30 tirailleurs, résolu à donner une sévère leçon aux rebelles. Ces derniers d'ailleurs continuaient à porter le trouble dans la région en interceptant toutes les communications.

Par une marche de nuit habilement menée, le capitaine Roussel amenait son détachement devant Elelem et surprenait complètement les Pahouins qui perdaient 3 hommes tués, dont leur chef, et 5 prisonniers. De notre côté, deux tirailleurs étaient blessés, dont un très grièvement. Les soumissions commencèrent aussitôt, les caravanes purent circuler de nouveau.

Il importait au plus haut point de ne pas laisser impunie l'agression dont le lieutenant Maignan avait été l'objet à Abouna et de prouver aux gens de la frontière que nous étions décidés, à tout prix, à imposer notre autorité. L'abandon du pays par les agents commerciaux de la N'Goko-Sangha, laissant le champ libre à nos voisins, rendait cette opération d'autant plus nécessaire que *l'influence des traitants du Cameroun,* fort hostiles à notre administration, grandissait chaque jour.

Lié par des instructions restrictives, le capitaine Roussel cherchait d'abord à se renseigner sur les groupements rebelles, à connaître le nombre des guerriers et l'état des défenses. Il employait à cette documentation la période de décembre 1910 à mars 1911. Malheureusement, le nombre très restreint d'hommes disponibles ne lui permettait pas de mettre à exécution le plan que de nouvelles instructions rendaient désormais possible. Enfin, l'arrivée d'un détachement de

recrues de Yacomas permettait d'arrêter le plan suivant :

1° Surprise de nuit contre Abouna qui sera pris et
détruit ;

2° Négociations avec les gens d'Essong, alliés
d'Abouna ;

3° Négociations avec les Essenguis d'Abouna et les
Ebas de Ngoum-Ngoum ;

4° Occupation de Ngoum-Ngoum ;

5° Reconnaissance de la Haute Kyé et de la rive
droite du Voleu ;

6° Liaison avec le chef de la subdivision de N'zork,
qui reconnaîtrait la rive gauche du Voleu, de Mboleun-
zork au confluent de la Ntala, et rentrerait par la rive
gauche de l'Abanga.

C'était, en résumé, toujours poursuivre la réalisation
du plan de prise de possession du secteur N'zork, Oyem,
Bitam.

Une échauffourée survenue entre des villages, près du
poste de Nzork, fournit le prétexte du déplacement projeté et permit de partir de jour en annonçant aux populations que les tirailleurs allaient renforcer le poste de
N'zork.

Deux détachements de 30 hommes sous les ordres du
capitaine Roussel et du lieutenant Maignan furent
constitués à Oyem.

Le 23 avril, le détachement du capitaine part à 9 heures du matin, arrive le soir à Mbolenzork et cherche
secrètement à recruter des partisans.

A minuit 15', le détachement, avec des partisans, se
met en marche sur Abouna.

A 5 heures 35', le détachement arrive en face du village lorsqu'éclate la première salve du lieutenant
Maignan.

Le 2° détachement, en effet, parti le 23 avril à 3 heures du soir avait atteint Malène, à 6 heures 15 du soir. Son chef faisait savoir qu'il se dirigeait sur N'zork. A 8 heures 30 du soir, il ordonne le départ, traverse plusieurs villages, où l'accueil des habitants, tous éveillés, est loin d'être favorable ; le recrutement des guides est très difficile, mais il réussit à déboucher à 5 heures 30 du matin devant Abouna. N'ayant aucun indice de l'arrivée prochaine du capitaine, il lance son monde sur le village dont les habitants prévenus par un système de sonnettes (1) disposé sur le sentier, ouvrent le feu. Dix tirailleurs se blessent aux défenses accessoires (petits piquets). A ce moment le clairon sonne, annonçant l'entrée en jeu du détachement du capitaine ; cases et bananeraies sont fouillées par le feu. L'ennemi se disperse dans la brousse. Le village est incendié.

A 7 heures 30', du matin, la marche est reprise sur Mbolenzork. L'ennemi tente une embuscade, elle est éventée. Les guerriers dispersés par le feu perdent un de leurs chefs. A 3 heures 30', de l'après-midi, le détachement reprend son campement à Mbolenzork.

Le 27, après des pourparlers infructueux avec les dissidents, la colonne se met en marche sur Essong. A 3 heures de l'après-midi, après avoir trouvé deux émissaires qui se portent garants de leurs villages, le détachement occupe Essong, abandonné par ses habitants.

Après avoir sillonné le pays en tous sens et recueilli des soumissions, le détachement reconnaît la partie ouest de la circonscription d'Oyem. Le 22 mai, le détachement rentre à Oyem.

Les résultats politiques de la reconnaissance étaient des plus importants : châtiment des Essenguis d'Abouna ; soumission d'Essong ; occupation de Ngoum-

---

(1) Sonnettes en bois creux et sonore actionnées par des lianes.

Ngoum ; pénétration de la région ouest de la circonscription.

Cette opération constituait en outre une véritable ex-
ploration géographique d'un pays riche et peuplé, que
l'accord franco-allemand du 4 novembre devait, malheureusement, nous enlever.

Bien que depuis le début de l'année 1912 la cession
prochaine des territoires fût connue, l'ordre avait été

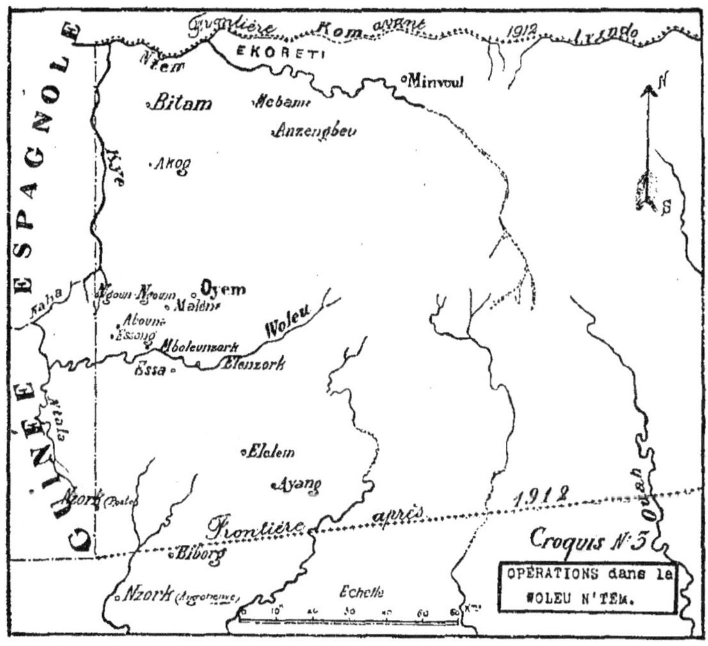

(Croquis n° 4. — Opérations dans le Voleu N'Tem.)

donné de hâter la perception de l'impôt avant la remise effective des postes aux autorités allemandes.

L'adjudant Mallet, chef de la subdivision d'Oyem, en
tournée sur les confins de la subdivision de N'zork, apprend que le village Yengu Essa projette d'attaquer le
lieutenant Paute, chef de la subdivision de N'zork,
dont la venue est annoncée dans la région. Il envoie
au devant du détachement de cet officier un détache-

ment composé de : 1 caporal et 6 hommes pour l'avertir de l'attitude des Yengus d'Essa. Le détachement est assailli, le 7 juin, par les gens d'Elenzog, village yengu voisin d'Essa ; un tirailleur est blessé, mais, grâce à l'énergie du caporal, nos hommes repoussent l'agression et se replient sur le village soumis d'Eloppe.

Le même jour, le lieutenant Paute fait son entrée à Essa (4 kilomètres n.-o. d'Elenzog). Il a, avec lui, 15 hommes. Ignorant les incidents d'Elenzog et même l'hostilité des gens d'Essa, surpris de l'accueil hostile des habitants, il s'établit dans le village, et, le 8 au matin, essaie d'amener ces derniers à payer l'impôt. Il échoue complètement et un énergumène, pour pousser ses parents à la lutte, tire un coup de feu, blesse un porteur et déchaîne ainsi le combat. De tous côtés, les coups de fusils éclatent ; le détachement riposte et refoule l'ennemi ; le village est brûlé. Le lieutenant traverse les neuf benzas (1) d'Essa et d'Elenzog et se dirige sur Eloppe. Le chef d'Essa a été tué dans la bagarre. Cette mort, l'attitude énergique des deux détachements, la crainte d'un châtiment, décident les Yengus à accepter nos conditions de soumission quelques jours plus tard.

---

(1) Réduits échelonnés

CHAPITRE V

GABON. — OPÉRATIONS DANS L'IVINDO
ET SUR LE MOYEN OGOOUÉ

SOMMAIRE : *Arrivée de la 5ᵉ Compagnie. — Opérations du capitaine Debieuvre en pays Bakota (décembre 1910-janvier 1911). — Opérations contre les Sanghas-Sanghas (août-septembre 1911). Remaniements territoriaux consécutifs à l'accord franco-allemand. — Pénétration dans la Dilo.*

(Voir croquis n° 5 à la fin du présent chapitre)

L'expansion française dans la vallée de l'Ivindo a donné lieu de 1908 à 1912 à de sérieuses opérations.

La contrée était, du reste, peu connue en dehors du cours des rivières Ivindo et Djouah. De plus, la limite des colonies du Gabon et du Moyen Congo la traversait de façon encore peu précise. En sorte que l'histoire des événements militaires, dont cette région fut le difficile théâtre, nous montre les troupes de l'une et l'autre colonie opérant constamment en liaison étroite. Il a semblé, dès lors, rationnel de grouper plus loin en un seul chapitre toutes les opérations qui furent au début conduites par le commandant du bataillon du Moyen-Congo et qui se déroulent dans le Djouah-Sembé (chapitre VIII ci-après — Moyen-Congo.

Au commencement de 1910, le capitaine Debieuvre prit le commandement de la circonscription de l'Ivindo dont le centre est à M'Vahdi ; il disposait de la 1ʳᵉ compagnie au complet. La 5ᵉ compagnie du bataillon du

Gabon, débarquée à Libreville en avril 1910, fut dirigée
d'abord sur N'Djolé pour achever de s'y organiser, puis
de là sur Booué où elle passa comme unité de soutien
des troupes de l'Ivindo sous les ordres du capitaine
commandant cette circonscription. L'arrivée de cette
unité permet à la 1re compagnie de créer, en août 1910
le poste de Gara Binzam, entre M'Vadhi et Suangué,
pour surveiller les tribus Sanghas-Sanghas.

La 5e compagnie remplace à Booué et à Makokou les
détachements de la 1re compagnie, elle crée le poste
de Zacamotou sur le N'Djadié pour surveiller les pays
Bakota. Elle remplace en fin 1910, à Madjengo, le détachement de la 3e compagnie du bataillon du Moyen-
Congo alors que la 1re compagnie remplace également
à Suangué un autre détachement de cette 3e compagnie qui est renvoyée à Brazzaville.

L'action politique de ces postes, s'est trouvée, dans
une certaine mesure, entravée par la nécessité de fournir des escortes à la mission d'études du chemin de
fer du Nord, confiée au capitaine Periquet de l'artillerie coloniale.

Depuis le mois de septembre 1910, la mauvaise volonté des indigènes s'était affirmée chaque jour davantage, et, après le passage de l'Ivindo, le lieutenant
Aguillou dut escorter le groupe sud de la mission,
placé sous les ordres du capitaine Crépet. Le lieutenant
quitta Zacamatou le 23 octobre.

Dès le 27, à Etangangoye, il est dans l'obligation de
s'ouvrir un passage par la force. Malade et obligé de
s'arrêter à Toumbi jusqu'au 28 novembre, le lieutenant Aguillou est assailli tout le long de la route du
retour. Pendant son absence, le 27 novembre, les indigènes avaient attaqué le poste de Zacamatou et tué la
sentinelle devant les armes, mais grâce à la présence

d'esprit des deux sergents européens du poste, les assaillants avaient été repoussés.

Une nouvelle attaque se produisit dans la nuit du 1er au 2 décembre, mais sans résultat. *C'est peut-être le seul exemple d'attaque de poste dans la forêt congolaise.*

La gravité de ces événements, portés d'urgence à la connaissance du capitaine Debieuvre, commandant la circonscription de l'Ivindo, amena cet officier à porter tout son effectif sur Zacamatou pour se rendre un compte exact de la situation.

Le capitaine, les lieutenants Defert et Lantier, l'aide-major Rivière, deux sous-officiers européens et 58 tirailleurs arrivaient à Zacamatou le 19 décembre.

Ayant recueilli les renseignements nécessaires, le capitaine Debieuvre se décida à réduire par la force les groupements de la rive droite du N'Djadié, qui, seuls, avaient fait acte d'hostilité contre nous.

Il lui parut d'ailleurs possible d'amener par la seule présence de son détachement la soumission du groupement hostile de la rive gauche, et de mettre en confiance les populations du Bas N'Djadié. Celles-ci, effrayées d'un déploiement de forces inusité, se décident en effet à ne pas coopérer au mouvement rebelle et à refuser tout concours aux dissidents.

Quant aux groupements de la rive gauche, les préparatifs mêmes, exécutés pour la mise en route de la colonne, suffisent à les décider, et, le 29 décembre, les chefs de tous les villages viennent faire leur soumission au capitaine.

Pour opérer contre les groupements rebelles du Nord du N'Djadié, le capitaine divisa sa troupe en trois groupes, auxquels vint se joindre le détachement du lieutenant Blascheck, commandant le poste de Madjengo. La région à parcourir fut divisée en trois secteurs.

Au cours de cette opération, qui commence le 20 décembre, le pays est complètement fouillé par tranches successives. Le 23 décembre au soir, toute la colonne se porte vers le village de Melaka-Melaka qui semble le centre de la résistance, l'avant-garde, commandée par le lieutenant Lantier, enlève la position le lendemain. L'ennemi laisse cinq cadavres sur le terrain et nous n'avons ni tué, ni blessé. Le 27, le lieutenant Defert détruit encore des campements rebelles et disperse les guerriers bakotas.

Le 2 janvier 1911, une reconnaissance commandée par le lieutenant Lantier trouve évacués les campements détruits le 24 décembre ; il en détruit le lendemain deux autres établis à proximité.

Le 3 janvier, le lieutenant Blascheck arrive de Madjengo.

Le 4 janvier, trois reconnaissances partent : le lieutenant Defert au nord-est, le lieutenant Aguillou au nord, le lieutenant Blascheck à l'ouest. Le capitaine reste à Melaka-Melaka. Le lieutenant Defert tombe à l'improviste sur un grand campement, et, sans perte, fait plusieurs prisonniers, tue cinq guerriers et disperse tous les rebelles.

Le 5, les dissidents offrent leur soumission ; elle est acceptée aux conditions suivantes :

Reconstruction des villages autour de Zacamatou.
Création de bonnes pistes entre les villages.
Obligation de fournir des porteurs.
Paiement de l'impôt.

La colonne est disloquée le 8 janvier 1911 et les divers détachements regagnent leurs postes.

Le 8 mars 1911, en passant près de deux villages des environs de Booué, l'adjudant Bouvry avait été accueilli par des coups de feu ; le mois suivant au cours d'une tournée dans sa subdivision, le capitaine Corcuff obtient, sans effusion de sang, la soumission de ces villages. Dans la région du Djouah, la turbulence, sans cesse grandissante, des peuplades Sanghas-Sanghas, ne nous permettait plus, sans risquer de compromettre les résultats déjà obtenus, de différer une action vigoureuse. Les opérations qui furent dirigées par le capitaine Geoffroy en août et septembre 1911 aboutirent à la création du poste de Kakaboine, au centre des tribus Sanghas-Sanghas (Voir chapitre VIII ci-après, opérations dans le Djouah-Sembé).

La 1re Compagnie faisait occuper également, dès août 1911, le poste de Minkébé, pour établir le long de la frontière Sud-Cameroun, la liaison avec nos postes du Voleu-N'Tem.

La pénétration de la Dilo était aussi amorcée par la 5e Compagnie.

L'un des chefs de cette région, Kiba, du groupe Dembomé de Mina N'Goutou, s'était, à différentes reprises, rendu coupable d'agressions et de pillages au préjudice de la S. H. O. (1). Les reconnaissances du lieutenant Person (octobre 1911), de l'adjudant Dolo (février 1912) avaient établi sa culpabilité.

Le lieutenant-gouverneur fixe les conditions de soumission et charge le lieutenant Person, commandant le poste de Makokou, de conduire l'opération avec un détachement de 60 fusils.

Le lieutenant Person occupe Mina (10 août), que les Dembomés évacuent. Il s'y installe solidement, mais toute tentative de pourparlers n'aboutit qu'à faire le vide dans la région. Les habitants disparaissent et occupent des campements de brousse. Le lieutenant Person fait alors exécuter autour de Mina des reconnaissances. Au cours de l'une d'elles, commandée par cet

____

(1) Société du Haut Ogooué.

officier, un tirailleur est tué d'une balle au cœur (18 août) par un agresseur resté invisible.

Le 25 août, le sergent Missout en reconnaissance sur N'Goutou, surprend un campement qu'il enlève, mais

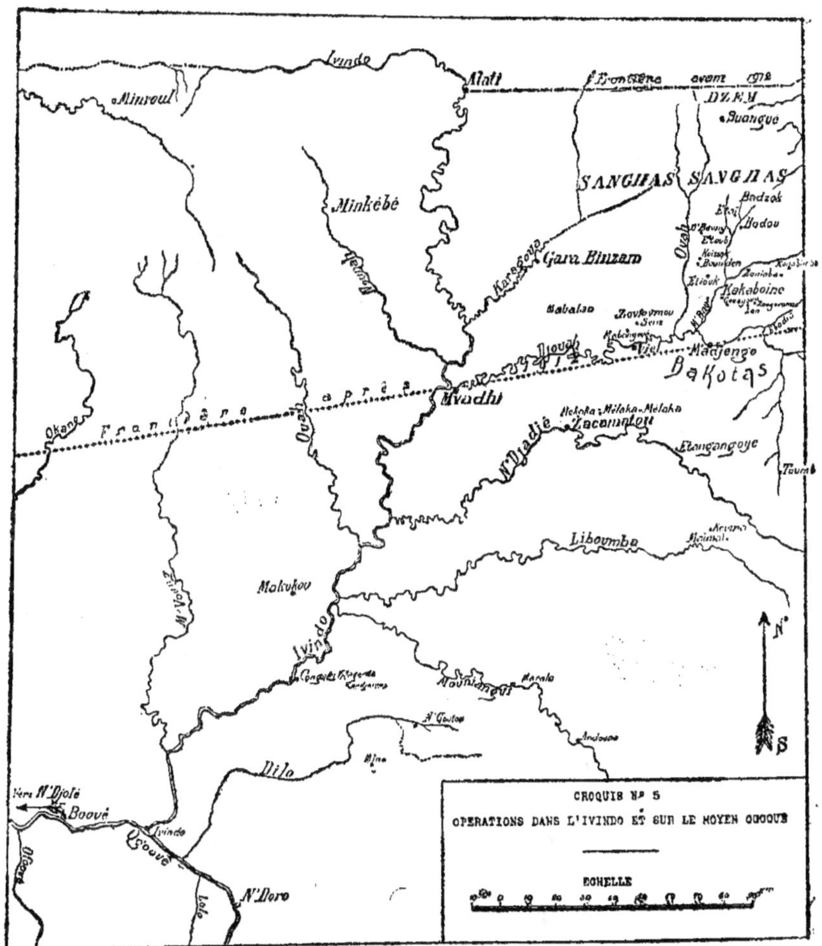

ne peut poursuivre en raison de la faiblesse de son effectif.

Du 17 au 21 septembre, le même sous-officier, qui escortait une caravane de la S. H. O. (1) vers Malaka,

____

(1) Société du Haut Ogooué.

prend contact avec les populations du sud de Mina et rapporte de précieux renseignements sur la retraite de Kiba.

Aux dernières nouvelles, Kiba avec 500 fusils, convaincu de sa force, retranché dans un campement fortifié entre Ounga et Malaka, ne pourrait venir à composition qu'après une leçon sérieuse et la démonstration brutale de la valeur de nos armes. La situation a paru assez grave à l'autorité pour que l'ordre soit envoyé au capitaine Dubois de Saligny de prendre le commandement du détachement porté à 150 fusils pour réduire les Dembomés. Cet officier opère en fin d'année dans la Dilo.

La conclusion de l'accord franco-allemand entraînait pour nous l'évacuation des postes de Minkébé, Suangué, Gara-Binzam, et Kakaboine. Les effectifs de ces postes rendus disponibles permettront à la 1re compagnie de resserrer son action dans la région du sud du Djouah. En outre, la 3e compagnie, après évacuation des postes du Voleu-N'Tem, devenait disponible. L'ancienne circonscription de l'Ivindo, trop étendu pour un seul commandement (on avait déjà envisagé son dédoublement), fut divisée par un arrêté du 30 juillet 1912 en 3 circonscriptions : la circonscription de l'Ivindo dans laquelle s'installera la 3e compagnie, celle du Djouah occupée par la 1re compagnie, dont le centre sera reporté de M'Vahdi sur la Liboumba, et la circonscription du Moyen-Ogooué avec Booué pour centre et qui sera occupée par la 5e compagnie, celle-ci étendra son action jusqu'au sud de l'Ogooué, où un poste en communication avec Founa (1) reliera le Moyen-Ogooué aux postes de la circonscription voisine de l'Ofooué-N'Gounié.

---

(1) Voir croquis n° 2,

CHAPITRE VI

GABON. — OPÉRATIONS DANS LA COTE NORD ET LE COMO

SOMMAIRE : *Incidents de Médègue. — Arrivée de la 6ᵉ Compagnie. — Affaires de Kovon (août 1911) d'Okola (21 août 1911), — 2ᵉ affaire d'Okola (11 septembre 1911). — Arrivée de la 7ᵉ Compagnie, création de la circonscription du Como.*

Un mouvement de rébellion important s'était produit en mars 1911 dans les environs de Médègue, poste commandé par M. Pal, adjoint des affaires indigènes. L'impôt n'avait pu être perçu et les villages avaient reçu à coups de fusils les reconnaissances de ce fonctionnaire.

En présence de ces faits qui présentaient une certaine gravité, M. Richaud, gouverneur du Gabon avait décidé le départ pour la Côte Nord d'un détachement commandé par le lieutenant Sarrade, formé d'élèves-clairons, d'élèves-caporaux et de quelques tirailleurs disponibles de Libreville (30 hommes) ; un groupe de gardes indigènes (15 hommes) était adjoint au détachement.

La région de Médègue est particulièrement difficile, couverte par la forêt et constamment coupée de rivières profondes ou de marécages qui rendent la marche du détachement des plus lentes et des plus pénibles. L'hostilité des habitants et le manque de ressources du pays rendaient d'ailleurs impossible le ravitaillement de notre petite troupe.

Une première action fut dirigée contre le village rebelle d'Eyamayong. Les habitants firent une assez sérieuse résistance. L'adjudant Cougnoux est blessé, un garde régional grièvement atteint. Le village fut enlevé, incendié, les banzas et palissades détruites.

Malheureusement, le détachement trop faible dut se retirer vers le nord avec ses blessés. Il atteignit, après une marche très pénible, le poste de Ngoumgoum.

Le gouverneur du Gabon prescrivit au lieutenant Sarrade de s'établir définitivement à Ngoumgoum et d'assurer la pacification du pays entre Ekododo et Médègue. Malheureusement, le détachement du lieutenant Sarrade était absolument insuffisant pour mener à bien cette tâche. L'affaire d'Eyamayong était une opération isolée ; la décision qui la fit entreprendre était contraire aux prescriptions du gouverneur général puisqu'elle ne pouvait être suivie d'une occupation suffisante du pays conquis. Elle était, par suite, inutile ; ce ne fut que 3 mois plus tard que l'on put poursuivre l'action engagée par ordre du lieutenant-gouverneur du Gabon.

A l'arrivée de la 6e compagnie du bataillon du Gabon (nouvelle formation), le détachement Sarrade fut renforcé. La direction des opérations était confiée au lieutenant Fillaudeau.

Celui-ci se porte le 7 août avec 70 fusils (dont 24 gardes régionaux) sur Kovon signalé comme rebelle, et l'attaque.

Suivant l'appréciation du commandant de la colonne, 4 à 500 fusils auraient été mis en ligne par les habitants. Le village est pris ; nous avons 9 blessés. Loin de tout poste, manquant de soutien, le commandant de la colonne ne peut profiter de son succès ; il se replie. le 8 août, sur Ekododo pour évacuer ses blessés.

Le 21 août le lieutenant Fillaudeau se porte sur *Okola*. Il n'arrive devant les palissades qu'après une marche très pénible et seulement vers 10 heures du matin. Il est très difficile de déloger les guerriers ennemis. La brousse est impénétrable. Sous le feu violent des rebelles, la colonne est obligée, après s'être déployée, de reprendre, en formation de marche, le sentier qui mène au village ; elle est assaillie en tête et en queue par deux forts partis ennemis et le lieutenant, à grand'peine, peut faire à nouveau déployer sa troupe et se donner un peu d'air. Le village est enlevé d'assaut. On le met en état de défense. Ces opérations ne sont achevées qu'à 5 heures 30' du soir. Le lendemain, 22, le détachement évacue Okola après l'avoir incendié. Cette affaire nous coûtait 15 blessés et nous avions consommé beaucoup de munitions. Pour les mêmes raisons qu'après l'affaire de Kovon, la retraite sur Ngoumgoum fut jugée indispensable.

Ces premières rencontres ne firent que surexciter les rebelles. Forts d'au moins 400 fusils, les Oyerks décidèrent de pousser la résistance jusqu'au bout. Le 11 septembre, avec 69 fusils, le lieutenant Fillaudeau tenta cependant une nouvelle action contre Okola réoccupé par ses habitants.

La colonne se présente devant le groupement rebelle, mais au moment du déploiement de l'avant-garde, au débouché de la forêt, le médecin-major Bernard est grièvement blessé. Le détachement formé en carré marche sur le premier village et l'enlève. Près du deuxième village, les rebelles, qui font feu de la lisière de la brousse, blessent grièvement le lieutenant Fillaudeau et un tirailleur. Les Pahouins se mettent aussitôt à pousser des cris de triomphe et par cela même décèlent leur position. Les tirailleurs ripostent par des feux de salve nourris, et, aux clameurs de joie, succèdent presque instantanément chez les rebelles les hurlements de douleur des blessés. Partout les Pahouins se dispersent en mettant le feu à leurs abris. Devant une résistance aussi acharnée et en présence des pertes éprouvées, la retraite est ordonnée par le chef de détachement. Le retour au poste de Ngoumgoum s'effectue avec peine. Constamment, contre l'arrière-garde, contre le convoi, les rebelles tentent des retours offensifs. La colonne, alourdie par ses blessés, marche lentement. Elle n'arrive qu'à 5 heures du soir au poste.

En somme, les affaires d'Eyamayong, de Kovon, d'Okola, malgré la belle conduite de nos troupes, ne donnaient aucun résultat. Tout est à reprendre dans la région où nous avons été amenés à une offensive isolée, contraire aux principes essentiels de notre action : n'agir que par masses et à condition de pouvoir profiter de nos succès.

L'occupation effective de la région par une compagnie permettra seule de venir à bout des rebelles.

La circonscription d'administration militaire du Como a été créée à l'arrivée de la 7e compagnie du régiment du Gabon ; la majeure partie de l'ancienne circonscription d'administration civile de la Côte Nord y est rattachée. Elle réunit, sous un seul commandement, des territoires, où, malgré les circonstances favorables de la proximité du chef-lieu et de factoreries nombreuses, l'administration civile n'avait rien pu obtenir de ces populations qui devant l'impuissance des chefs de poste, savaient, depuis de longues années, tirer profit de notre occupation en esquivant les charges qui en découlent. L'indigène coupe une bille d'Okoumé (1) ou loue ses services aux plantations

---

(1) Variété d'arbre dont le bois est utilisé pour la fabrication des boîtes à cigares.

pendant un mois, acquiert ainsi les marchandises convoitées, et disparaît avant que l'administrateur ait pu obtenir le paiement des taxes. Il devenait urgent d'en finir et de plier à l'obéissance les tribus pahouines, qui, par appât du gain, se pressent sur la côte, chaque jour plus nombreuses.

La circonscription comprend 4 postes : Kango (le chef-lieu), Médègue, Omvan, Abanga.

Le sergent Leca est nommé chef de la subdivision de l'Abanga ; cette région est inoccupée depuis 1907, date à laquelle l'administrateur de N'Djolé dut, en raison de l'hostilité des indigènes et de la pénurie des moyens mis à sa disposition, renoncer à y exercer son autorité. Le 18 mars, le sergent Leca en tournée de recensement est assailli au village d'Atié. Il force le passage, tuant 4 hommes ; de notre côté 3 hommes sont légèrement blessés.

Le lieutenant Beunat, qui a pris en décembre le commandement de la subdivision d'Omvan, se heurte dès le début à l'hostilité des indigènes. Le 3 avril, il se rend au village Békoué de Metchu avec 4 hommes pour y procéder à l'instauration d'un nouveau chef : il est assailli par les partisans de l'ancien qui lui blessent 2 hommes ; il ne doit qu'à son sang-froid de pouvoir se replier en temps voulu.

La région d'Omvan, située au centre du massif des monts de Cristal, offre un aspect chaotique ; ses habitants doublement protégés par la forêt et la montagne se sentent invulnérables et l'instabilité des chefs du poste d'Omvan, qui se sont succédés, nombreux, depuis l'occupation, n'a fait que les convaincre de cette invulnérabilité.

Le lieutenant Maignan, en raison de son expérience acquise au cours d'un précédent séjour, est envoyé pour prendre la direction des opérations de police indispensables.

La première question à régler était celle du village de Metchu sur la route de ravitaillement. L'influence personnelle du lieutenant Maignan lui permet d'entrer dans ce village sans incident avec un détachement de 39 hommes, d'obtenir la perception intégrale de l'impôt, l'exécution des prestations sur la route, et de rétablir la circulation des caravanes. La question du chef coupable est réservée. Pendant un mois les lieutenants Maignan et Beunat opèrent dans les environs d'Omvan de façon à donner de l'air au poste. Les villages de Nkassia, Ebott, qui refusent d'acquitter l'impôt sont détruits, Sam, Mitzic, Gnougnako (18 kilomètres E.-S.-E. d'Omvan) se vantent de nous faire échec. Un détachement de 40 fusils sous les ordres des deux lieutenants se porte sur Sam. Assailli le 26 mai à l'entrée du village, il s'en empare et l'occupe, mais toute tentative d'entrer en contact avec les habitants demeure vaine. Les corvées d'eau reçoivent des coups de fusil (3 hommes blessés). Le 28, à minuit, le lieutenant Maignan rassemble son monde, met le feu au village, se porte sur Mitzic, s'en empare au matin (2 hommes blessés), le détruit et regagne Omvan.

Les opérations continuent sous la conduite du capitaine Boulangé ; une force de 100 fusils en plusieurs détachements, marchant sur des routes parallèles va parcourir du nord au sud le pays inconnu compris entre le méridien d'Omvan et l'Abanga, et entrera en liaison avec les garnisons d'Essonne et d'Ebelé contraignant les villages traversés à un premier versement d'impôt.

Le capitaine Boulangé, arrivé à Omwan le 13 avec 70 fusils, organise deux détachements : le premier, sous ses ordres (1 sergent européen, 50 tirailleurs), le deuxième, sous les ordres du lieutenant Beunat (2 sous-officiers, 50 tirailleurs).

Ces deux groupes reconnaissent d'abord le secteur compris entre les routes Omvan, Ebibilène et Omvan, Essonne jusqu'à l'Abanga, descendent ensuite vers le sud. Les villages de Sam, Gnongnako, coupables de l'agression du 26 mai, celui d'Élouenzork qui prend une

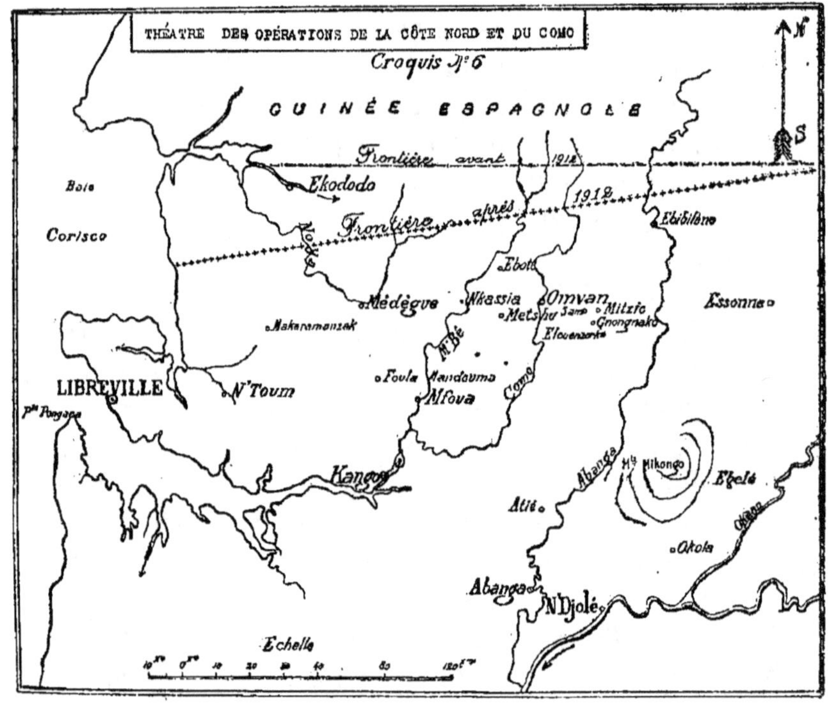

attitude hostile, sont visités, désarmés et contraints de payer les taxes.

On procède ensuite à l'occupation de la subdivision de l'Abanga.

Le 26 septembre, le capitaine Boulangé, rentré à Kango depuis 4 jours, repart avec un détachement pour opérer dans la subdivision de Médègue. Du 30 septembre au 4 octobre, la colonne opère sur la limite ouest de la subdivision, remontant du sud au nord, mais restant à proximité d'un détachement qui, sous les ordres du lieutenant Imbard, a été mis à la disposition de l'administrateur de la circonscription de Libreville pour faire une démonstration dans la région de N'toum.

Les ordres reçus prescrivent de ne pas agir dans les villages qui sont à 20 kilomètres au sud de la ligne probable de la nouvelle frontière non encore délimitée. Devant l'agglomération de Makaramanzak située dans cette zône un tirailleur est blessé. Le capitaine se contente de détruire villages et plantations pour éviter l'impression fâcheuse qui résulterait de l'impunité. Le 4, la colonne n'ayant pas été réquisitionnée par l'administrateur de Libreville, reprend sa liberté de manœuvre. Elle reconnaît le secteur sud-ouest de Médègue et séjourne au poste, du 12 au 14. Le 15, elle repart vers le sud, descend la vallée de l'Aveleu. Au village de Foula Mandouma (tribu N'Gué), le 22 octobre la colonne est attaquée. Du 22 octobre au 4 novembre, avec une ténacité remarquable, la colonne traque les rebelles de Foula Mandouma et les habitants des villages voisins de Bissobinam qui se sont joints à eux. Elle réussit à leur tuer 6 hommes et à en blesser 7.

La tranquillité de la région paraissant assurée, la colonne est disloquée le 5 novembre.

CHAPITRE VII

MOYEN CONGO. — OPÉRATIONS DANS LA LOBAYE ET L'IBENGA-MOTABA

SOMMAIRE : *Opérations du capitaine Prokos (août-septembre 1909). — Démonstrations sur le M'Bailly (octobre 1909), arrivée de la 4ᵉ Compagnie. — Dédoublement de la circonscription. — Opérations du capitaine Calisti (juillet-août 1910). — Opérations contre les M'Bis (novembre 1910 à février 1911). — Remaniement du territoire consécutif à l'accord francoallemand. — Arrivée de la 6ᵉ compagnie.*

(Voir croquis n° 7 à la fin du présent chapitre.)

Le programme de 1909, arrêté par le gouverneur général sur la plainte des sociétés concessionnaires dont les transactions sont entravées par l'hostilité des indigènes, comprend l'occupation effective de la Motaba, des hautes vallées de l'Ibenga, de la Likouala aux Herbes, de la Bodingué ; c'est un gros effort qui ne pourra encore être réalisé que bien imparfaitement.

Le capitaine Prokos commande depuis un an la région. Il dispose de 250 fusils. Pour suppléer à l'insuffisance de cette force il emploie, depuis sa prise de commandement, un effectif triple de partisans, armés de fusils modèle 1874 ou d'armes indigènes. Cette organisation chez des populations cannibales peu accoutumées à se plier à une discipline peut n'être pas toujours recommandable. L'emploi de ces guerriers, que, l'espoir seul du pillage attire, est d'un contrôle difficile, mais l'énergie du capitaine Prokos et de ses subordonnés empêchera nos opérations de dégénérer en razzias systématiques, et l'appoint considérable ainsi fourni par les autochtones à nos moyens d'action permettra de hâter la prise de possession et la mise en valeur de vastes espaces inconnus jusqu'à ce moment.

Les opérations d'ensemble furent précédées d'opérations préliminaires.

Dans le cercle de la Lobaye, le lieutenant Eyraud reçoit mission d'agir contre les rebelles de la région de Bimbo.

Dans celui de la M'Poko, le lieutenant Santelli doit opérer dans le quadrilatère : Bogano, Bouali, Boudzano, Boda.

Dans le cercle de l'Ibenga-Motaba, le lieutenant Hartmann commencera la pacification de la Motaba.

Le lieutenant Eyraud, après des engagements répétés et des opérations habilement conduites, obtient la soumission des rebelles de Bambio.

Le lieutenant Santelli ne peut, par suite d'un accident, remplir que partiellement sa mission.

Le lieutenant Hartmann, après plusieurs combats (Boudanamoukou), amorce notre action sur la rive gauche de la Motaba.

Ces opérations préliminaires terminées, une action convergente sur le centre toujours insoumis de Bera N'Djoko est décidée.

Les ordres donnés par le capitaine Prokos furent les suivants :

Le lieutenant Eyraud avec :

    41 tirailleurs ;

    40 partisans armés du fusil modèle 1874;

    100 partisans armés d'armes indigènes.

TOTAL 181

se portera de Camba Ouro sur Bera N'Dojko et fera à

M'Béïé, vers le 20 septembre, sa jonction avec la colonne principale.

Le lieutenant Santelli avec :

> 1 sous-officier ;
> 41 tirailleurs ;
> 30 partisans armés du fusil modèle 1874';
> 80 partisans armés d'armes indigènes.

TOTAL 152

marchera de Bouda sur Béra N'Djoko par Monpoutou avec jonction à M'Béïé.

La colonne principale (capitaine Prokos, lieutenant Hartmann) :

> 1 sous-officier ;
> 52 tirailleurs ;
> 200 partisans dont la moitié armés de fusils
>   modèle 1874 ;

TOTAL 253

parcourra la vallée de la Motaba et se portera sur la Lola pour couper la retraite aux rebelles vers l'ouest.

Le 18 août, la colonne principale débarque devant N'Guélé. Le chef se trouvant impuissant à amener son monde au commandant de la colonne, les hostilités sont engagées. Du 18 au 22, les plantations sont cernées, les rebelles traqués, sept villages enlevés et détruits. Un poste est laissé à N'Guélé.

La colonne repart le 22. Elle adopte pour la marche, le stationnement et le combat les dispositions suivantes :

Marche : Avant-garde, 30 auxiliaires, dont 10 armés du fusil 1874, 10 tirailleurs, 40 auxiliaires dont 20 armés du fusil 1874.

Colonne : 30 tirailleurs ; 100 auxiliaires, dont 70 armés du fusil 1874.

Convoi : 10 tirailleurs.

Arrière-garde : 20 auxiliaires dont 10 armés du fusil 1874.

Cantonnement. — On bivouaque en rectangle : les grands côtés sont occupés par les auxiliaires, les petits par les tirailleurs. Les Européens, le convoi et les porteurs sont à l'intérieur. Les sentinelles sont également à l'intérieur. Autour du bivouac le terrain est débroussé sur une largeur de 60 mètres.

Au cantonnement, le côté extérieur des cases est renforcé avec des troncs de bananiers.

Combat. — L'avant-garde, quand elle se heurte aux défenses d'un village, déboîte ; les tirailleurs du gros ouvrent le feu, tandis que les auxiliaires du gros, armés de fusils, déboîtent du côté opposé à l'avant-garde. Convoi et arrière-garde serrent ; le village enlevé, une partie des auxiliaires poursuit, l'autre va chercher des vivres aux plantations.

Le 22, la colonne se porte sur Mobandja. Elle occupe successivement Mopoumbé, Boguenda, Andouba, Douma, Bocaca, pourchassant les rebelles affolés par le passage imprévu dans la forêt d'une troupe si forte.

Pendant 3 jours (du 1er au 3 septembre), la colonne erre en forêt sans réussir à trouver la route de M'Béïé. Le 4, des Babingas (1) faits prisonniers lui indiquent enfin le sentier, où elle rencontre M. Audier, directeur de la Société de l'Ibenga-Motaba venu au devant d'elle. On atteint enfin M'Béïé.

Un blockhaus est construit, les malades sont éva-cués, les populations invitées à se soumettre et les auxi-

______

(1) Indigènes de petite taille, arriérés et primitifs, vivant disséminés dans la forêt équatoriale.

liaires envoyés sous la conduite de l'adjudant indigène à Monpoutou, où ils pourront vivre plus facilement.

Un poste de 35 hommes, dont 20 auxiliaires, est laissé à M'Béïé. Six villages qui se soumettent viennent s'établir à l'entour.

Le 10 septembre, on apprend que, sous la pression des détachements Eyraud et Santelli, les gens de Béra N'Djoko fuient vers Boudjoubi. Du 12 au 23, la colonne rayonne dans le secteur nord-ouest (direction de Lopi) pour contraindre les populations à se concentrer autour de M'Béïé. Le 23, les détachements Eyraud et Santelli font leur jonction. Ils ont ponctuellement accompli leur mission et rejeté les gens de Béra N'Djoko sur le détachement de Monpoutou qui leur tue 22 hommes.

La répression semble suffisante dans cette région. Le poste de M'Béïé est maintenu, une garnison envoyée à Monpoutou.

La colonne redescend par eau à N'Guélé, qu'elle atteint le 30 septembre. Le lieutenant Eyraud, nommé chef du bureau militaire du lieutenant-gouverneur de l'Oubangui-Chari part pour Bangui. Le lieutenant Santelli rejoint Dongou avec les malades et les blessés. Le capitaine transporte le poste de N'Guélé à Menfouté, village voisin, plus facilement accessible par la rivière.

Avec 200 hommes, dont 120 auxiliaires armés de fusils modèle 1874, cet officier fait, du 7 au 20 octobre, une démonstration sur la M'Baïlli, affluent de la Likouala, enlevant 6 villages en pays inconnu. A ce moment arrive un courrier prescrivant au capitaine d'interrompre les opérations et de regagner Bétou.

La colonne rentre à Bétou le 11 novembre.

Ces opérations nous ont coûté : 1 tirailleur blessé, 12 auxiliaires tués, 71 auxiliaires blessés.

La 4ᵉ compagnie, prévue pour le bataillon du Moyen-Congo, arrive à Brazzaville le 17 avril 1910, elle est dirigée sur l'Ibenga Motaba, nouvelle circonscription formée de la partie sud de la Lobaye et va occuper les postes de Dongou et d'Enyellé.

La 2ᵉ compagnie peut ainsi être employée, entière, à l'occupation du bassin de la Lobaye ce qui permet de donner un nouvel essor à l'œuvre de pénétration. Le capitaine Prokos avait été remplacé en avril par le capitaine Calisti.

Ce dernier décida tout d'abord de mettre fin aux exactions du chef Kouzouloutou, du groupe Pata (M'Poko). Il fit appel aux gardes régionaux de l'Oubangui-Chari et concentra ses forces à Djoumba (1 sous-officier, 51 tirailleurs, 44 gardes régionaux).

Différentes reconnaissances conduites en 1908 et 1909 contre Pata n'avaient donné aucun résultat ; les rebelles s'étaient enfuis vers la région montagneuse du nord et on n'avait pu leur infliger aucune leçon sérieuse.

Le capitaine Calisti forma 2 détachements :

L'un (sergent Hureaux, 35 fusils) se portera par l'ouest sur Baia et Pata de façon à rejeter les rebelles sur le deuxième détachement (le plus important), qui s'avancera par la ligne de faîte de la M'Poko. Le 29 juillet, le sergent Hureaux se met en route, il est à Baia le 1ᵉʳ août. Les indigènes s'enfuient en lançant des sagaies. Il leur tue 4 hommes, en prend 3 ; le 2 août, il est à Goundé évacué. Le 3, après avoir repoussé quelques rebelles, le détachement campe à Yangao et fait à Pata, qui est abandonné, sa jonction avec le groupe principal.

Du 7 au 14, les soumissions des rebelles se multiplient et le chef Kouzouloutou (qui, en 1905, avait massacré 19 miliciens) est trahi par les siens et arrêté. Le 15 août, la petite colonne est disloquée.

Le capitaine Calisti concentra ensuite ses forces pour assurer le châtiment et la soumission du groupe M'Bis qui a attaqué des villages amis et leur a tué et mangé 18 hommes. Deux mois de pourparlers étaient restés infructueux.

Trois détachements d'égale force, partant de M'Baiki, Boda et Bouda, marcheront sur Boudzano. Au cours de cette concentration, le capitaine Calisti, l'adjudant Colleau, le lieutenant Richer de Forges, brisent toutes les résistances et enlèvent les villages de Bodé, Bongui, Babo.

Le 7 novembre, les 90 fusils sont réunis à Boudzano.

Du 8 au 16 la colonne parcourt le pays. De tous côtés les villages promettent de payer l'impôt. Seuls les deux groupements de Botocana et Dana qui demeurent réfractaires sont attaqués et perdent 20 hommes.

La colonne est disloquée le 19 novembre.

Faute d'effectifs, il n'avait pas été possible de créer un poste dans cette région. Aussi, au début de janvier 1911 les M'Bis n'ont-ils fait encore aucun versement d'impôt à l'exception du seul village de Boudzano. Les hostilités sont reprises.

Pendant que plusieurs groupes de tirailleurs entoureront la région rebelle, deux détachements opéreront dans le massif M'Bis. L'hostilité se manifestera surtout sur la rive droite de la Pama, dont les ponts ont été coupés.

Durant le mois de février 1911, les M'Bis pourchassés perdent du monde dans de nombreux engagements. Le lieutenant de Forges leur inflige deux leçons sérieuses à Boyo (34 hommes tués) et à Bessain (20 tués).

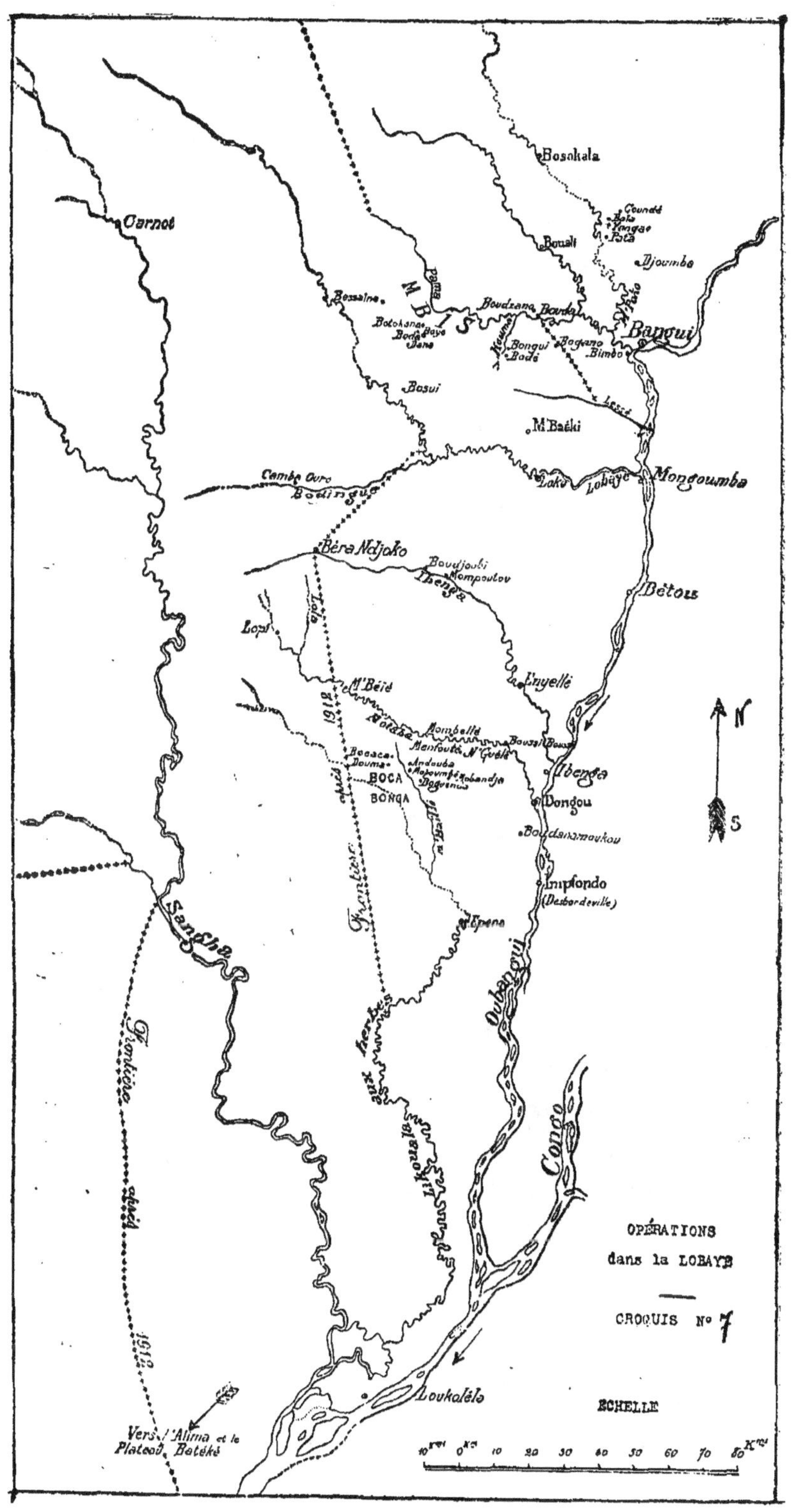

Bosokala
Carnot
Goundé
Bola
Yangae
Pota
Bouali
Djoumba
Bessaine
Boudzana Barka
Bangui
Botokhsna
Boda Baye
Dana
Koumo
Bongui
Bodé
Bagrano
Bimbo
Basui
Lessé
M'Baéki
Lako
Lobaye
Mongoumba
Cembo Ouro
Boulingua
Béra Ndjoko
Bouvjoubi
Mompoulou
Ibenga
Bétou
Lopi
Lola
M'Béré
Enyellé
1918
Botaba
Mombello
Bousse Boua
Menfouta
N'Guéli
Bocaca-
Douma
Andouba
Mopoumbe
Mabandja
Boguemu
Ibenga
BOCA
BONGA
Dongou
Boudzamoukou
Frontière
Impfondo
(Desbordeville)
Sangha
Epena
N
S
aux herbes
Likouala
Oubangui
Congo
OPÉRATIONS
dans la LOBAYE
CROQUIS N° 7
1918
Frontière
1918
Vers l'Alima et le
Plateau Batéké
Loukoléla
ECHELLE
10 Km 0 Km 10 20 30 40 50 60 70 80 Km

Ce succès déclanche toutes les soumissions, la région entière se soumet, soit 42 villages renfermant 10.000 habitants environ.

Les capitaines Galliache et Nourit peuvent continuer l'action de leurs prédécesseurs par de nombreuses tournées sans recourir à la force.

La 6ᵉ compagnie du bataillon du Moyen-Congo, arrivée en octobre 1911, devait être affectée à une nouvelle circonscription créée dans la M'Poko où d'importants intérêts commerciaux sont engagés. L'accord franco-allemand nous faisait modifier ce projet. Nous perdions le bassin de la Lobaye ; la M'Poko attenante et contigüe à l'Oubangui-Chari allait se trouver séparée des autres circonscriptions du Moyen-Congo. Un poste de 20 gardes régionaux fut envoyé dans la M'Poko à Bosakala, et la 6ᵉ compagnie fut dirigée sur Impfondo pour occuper la nouvelle circonscription de la Likouala (1). Cette compagnie reçut, au commencement de 1912, le nᵒ 3, et la 3ᵉ compagnie à Brazzaville, devenue compagnie de recrues et d'instruction, eut le numéro 6.

A la suite du passage aux Allemands de la circonscription de la Lobaye, la 2ᵉ compagnie, après évacuation des postes, doit occuper une nouvelle circonscription d'administration militaire dans l'Alima (centre à Osselé) pour amorcer l'occupation de plateau Batéké. La 4ᵉ compagnie reste dans la circonscription de l'Ibenga-Motaba (centre à Dongou) et occupe les postes de : Enyellé, Bétou et Mombellé.

---

(1) Postes à Loukolela et à Epéna.

CHAPITRE VIII

MOYEN-CONGO. — OPÉRATIONS DANS LA RÉGION DJOUAH-SEMBÉ, KOUDOU.

SOMMAIRE : *Colonne du commandant Garnier (août-septembre 1908). — Arrivée de la 3ᵉ compagnie. — Deuxième colonne du commandant Garnier (mai-juin 1909). — Opérations du capitaine Curault (août-septembre 1909). — Affaire de Goudou (juin 1910). — Colonne du commandant Blaise dans la Haute-Mossaka (juillet-août 1910). — Départ de la 3ᵉ compagnie. — Affaire de Zonabia (octobre 1910). — Création du poste de Golabied (juillet 1911). — Opérations du capitaine Geoffroy (août-septembre 1911). — Évacuation des postes de la région Nord du Djouah et de la Koudou.*

(Voir croquis nᵒˢ 6, 7, 8, 9 et 10 ci-après.)

L'occupation des vallées de la N'Goko et du Djouah, marque le principal effort de nos troupes dans la forêt congolaise. Aussi paraît-il indispensable d'en exposer les préliminaires avec quelques détails.

En juin 1908, des nouvelles alarmantes parviennent à Brazzaville : pillage de factoreries, massacre de travailleurs armés de la Société concessionnaire. On prétend même que le capitaine Fabiani est cerné dans Viel.

Le chef de bataillon Garnier, commandant militaire du Moyen-Congo et Haut-Oubangui, reçoit mission de se porter sur Viel avec une colonne de secours pour dégager la garnison assiégée, protéger les établissements commerciaux et imposer notre autorité. Les forces mises à la disposition de cet officier supérieur, comprenaient 110 tirailleurs de la 1re compagnie (lieutenants Hartmann et Lorcery). La colonne transportée par vapeur jusqu'à Molundu, parvint à N'Goïla, le 10 juillet.

La situation était grave : le pays tout entier soulevé et les relations interrompues entre Sembé et le Djouah.

Le commandant Garnier se porta sur Viel, par les Rapides, Sembé, Madjingo et franchit le Djouah en ce point (du 9 au 11 août). Toute la rive droite de cette rivière était en rébellion.

La colonne dut forcer le passage en enlevant les villages rebelles (24 août). Elle atteignit Viel, le 26 août.

Le lieutenant Poucher rend compte des fâcheux incidents survenus en mai dans ce poste. Par suite d'une erreur inexplicable, un coup de feu parti malencontreusement a jeté la panique parmi les indigènes convoqués pour un palabre de soumission; cet événement malheureux a mis tout le pays en insurrection. La factorerie de Massinégala est pillée, 3 employés indigènes sont mangés, le poste de traitant d'Ecosso est pillé et attaqué, le traitant mangé. Le 29 mai, une reconnaissance, partie de Viel en pirogues, est attaquée en aval de Massinégala; elle comptait 17 tirailleurs, 5 seulement rejoignent le poste.

Le 13 juin, le lieutenant Barrau, peut atteindre, bien qu'attaqué deux fois en route, la factorerie de Madjingo où deux gérants européens étaient assiégés depuis un mois.

Le capitaine Fabiani a quitté Viel, le 24 juin, laissant en ce point le lieutenant Poucher, auquel il interdit toute opération.

Le commandant Garnier, réussit à reprendre contact avec les rebelles. Quelques villages se soumettent ou

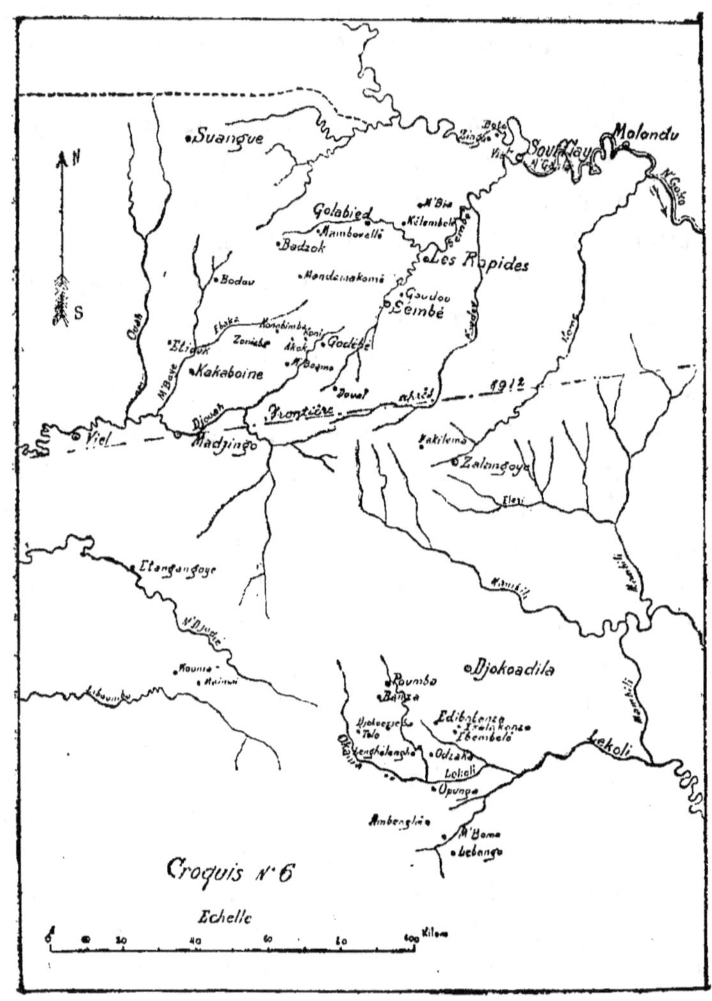

« Opérations dans le Djouah-Sembé »

plutôt promettent de ne plus faire la guerre. Des reconnaissances circulent autour du poste sans obtenir de résultats bien appréciables. A cause de la saison des pluies, déjà fort avancée, le commandant Garnier, ne peut prendre contact avec le capitaine Fabiani. Il décide de se replier sur la Koudou. Il quitte Viel, le 8 septembre, se dirige toujours guerroyant, sur Sembé, qu'il atteint le 25. Il y apprend de nouveaux pillages. De tous côtés notre autorité est contestée et notre action combattue par les armes.

Le lieutenant-colonel Mangin, chef d'état-major du groupe de l'Afrique-Occidentale Française, en tournée d'inspection, arrive à Sembé le 23, comptant pouvoir redescendre à la côte par le Gabon. Il doit renoncer à ce projet. Il prend le commandement des opérations, fait exécuter une reconnaissance sur Douela. Mais, en raison de l'insuffisance des troupes dont il dispose, il doit se borner à donner une petite garde aux postes de traitant.

Le lieutenant-colonel Mangin et le chef de bataillon Garnier, rentrant à N'goïla pour regagner Brazzaville, sont assaillis en route. Les postes de traitant sont pillés, leurs petites garnisons massacrées; un agent européen de la N'goko Sangha, M. Cassagne, est assassiné à Batzoc. Les convois sont attaqués. La situation va empirant jusqu'à la fin de 1908.

L'arrivée d'une troisième compagnie au Moyen-Congo allait permettre de réaliser l'occupation et de reprendre des opérations entreprises avec des effectifs jusqu'à ce jour tout-à-fait insuffisants. Au reste, cette période de tâtonnements n'a pas été inutile : nos troupes et leurs chefs ont commencé d'y acquérir l'expérience de la forêt équatoriale, avec ses taillis impénétrables, ses marais profonds, ses habitants insaisissables.

La 1re compagnie du bataillon du Moyen-Congo occupe les postes de N'Goïla, Les Rapides, Sembé, Zalangoye, Viel. Le gouverneur général décide d'installer la 3e compagnie entière dans la région de Madjingo, Viel, et de réunir cette zone troublée des confins nord du Gabon, Moyen-Congo, sous un même commandement, en créant la région du Djouah-Sembé (20 novembre 1908).

Si les effectifs dont disposaient les officiers de la 1re compagnie, ne leur avaient pas permis d'entreprendre la pacification de la région, du moins leurs efforts s'étaient-ils portés sur la recherche des groupements hostiles et des liens ethniques permettant de classer les populations pour agir ensuite sur elles avec plus de méthode.

En fin janvier 1909, le capitaine Curault vient prendre le commandement des détachements de la 1re compagnie. Cet officier, au cours d'un précédent séjour au Gabon, a acquis la pratique des opérations en forêt. Les troupes viennent d'être armées du fusil modèle 1907 (1).

Le 24 avril, la 3e compagnie arrivait à Sembé avec le commandant Garnier, chargé à nouveau de pacifier et d'organiser la circonscription du Djouah-Sembé.

Le commandant Garnier, dès son arrivée à N'Goïla, forme deux détachements de marche, chacun de 80 fusils, commandés par le capitaine Curault (lieutenants Fouchet, Soufflay) et par le lieutenant Lorcery (lieutenant Poucher, adjudant Sagnes).

L'un des premiers objectifs va être d'abattre la résistance du groupe Bombassa, et dans ce groupe de châtier le village de M'Bia, dont les habitants furent, en

---

(1) Fusil court à chargeur tirant la cartouche du fusil Lebel.

1908, les agresseurs du lieutenant-colonel Mangin, lors de son retour sur N'Goïla.

Un gros convoi de ravitaillement de 251 porteurs sous escorte de 98 fusils (lieutenants Verrier et Debrand), est expédié de N'Goïla sur Sembé, qu'il atteint le 24 mai sans autres incidents que la traversée difficile de la Koudou et de la Sembé.

Une reconnaissance (lieutenants Fouchet, Soufflay, sergent Ramières) recherche une route d'accès sur M'Bia par le Nord, suivant l'itinéraire : N'Goïla, Vial, Boto, Zinga. Le 24 mai, elle doit enlever Boto qui l'accueille à coups de fusils. Le lieutenant Fouchet et un sergent indigène sont blessés, un tirailleur est tué. La reconnaissance rentre à N'Goïla, le 25 mai.

Le village de M'Bia est à 40 kilomètres Sud-Ouest de N'Goïla, 15 kilomètres Nord des Rapides. Les pistes qui y conduisent sont mal connues.

L'un des détachements de marche (commandant Garnier, lieutenant Lorcery) est concentré à Sembé, l'autre à N'Goïla. Tous deux reçoivent l'ordre de marcher sur M'Bia. Le détachement Lorcery, qu'accompagne le commandant Garnier, quitte Sembé le 30 mai; il atteint Les Rapides le 31, bivouaque en forêt le soir. Pendant la nuit des coups de fusils blessent deux tirailleurs.

Le 1er juin, à 10 heures 30', la colonne est à 400 mètres de Kusso qui a été abandonné et détruit: il ne reste de ce village qu'une banza, que le commandant fait occuper par quelques hommes, cependant que la colonne demeure cachée en forêt, attendant pour agir, l'arrivée du détachement Curault. A midi et demie, la colonne est démasquée par les rebelles qui attaquent le petit poste de la banza de Kusso; il est inutile de maintenir le détachement sous bois, on occupe donc le village. Un peloton (adjudant Sagnes) se déploie sur les pentes du ravin qui sépare Kusso de M'Bia. Le reste du détachement reste en position d'attente.

De son côté, la colonne Curault, ayant quitté N'Goïla le 31 mai, s'était engagée sur la route reconnue par le lieutenant Fouchet. Sa marche n'était marquée par aucun incident. Le 1er juin, des feux de salve de la

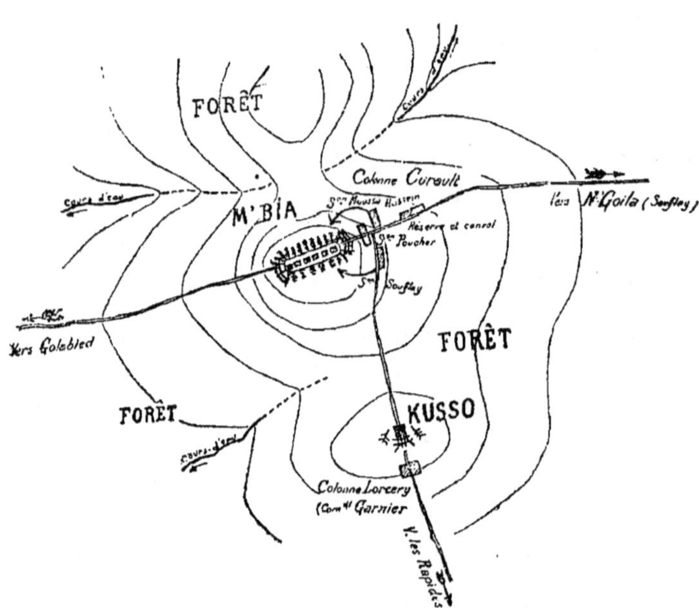

colonne Garnier, se font entendre. Le capitaine Curault, fait quitter le sentier et marche résolument au combat.

Après 3 heures d'une marche pénible, la colonne peut enfin déboucher devant M'Bia. Empêché par d'inextricables abatis de prendre contact avec la colonne Garnier, le capitaine Curault se porte à l'attaque.

La section Poucher, aborde la position de front, la section du lieutenant Soufflay essaie de progresser à

gauche, la 3e section à droite. Le lieutenant Soufflay
parvient à se faufiler à quelques mètres d'une brèche
de l'enceinte du village, il entraîne ses hommes à l'assaut, tombe blessé à la poitrine, se relève pour continuer à commander sa section. Le feu de l'ennemi se
ralentit. Le capitaine lance la section Poucher, contre
la banza de l'extrémité du village. A 4 heures, l'ennemi est en fuite, la liaison des deux détachements
se fait, mais la prise de M'Bia, nous a coûté cher :
3 Européens, 4 indigènes sont blessés et l'état du lieutenant Soufflay est très grave.

La colonne séjourne à M'Bia du 1er au 6, envoyant
des reconnaissances rayonnantes au cours desquelles
nous avons 3 blessés. Le 7, elle gagne Les Rapides
sans incident. Le lieutenant Soufflay expire quelques
heures après l'arrivée au poste. (Son nom a été donné
au poste de N'Goïla).

Le 10 juin, le détachement Lorcery regagne Sembé.

La prise de M'Bia eut une grosse répercussion chez
les Bombassa. Le commandant décida de hâter la soumission de ces rebelles en opérant contre les villages
du groupe Mabeza. (Nord-Ouest de Sembé).

Dans ce but, les forces mobiles concentrées à Sembé,
se portèrent sur Badzoc (50 kilomètres de Sembé). Le
15 juin, par une marche en forêt, la colonne tourna le
village, qu'elle attaqua le 17, à 9 heures du matin et
qu'elle enleva sans pertes. Le lieutenant Debrand,
chargé de poursuivre l'ennemi, réussit à lui infliger
des pertes sérieuses. Le 19, au retour, le détachement
Lorcery est chargé d'enlever au Sud de la route, le
village rebelle de Mandamakoné. Le chemin qui conduit à ce village est un défilé rocheux. Les banzas
fortifiées se trouvent au sommet d'une montagne et
sont défendues par quatre palissades et par une palanque.

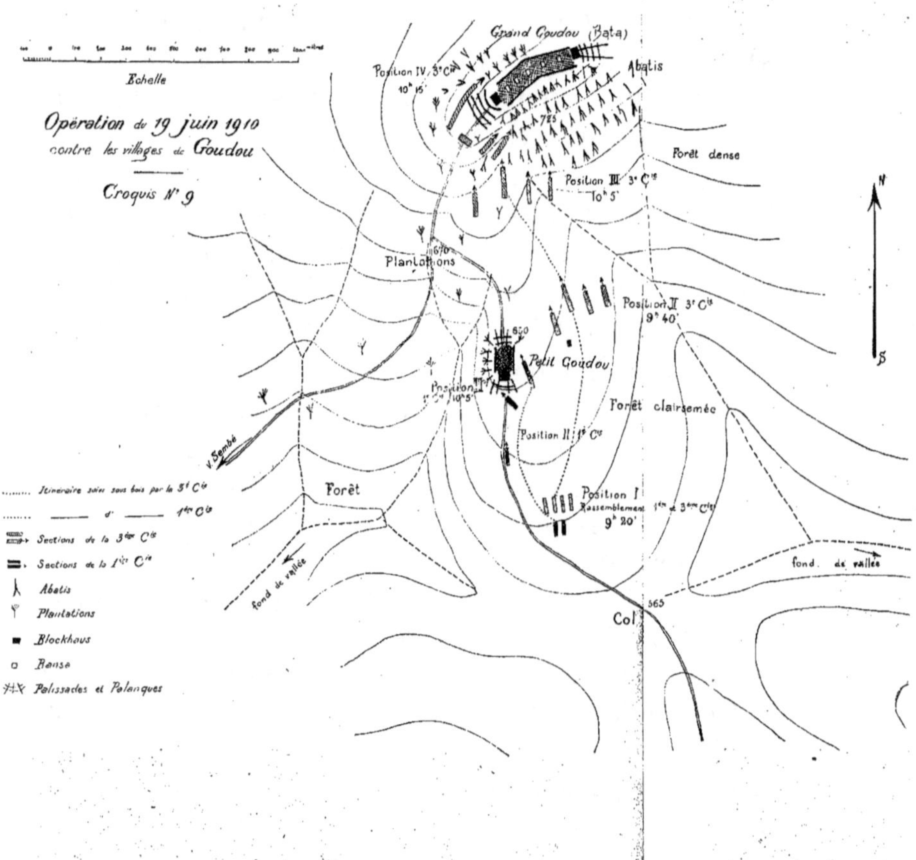

Echelle
Opération du 19 juin 1910
contre les villages de Goudou
Croquis N° 9
Grand Goudou (Bata)
Position IV, 3° Cie
10^h 15'
Abatis
Forêt dense
Position III 3° Cie
10^h 5'
Plantations
670
Position II 3° Cie
9^h 40'
650
Petit Goudou
Position II 1° Cie
10^h 5'
Forêt clairsemée
Position II 1° Cie
V. Sembé
Position I
Rassemblement   1re et 3me Cies
9^h 20'
Forêt
fond de vallée
fond. de vallée
Col   565
N
S
Itinéraire suivi sous bois par la 3° Cie
d°   1re Cie
Sections de la 3me Cie
Sections de la 1re Cie
Abatis
Plantations
Blockhaus
Banse
Palissades et Palanques

L'adjudant Sagnes, attaqua avec une section la position de front. Le lieutenant Poucher, réussit à découvrir une fissure dans la muraille de rochers, s'y glissa à la tête de ses hommes, tourna la position par la droite et ouvrit le feu sur les derrières de l'ennemi qui s'enfuit. L'adjudant Sagnes et trois tirailleurs étaient blessés.

La colonne rentra à Sembé, le 20 juin.

Ces opérations ont donné à réfléchir aux Bombassas, qui entament des pourparlers de soumission. Malgré l'incident survenu au poste de N'Goïla, des rôdeurs Gounabembé de Zingua sont venus tuer un tirailleur; le chef de bataillon Garnier estime l'amélioration de la situation suffisante pour remettre au capitaine Curault le commandement de la région et la direction des opérations.

Il quitte N'Goïla le 27 juin, à destination de Brazzaville.

Avant de se diriger sur le Djouah, le capitaine Curault veut obtenir la soumission des tribus vaincues. Les Gounabembé des environs de N'Goïla (Soufflay) qui ont fait cause commune avec les Bombassas, sont poursuivis pendant un mois par de fortes reconnaissances. On parcourt à nouveau le pays Mabeza; Gounabembés et Mazebas demandent la paix.

Le poste d'Alati est supprimé et reporté à Suangué, où le lieutenant Poucher gagne à notre cause, par une politique habile, les Dzems (région de Suangué) qui vont nous fournir des partisans. Le capitaine Curault pénètre alors en pays Bombassa, divise les tribus, gagne l'amitié de Bibiac, féticheur influent du gros centre de Golabied, et assure ainsi la liberté des communications entre Soufflay et Sembé.

Le capitaine Curault peut alors seulement entreprendre de rouvrir la route de Sembé à Viel. Il forme une colonne composée de 4 officiers, 5 sous-officiers, 130 tirailleurs, 50 partisans, 120 porteurs et quitte Sembé le 11 août. La colonne atteint Madjingo le 15. Le chef Sangha-Sangha de Kakaboine, vient apporter sa soumission qui assure la liberté des relations entre Sembé et Madjingo. Un poste est créé en ce dernier point.

Sur la demande du capitaine Curault, des ordres ont été donnés au bataillon du Gabon, pour assurer sa liaison avec les troupes du Moyen-Congo. Le lieutenant Barrau, avec un détachement de la 1re compagnie du Gabon, est mis à la disposition du commandant des opérations.

Le 17, le détachement Barrau est signalé près de Madjingo à Gogoben, qu'il ne peut dépasser faute de pirogues. Le 18, le lieutenant Poucher, envoyé à Gogoben avec des moyens de transport, ramène le détachement Barrau (20 hommes).

Le 19, la colonne se porte sur Bodou, village Mabeza, qui s'obstine dans la rébellion. Elle passe à Kakaboine, Etiouk, Boum'den, Étoub; mais dans la nuit du 23, les gens de Bodou, impressionnés par cette offensive se soumettent, rendant 2 fusils modèle 1874, 1 mousqueton et des munitions provenant du pillage d'une factorerie.

Les opérations semblent terminées, la colonne est disloquée. Le 25, le lieutenant Lorcery, part pour Suangué; le capitaine, accompagné du lieutenant Barrau, rentre à Sembé le 27. Il apprend, à son arrivée, que deux pirogues de la Société N'Goko Sangha, escortées par des tirailleurs de M'Vahdi, ont été attaquées en aval de Viel; 1 tirailleur a été tué, 5 tirailleurs et pagayeurs ont été blessés.

Le capitaine Curault décide de rentrer immédiatement en campagne, donne ses ordres, et, le 5 septembre, une colonne est reformée à Madjingo.

Cette colonne comprend trois groupes :

1° Lieutenants Lorcery et Debrand, 65 tirailleurs, 23 partisans Dzems;

2° Lieutenant Poucher, 65 tirailleurs, 24 partisans Dzems;

3° Lieutenant Barrau, 40 tirailleurs, 10 partisans Mazebas.

La garnison de Viel renforcera les troupes mobiles de 20 tirailleurs. Il faut 2 jours pour traverser le Djouah. Le 10, la colonne entrait à Viel.

La situation était la suivante : les indigènes de la rive droite, villages de Mabangoué, Senz, Zoloumou, Mabalan, sont nettement hostiles. Ce sont les auteurs de l'agression des 11 et 12 août, au cours de laquelle ils ont eu 5 tués.

Le plan d'opérations du capitaine Curault, est le suivant :

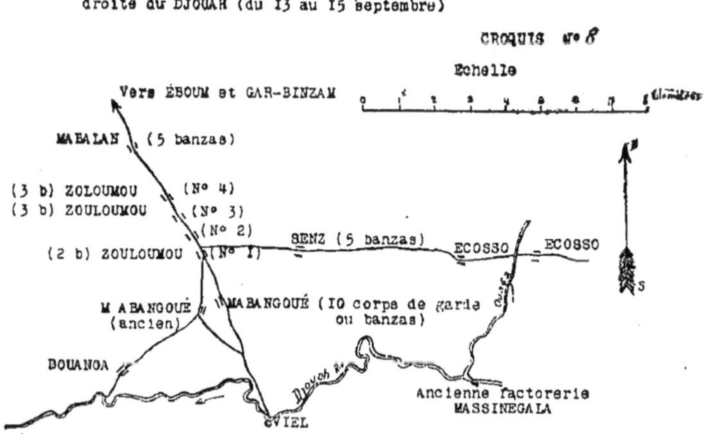

Les premier et deuxième groupe marcheront sur Mabangoué. Le troisième se portera sur Zoloumou n° 1 par l'ancien Mabangoué. Mabangoué et Zoloumou n° 1 enlevés, les objectifs sucessifs seront: Zoloumou n°ˢ 2, 3 et 4. Les partisans ont mission d'éclairer la marche, de s'arrêter à 400 mètres des villages, de se dissimuler pendant l'action et de tirer sur les fuyards ennemis.

La colonne se met en marche le 14, se sépare du troisième groupe (lieutenant Barrau), entre dans Mabangoué, que les indigènes incendient sans le défendre, atteint Zolomou n° 1, et s'y établit.

Le troisième groupe (lieutenant Barrau) est arrivé à midi au Nord de Zolomou n° 1, a enlevé Zolomou n°ˢ 2, 3 et 4, Mabalan, puis s'est heurté à la forêt « bia » aménagée définitivement (1). Cinq tirailleurs ont été blessés pendant ce mouvement. Le lieutenant Barrau revient alors sur ses pas et le 15 au matin, rejoint la colonne.

Le 15, des reconnaissances sont faites, au cours desquelles deux tirailleurs sont tués. Nos pertes sont très inférieures à celles de l'ennemi, qui, en 2 jours, a eu 40 hommes hors de combat. Le 16, la colonne rentre à Viel, après avoir détruit Senz.

Le 17, les indigènes signalent que l'ennemi démoralisé renonce à attaquer les convois.

Le 18, le lieutenant Barrau, protégé par un détachement (lieutenant Poucher) établi sur la rive droite, regagne M'Vadhi.

La colonne quitte Viel le 20 septembre et regagne Sembé, le 24.

*
* *

Pendant un an, depuis septembre 1909, notre action progresse sans mesures répressives. Le 13 juin 1910, la question de la libre circulation sur la Sembé est

---

(1) La forêt que les indigènes appellent « bia » est une brousse épaisse où prédominent les arbres de 3 à 4 mètres ; elle est parsemée de nombreuses termitières. Celles-ci sont aménagées pour permettre des embuscades et une guérilla facile.

remise en jeu par l'attaque d'une pirogue de ravitaillement entre Les Rapides et Sembé. Un tirailleur et un capita (1) sont tués. Les lieutenants Didier et Debrand se portent de Sembé sur les lieux de l'attaque et ramènent les blessés aux Rapides. Le guet-apens a été tendu par les gens des deux villages de Goudou très sérieusement fortifiés. Il est intéressant de signaler les difficultés d'occupation d'une région où, après deux ans d'efforts, se produisent des agressions de la part d'indigènes dont les villages sont à 7 kilomètres d'un poste.

Le capitaine Curault prescrit la concentration à Sembé d'un détachement de la 3e compagnie (82 fusils). Lui-même, avec 43 hommes de la 1re compagnie (lieutenant Debrand), se porte sur les Rapides, puis marche sur Sembé dans la nuit du 18 au 19. A 4 heures du matin, le détachement arrive à Sembé, mais le capitaine Curault, malade, a dû rester en arrière. Le lieutenant Didier prend le commandement et la colonne se met en route à 4 heures 30'. A 9 heures, elle arrive à 500 mètres du Petit-Goudou. Le lieutenant Debrand (43 tirailleurs) reçoit mission d'enlever ce village, cependant que le lieutenant Didier (82 fusils), contournant cette position, marchera sur Grand-Goudou en se tenant à l'Est du chemin creux qui relie les deux villages et dont l'organisation défensive est certaine.

A 10 heures 10', le lieutenant Debrand est maître du Petit Goudou. A 10 heures, le lieutenant Didier, qui a formé son détachement en lignes de sections par un, se heurte aux abatis du Grand-Goudou. La lisière est inaccessible, le détachement Debrand a ouvert le feu.

Des coups de fusil de l'ennemi partent du chemin creux sur la section de gauche du lieutenant Didier, qui fait appuyer à gauche, place une section à l'Ouest

---

(1) Chef de porteurs.

du chemin, une deuxième sur le sentier et .la troi
sième à l'Est. L'attaque vigoureusement poussée décon
certe l'ennemi qui s'enfuit, emportant blessés et morts.
Le village est occupé et rasé. Le lieutenant Debrand
rejoint la colonne qui rentre à Sembé, sans être sérieusement inquiétée. Sept tirailleurs ont été blessés dans
l'affaire.

Deux fois, le 20 et le 22, par d'audacieuses marches de nuit, le lieutenant Didier se porte sur l'emplacement des villages réoccupés et tue 4 hommes aux
rebelles.

Cette offensive hardie décide ceux-ci à faire amende
honorable. Il est à remarquer que cette fois l'acte de
rébellion est resté isolé et que la rapidité du châtiment a donné à tous la plus salutaire impression de
notre volonté d'imposer notre autorité.

Jusqu'en 1910, aucun effort militaire n'avait été tenté
du côté de la Mossaka. Le besoin ne s'en faisait pas
sentir; la pénétration sur ces territoires avait été con
fiée aux administrateurs et à leurs gardes régionaux.
Pourtant, en 1910, un mouvement insurrectionnel
grave oblige l'administrateur à demander l'appui de
troupes régulières.

Le 11 juillet 1910, le lieutenant Didier reçoit une
lettre de M. l'administrateur Marchand, signalant que
les indigènes de la Lekoli du Nord préparent un sou-
lèvement et demandant à cet officier de venir à Djokoadila pour examiner la situation.

Le chef de bataillon Blaise, commandant le bataillon
du Moyen-Congo, en tournée d'inspection dans la
Sembé, décide d'aller lui-même sur place juger des
événements. Il arrive à Djokoadila, le 24 juillet, avec
le capitaine Curault, le lieutenant Didier, 85 fusils, un

important convoi de vivres et de munitions. Il trouve dans ce poste M. l'administrateur Marchand, M. l'adjoint des affaires indigènes Mounié, 38 gardes et M. L. Tréchot, représentant de la C. F. H. C. (1).

Des agents de factorerie attirés dans des guets-apens à Ebi-Babanza et à M'Bomo n'ont pu se dégager qu'avec peine. L'administrateur réquisitionne les troupes et le chef de bataillon Blaise prend la direction des opérations.

Le 27, la colonne quitte Djokoadila, arrive à Ekalakanza, en repart à minuit, passe à Ebembelé à 2 heures du matin, y laisse le convoi et cerne, avant le jour, Ebi-Babanza. Mais quand on attaque, on constate que le village est vide. La colonne revient à Ebembelé.

Le 30 juillet, le chef de bataillon jugeant que les opérations peuvent retenir pour un temps trop long le capitaine Curault loin de sa région, renvoie cet officier à Sembé. La colonne est alors répartie en 3 groupes :

1° Le lieutenant Didier, 40 tirailleurs;
2° M. Mounié, 37 gardes;
3° Sergent indigène Moussa-Hassein, 28 tirailleurs.

Le 30, la colonne enlève Poumba (300 cases), le 31, elle s'empare de Banza (500 cases). Un guide, deux gardes et un porteur sont blessés.

Le 1ᵉʳ août, le commandant Blaise marche sur Djokoesseba. Une barricade barre la route à 150 mètres du village. A l'entrée se dresse une nouvelle barricade, à la sortie une forte palanque, en avant, des petits piquets.. Il faut une heure et demie pour enlever ce gros centre, long de 1.800 mètres, qui compte 500 cases et 35 banzas. Un sergent y est légèrement blessé.

---

(1) Compagnie Française du Haut-Congo.

La colonne va cantonner au village soumis de Tolo
et y séjourne le 2 août.

Le 3, elle se porte sur Odzala, fort groupement de
500 cases, dans lequel se sont réfugiés les habitants du
village voisin de Lenghélenghé.

A 1 heure 45' du soir, les éclaireurs trouvent le sentier
*fermé par une liane touffue semblant tombée naturel-
lement sur le sol.* Ils s'en approchent sans défiance.
Une pluie de projectiles jette 4 hommes et le guide à
terre. A 30 mètres en arrière de la liane s'élève une
énorme barricade. En avant, le sol est jonché de petits
piquets. Le feu fait lâcher pied aux défenseurs, qui,
découragés par leurs pertes, abandonnent le village.

L'affaire nous coûte la mort d'un caporal et 10 blessés, dont le lieutenant Didier, très légèrement touché.

La colonne, alourdie par les blessés, n'atteint Ebembelé qu'à 11 heures du soir.

Le poste provisoire de gardes régionaux qu'avait
établi à Djokoadila l'administrateur Marchand est reporté à Odzala, où l'on édifie un fortin.

Le 14 août, la colonne ravitaillée, allégée de ses
blessés, marche sur Opunga qui est enlevé sans pertes,
s'empare de Ambenghé et va coucher à Lebango, qui
n'est pas défendu.

Le 16, le gros village de M'Bomo, dont le chef, très
compromis dans les attaques de factorerie, est l'insti-
gateur de la révolte, demande à se soumettre.

L'administrateur exige un versement de 200 fusils;
ce versement n'étant pas effectué dans le délai voulu,
le 17, la colonne occupe M'Bomo (600 cases, 40 banzas,
20 barricades). Le village est rasé. La colonné se replie
sur Lebango sans être inquiétée.

L'administrateur estime suffisante la démonstration
de nos forces. De tous côtés, en effet, les rebelles ont
été châtiés et font des offres de soumission.

La colonne est disloquée le 21 et les tirailleurs regagnent Sembé par Odzala et Djokoadila.

En fin 1910, l'arrivée de la 5⁰ compagnie du bataillon du Gabon, dans l'Ivindo, permet de remettre à la colonie du Gabon le soin de l'occupation de la région du Djouah. La circonscription du Djouah-Sembé est supprimée et remplacée par celle de la Koudou dont la limite Ouest devient celle des colonies du Gabon et du Moyen-Congo.

Le 7 octobre 1910, le lieutenant Didier, commandant par intérim la circonscription, quitte Sembé pour se rendre à Madjingo, Viel, M'Vahdi afin de hâter l'évacuation par les troupes du Moyen-Congo, remplacées par celles du bataillon du Gabon, à Suangué, à Viel, et à Madjingo.

Il recherche, en outre, la route que pourraient suivre, pour accéder au Djouah, les convois de vivres de la 1ʳᵉ compagnie du bataillon du Gabon, qu'il est question de ravitailler par le Moyen-Congo. Son itinéraire l'amène à traverser les villages Sanghas-Sanghas, de Koni, Akok, habités par les indigènes de l'ancien village de Godébé, qui, depuis les opérations de 1908 du lieutenant-colonel Mangin, n'ont pas été visités. Le 8, le détachement est à Konabimba, le lieutenant apprend que Zoniaba, un des chefs compromis dans le meurtre de M. Casagne (septembre 1908), occupe un village à quelques kilomètres Sud-Ouest de la piste. Il décide de se porter sur ce point. Le détachement traverse des marais profonds, et, le 9, à 6 heures 30' arrive en face des palanques qui précèdent la banza, il est accueilli à coups de fusils, malgré une tentative de pourparlers. Le village est enlevé. On y retrouve une cantine de M. Cassagne. Le lieutenant Didier fait raser les défenses et poursuit sa route sans être inquiété.

Cet exemple produit un excellent effet dans la région, mais l'incident établit que les Sanghas-Sanghas ne sont pas soumis et que l'ère des opérations n'est point close.

La 3ᵉ compagnie, après évacuation des postes du Djouah, est envoyée à Brazzaville.

La 1ʳᵉ compagnie du bataillon du Moyen-Congo procède à l'occupation de la circonscription de la Koudou, réduite à des dimensions moins vastes. Le poste de Golabied est créé. Le chef de poste, le lieutenant Menesplier-Lagrange, établit dans cette région peu connue, notre autorité. En juillet, il réussit à trouver les campements où se cachent les chefs M'Bia et Dou qui ont pris part à la défense de M'Bia (1909), où fut tué le lieutenant Soufflay. Le lieutenant Lagrange attaque, en mai 1911, le refuge des dissidents près de Kelembélé et les disperse.

En juillet, ce même officier attaque et soumet le village de Mambouellée qui refuse de payer l'impôt. Le poste de Zalangoye, pouvait être supprimé sans inconvénient en juillet 1911.

Les excellents résultats obtenus dans la Koudou mettent en évidence les inconvénients qui résultent du fait, qu'à côté, les tribus Sanghas-Sanghas du Djouah, ne reconnaissent pas notre autorité et ne sont assujetties à aucune charge et ne paient aucun impôt. Ces peuplades dépendent en principe du poste de Madjingo. Mais, au moment de son occupation par les troupes du Gabon, ce poste, d'abord établi sur la rive droite, est reporté 10 kilomètres en aval sur la rive gauche; ses communications avec Sembé sont moins fréquentes, et son ravitaillement se fera à M'Vahdi, par la Djouah, qui peut être parcourue toute l'année en pirogue. Le chef du poste de Madjingo, n'a qu'un effectif des plus restreints, il ne peut rayonner autour de son poste, son action politique est nulle. Les Sanghas-Sanghas de la rive droite deviennent de plus en plus arrogants, ils vont razzier les villages Bakotas de la rive gauche aux environs même du poste. En septembre 1910, à Moembeka, ils tuent et découpent, pour les manger, une cinquantaine de Bakotas. Ils viennent attaquer, tout près du poste, en janvier 1911, un campement de pêche du village d'Ego. En août, ils vont attaquer, mais sans succès, le gros village Bakota de Toumbi où la société N'Goko-Sangha a un traitant. Les villages des environs du poste font acte d'hostilité en tirant sur des tirailleurs qui passent dans leurs plantations (affaires de Mangandjo et de Gounda en mars-avril 1911). Les gens de Lessi, près du Djouah, insultent les pagayeurs à leur passage et leur refusent un abri.

La nécessité d'opérations dans cette région était envisagée dès le commencement de 1911; elle furent décidées dès qu'on fut en possession de nouveaux renseignements reposant sur des données plus sûres recueillies au cours des reconnaissances faites dans la zone frontière Moyen-Congo, Gabon par les officiers de la circonscription de la Koudou, et, en particulier, par le lieutenant Didier, du poste de Sembé.

Le gouverneur général fixa le caractère et le but des opérations ainsi qu'il suit (1) :

1° Assurer la complète liberté de circulation entre Sembé et Madjingo;

2° Occuper Kakaboine, refuge de tous les éléments de désordre de la région et rendre permanente la tranquillité du pays compris entre Sembé et Madjingo.

Le capitaine Geoffroy, désigné pour diriger les opérations, quitte Brazzaville, le 22 juillet 1911, avec une

____

(1) Voir croquis n° 10 à la fin du présent chapitre.

section de la 3e compagnie (35 fusils, lieutenant Mordant), une pièce de 80 de montagne (3 européens, 8 canonniers sénégalais), le médecin-major de 2e classe Quesseveur (1), une fraction de 45 gardes régionaux (sergent Michon), dont il disposera pour la garde des postes, des munitions et des approvisionnements pour compléter ceux déjà réunis à Soufflay et à Sembé.

Personnel et matériel arrivent par vapeurs le 6 août à Molondu, rive droite de la N'Goko, en face du poste allemand. Le personnel gagne Soufflay (3 jours de marche) par voie de terre, le matériel et les approvisionnements sont acheminés jusqu'à Sembé par pirogues. Le 19 août, les éléments qui devaient entrer dans la composition de la colonne d'opérations étaient réunis à Sembé et à Madjingo.

Un détachement, comprenant 2 sections de 40 fusils chacune (lieutenants Barrau et Pierlot), 10 partisans Dzimous, 40 porteurs (les tirailleurs emportent sur eux 10 jours de vivres), est placé sous les ordres du capitaine Schmoll, commandant la circonscription de la Koudou, qui a pour mission d'opérer par la rive droite de l'Ebaka, d'empêcher l'exode des groupements vers le Cameroun et de se rabattre ensuite sur l'Ebaka, à hauteur de Kakaboine, où devra se faire la jonction avec le détachement opérant sur la rive gauche de la rivière. Le détachement Schmoll quitte Sembé le 20 août.

Le groupe principal est formé, le 24 août, à M'Bouamo par l'arrivée successive en ce point, de la section Poucher, (40 fusils), arrivée dès le 22, pour aménager la route et recueillir des renseignements, de la section Mordant (35 fusils), d'une section mixte (lieu-

______

(1) Voir à ce sujet *Revue des Troupes Coloniales*, numéro d'août 1913, page 155.

tenant Menesplier-Lagrange) formée avec la pièce et une demi-section de soutien (25 fusils) arrivée le 24 en même temps que la section du lieutenant Blascheck (50 fusils) venue de Madjingo. Le sergent Michon et 20 gardes régionaux viennent à Mindjam (ancien village de Godébé reconstitué) pour installer un poste de liaison et un dépôt d'approvisionnements, qui sera reporté plus tard jusqu'à M'Bouamo.

Le détachement Schmoll parvient le 22 août dans la matinée au petit village de Bodou, dont les palissades et les banzas fermées montrent l'hostilité des habitants. Le village est enlevé sans résistance de la part de l'ennemi qui fuit en laissant 2 fusils. Vers 2 heures de l'après-midi, en arrivant au village d'Etaï (10 banzas) l'avant-garde (lieutenant Pierlot), accueillie par des coups de feu, riposte et pénètre dans le village qui est enlevé; la troupe y établit son campement pour la nuit; une patrouille de partisans dzimous reçoit des coups de feu dans la soirée.

Le 23, les lieutenants Barrau et Pierlot, envoyés en reconnaissance, détruisent 2 villages rebelles des environs d'Etaï, une de leurs patrouilles parvient à s'emparer d'un indigène qui, interrogé, fait connaître que tous les guerriers sont groupés au village d'Etoub où ils sont décidés à arrêter le détachement.

Le 24 août, le détachement se porte sur Etoub qui est protégé par une forte palissade en palanques jointives; l'avant-garde est accueillie par une violente fusillade; le lieutenant Barrau, qui la commandait, et 4 tirailleurs sont blessés. Le capitaine Schmoll pousse la section Pierlot en avant, protégée sur les flancs par les deux demi-sections Barrau; les tentatives pour ouvrir des chemins d'accès à droite et à gauche n'aboutissent pas et il faut aller vite; le lieutenant Pierlot fait ouvrir sur la palissade un feu nourri et l'enlève brillamment en s'élançant le premier à la tête de ses hommes. Les défenseurs ont pris la fuite. Le détachement engagé dans le village malgré les feux provenant de l'avant et des flancs, se forme, une escouade en tête, (lieutenant Pierlot), 2 demi-sections sur chaque flanc, une escouade en réserve, au centre avec le capitaine, et une demi-section en arrière (sergent Grétéré) et progresse par bonds, faisant alterner les feux et la marche sur 5 à 600 mètres jusqu'à une grande banza avec palissade de flanc, d'où partent de nombreux coups de fusils; après une préparation par le feu, l'avant-garde renforcée de l'escouade de réserve, s'élance en avant et enlève la banza. L'ennemi s'enfuit après avoir éprouvé de nombreuses pertes; de notre côté, dans cette journée, le lieutenant Barrau et 6 tirailleurs sont blessés; un tirailleur est blessé mortellement. Le détachement campe dans le village, dans la formation en carré, 3 escouades sur chaque face de flanc, une escouade en tête et en queue, chaque face chargée de la sécurité du secteur lui correspondant — le convoi au centre; ce dispositif de campement est aussi celui adopté dans le groupe principal pendant les opérations.

Le 25 août, le lieutenant Pierlot fait une reconnaissance sur M'Beung vers la rivière, les habitants fuient devant lui, avant toute prise de contact. Le 26, la marche sur l'Ébaka est reprise, les villages traversés, bien qu'ils se trouvent en état de défense, sont abandonnés; cependant, devant Koissac, la section Pierlot est accueillie par de nombreux coups de feu provenant d'une palissade et d'une banza fortement organisées; un tirailleur est blessé.

Après préparation de l'attaque par le feu, la palissade est enlevée et le détachement pénètre dans le village où l'ennemi abandonne, sans la défendre, une banza, dont les palanques jointives avaient de 1 m. 50 à 2 mètres d'épaisseur, prolongée à droite et à gauche dans la forêt par de petites palissades flanquantes couvrant des sentiers de retraite. Le détachement campe à Koissac; le lieutenant Barrau fait une reconnaissance sur Ekola, Ediba, Massié, trouvés abandonnés, arrive au village de Molongouma dont les habitants demandent la paix, atteint la rivière Ébaka, au bord de laquelle le campement est établi. Le lieutenant Pierlot, parti en reconnaissance pour avoir des nouvelles du groupe qui opérait sur la rive gauche, fait sa jonction près de l'ancien village de Kakaboine avec une reconnaissance de ce groupe envoyée dans le même but. La liaison des deux détachements était faite. D'après les renseignements donnés par les gens de Molongouma, les guerriers dissidents se seraient retirés dans le village d'Aguapil, près de la rivière Ouaga; ils auraient solidement organisé la défense de ce point.

Le groupe principal, commandé par le capitaine Geoffroy, a quitté M'Bouamo le 25 août, à l'effectif de 6 officiers dont un médecin, 6 gradés européens, 150 tirailleurs et canonniers, 110 porteurs. Il résulte des renseignements recueillis à M'Bouamo que les guerriers Bakoulis, (ainsi sont désignés les peuplades Sanghas-Sanghas au Nord du Djouah) auraient l'intention de résister par des embuscades sur les sentiers et que la plupart des villages seraient en cours de reconstruction à proximité de nouvelles plantations. La colonne, dont la vitesse de marche est ralentie, à cause du transport à dos d'homme de la pièce de 80^{m}/^{m}, arrive à midi à l'embranchement des chemins se dirigeant sur Madjingo et Kakaboine. Elle s'engage sur celui de Kakaboine, guidée par un bakouli de Baesebo qui s'était laissé prendre par le sergent Pinelli, au retour d'une razzia aux environs de Madjingo, et que le lieu-

tenant Blascheck avait amené avec lui. Vers
2 heures 45', l'avant-garde (lieutenant Blascheck) arrive près d'une barricade fermée, et
ouvre le feu. Elle dégage ensuite le front pour permettre la mise en batterie de la pièce qui envoie un
obus à mélinite. Les défenseurs s'enfuient sans in-
quiéter la colonne qui parvient, vers 4 heures du
soir au bord d'un ruisseau où elle établit son campement. Le lieutenant Blascheck poussé en avant, pendant
l'installation du campement, est accueilli par des coups
de feu en arrivant au grand marais qui borde, à l'Est,
le village de Lan. Un tirailleur est blessé grièvement,
la section éloigne l'ennemi par ses feux et rallie le
campement pour la nuit.

Le 26 août, l'avant-garde (section Mordant) arrive
devant le village de Lan, dont la barricade d'entrée est
fermée, mais le village a été incendié, tout récemment,
par ses habitants qui l'ont abandonné. A 7 heures,
l'avant-garde reçoit quelques coups de feu venant du
côté Nord de la route, la marche en avant est poursuivie; les Bakoulis ont établi une série d'embuscades,
d'où ils tirent quelques coups de fusils, après lesquels
ils s'enfuient à toute allure, par des chemins aménagés
spécialement. Quatre de nos tirailleurs appartenant à
l'avant-garde sont blessés, dont l'un grièvement, pendant les 20 minutes que dure ce passage difficile; le
lieutenant Mordant, dont le calme et le sang-froid ne
se démentent pas, pousse ses hommes en avant. La
marche de la colonne n'est pas interrompue; la pointe
d'avant-garde procède par bonds d'une cinquantaine
de mètres, avec feux de balayage aux abords du sentier suivi. Le village de Gouagoua est trouvé abandonné, incendié; un grand marais le sépare du village de Boutanzab sur lequel flotte une fumée épaisse
et d'où parviennent de fortes clameurs. La pièce de

80 est mise en batterie et envoie un obus à balles qui éclate ostensiblement au-dessus du village en flammes. Les clameurs cessent aussitôt, la colonne traverse le marais et ocupe Boutanzab sans être inquiétée. Les indigènes ont déclaré, dans la suite, au lieutenant Mordant qu'ils se disposaient à nous arrêter au passage du marais, mais que l'éclatement de l'obus au-dessus de leur tête les avait effrayés et que tous s'étaient enfuis.

On arrive dans une région sillonnée de nombreux sentiers, où s'étalent de belles plantations. La colonne va installer son campement à l'ancien village de Niabom, à une heure et demie environ de l'Ébaka, sous la protection des sections Poucher au Nord, Blascheck au Sud, qui tiennent tous les sentiers avoisinant l'ancien village.

Le prisonnier bakouli, amené de Madjingo, fait connaître que les habitants reconstituent de nouveaux villages sur les emplacements de Baesebo et de Toub, où il conduit la colonne le matin du 27 août, alors que le sergent Pinelli garde le campement avec 40 tirailleurs, y compris les blessés et les éclopés. Les villages de Gouesmadi et de Mobabia sont trouvés abandonnés, les cases tombent en ruines; l'avant-garde arrive à Baesebo, après avoir essuyé au débouché d'un marais quelques coups de feu tirés de loin. Les Bakoulis avaient installé à Baesebo de fortes organisations défensives, mais tournées du côté de Madjingo d'où ils attendaient sans doute l'attaque. Le village était abandonné, ainsi d'ailleurs que le village de Toub. La colonne rentre à son campement, par Boutanzab; le lieutenant Poucher y est accueilli par quelques coups de feu provenant d'un sentier allant au Nord et longeant le grand marais, le lieutenant riposte par le feu et détruit une banza établie sur le sentier, cette dernière servait de point d'observation aux Bakoulis.

Avant d'arriver à Niabom, des coups de feu provenant d'une plantation sont tirés sur le groupe portant la pièce de canon; 2 porteurs de roues sont blessés légèrement, le sergent Klein, avec la section de soutien, éloigne les agresseurs par ses feux. Dans l'après-midi, le capitaine Geoffroy part avec une reconnaissance sur l'Ébaka, où il trouve le lieutenant Pierlot envoyé par le capitaine Schmoll, puis le capitaine Schmoll qu'on a fait prévenir. La jonction des deux détachements est faite; le détachement Schmoll ralliera Niabom, le lendemain, à 8 heures du matin. Le sergent Quinsac, envoyé le même jour, avec une forte patrouille dans les plantations de Boutanzab pour faire une corvée de ravitaillement, y voit quelques Bakoulis sur lesquels il fait tirer, les Bakoulis s'enfuient en abandonnant des fusils, de la poudre et des vivres. Les Sanghas-Sanghas paraissent avoir abandonné toute idée de résistance dans leurs villages et derrière leurs palissades, mais, pour donner à nos mouvements et déplacements une entière sécurité sur les sentiers, le capitaine Geoffroy adopte, à partir du 28, un dispositif de larges reconnaissances et de contre-embuscades. Le lieutenant Blascheck, par Boutanzab, Gouagoua, le lieutenant Mordant, par Gouesmadi jusqu'à l'Ébaka, sont chargés de la surveillance de tous les sentiers, en établissant des embuscades près des embranchements et des points de passage obligés. Le lieutenant Poucher surveille les sentiers dans la zone Nord jusqu'à l'Ébaka. Le 29, le campement de la colonne est reporté à Boutanzab, nœud principal des communications. La section Poucher escorte un convoi (100 porteurs) transportant les blessés évacués et le capitaine Schmoll qui rentre dans sa circonscription; ce convoi rapportera des vivres de Mindjam. La section Blascheck doit protéger le convoi au sortir de Gouagoua, et de là, en passant par Toub,

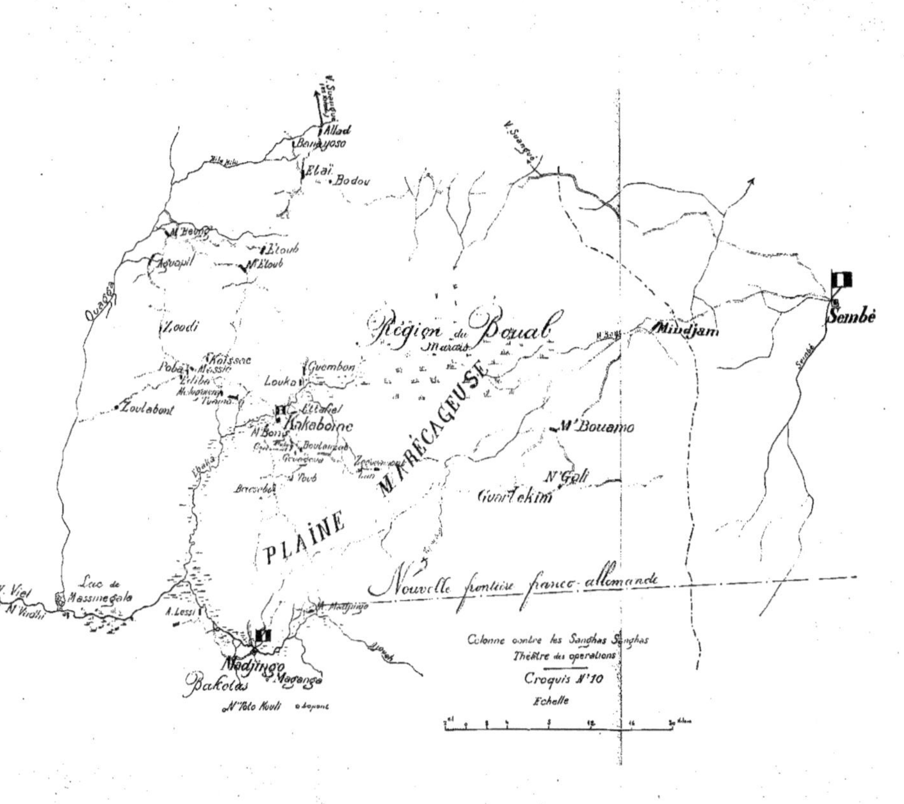
M. Souanké
Allad
Bamayoso
Etaï
Bodou
M. Houng
Agrapil
L'toub
M'Etoub
Zoodi
V. Souanké
Sembé
Région du Boual
Marais
N. Soli
Mindjam
Kaïssac
Poba
Messié
Gvembon
Louka
Adiba
Mbagouana
Tiramo
Zoulabont
Ettakel
Kakaboïne
N'Bons
M'Bouamo
Boulanzab
Grandzoua
N'Goli
Pooh
Gvartekim
Brecobol
M. RÉCAGEUSE
PLAINE
V. Viel
et N. Virothi
Lac de
Massimegala
A. Lessi
M. Madpiago
Nadjingo
Maganga
Bakotas
N'Toto Kouli
Lapont
Nouvelle frontière franco-allemande
Colonne contre les Sanghas Sanghas
Théâtre des opérations
Croquis N° 10
Echelle
Ouagga
Sembé

gagner Baesebo, d'où elle poussera ses patrouilles et reconnaissances jusqu'à Madjingo.

Les mesures prises sont suivies d'effet ce jour même: une embuscade du lieutenant Barrau blesse un guerrier bakouli qui prend la fuite en abandonnant son fusil; la section Blascheck rencontre des campements provisoires d'où l'ennemi s'enfuit, abandonnant 3 fusils. Une embuscade, laissée au campement de Niabom quitté le matin, tire sur un groupe de bakoulis rôdeurs et tue l'un d'eux, que ses camarades abandonnent avec son arme. La section Poucher, en arrivant à Zogouamont, reçoit des coups de feu; un tirailleur est blessé, mais deux des bakoulis agresseurs sont tués.

Les guerriers Sanghas-Sanghas ne se sentent plus en sécurité, même sur leurs propres sentiers ; ils n'osent plus aborder leurs plantations pour se ravitailler; le moment d'entrer en pourparlers approche. Les reconnaissances envoyées le 30 août sur M'Bong (rive gauche de l'Etaka) puis sur Louka (rive droite) trouvent ces villages abandonnés, il est vrai, mais les habitants ne ferment plus leurs palissades, l'entrée est libre, des premiers pourparlers sont engagés, des émissaires peuvent être envoyés.

Le convoi du lieutenant Poucher revient par Zogouamont et n'est plus inquiété, il rentre avec le lieutenant Blascheck venu à Lan à sa rencontre; les habitants de Zogouamont ont fait près de lui, à M'Bouamo, des démarches pour demander la paix.

Le 2 septembre, la colonne vient sur l'emplacement du nouveau poste de Kakaboine, choisi près de l'Ébaka, de façon à pouvoir assurer la communication de ce poste avec le Djouah par pirogues. Le lieutenant Mordant avec sa section, qui est passée à la 1re compagnie du bataillon du Gabon, occupera le poste.

Les villages voisins en sont avisés. Les gens de Molongouma s'entremettent près des villages de la rive droite de l'Ébaka, qui viennent peu après au nouveau poste faire leur soumission. Le chef Sangha, de Baesebo, se présente lui-même au nouveau poste. Cependant, les pourparlers engagés avec les guerriers qui se sont retirés à Aguapil près de l'Ouagga, n'aboutissent pas. Le capitaine Geoffroy s'y rend avec les 3 sections Poucher, Barrau, Pierlot (5 et 6 septembre). Les embuscades dressées sur la route ne sont pas occupées; des cadeaux, cabris et poulets, déposés à l'entrée d'Aguapil indiquent les nouvelles dispositions des Bakoulis. Les principaux d'entre eux reviennent au poste avec la colonne ou peu après l'arrivée de celle-ci, pour faire leur soumission (1).

Il restait à éclaircir la situation du poste de Madjingo (sur la rive gauche du Djouah), où la section Blascheck était rentrée dès le 8 septembre. Le capitaine Geoffroy s'y rend le 10 septembre avec les sections Barrau et Pierlot. La section Poucher est envoyée à M'Bouamo. Des reconnaissances sont faites les 11 et 12, sur Lopont et N'Totokouli, le 13 septembre sur Lessi, mais ce sont de simples démonstrations de notre force, la nouvelle attitude des populations indique désormais le désir de ces dernières de ne pas voir se prolonger la période d'hostilité et de faire acte de soumission en s'acquittant du paiement de leurs impôts.

Le capitaine Geoffroy et la section Barrau gagnent M'Bouamo dans les journées du 15 et 16 septembre. La section Pierlot marche avec ce groupe jusqu'à l'embranchement du chemin de Guarlekim, mais le 16, elle passe par ce village qui a mal accueilli le lieute-

---

(1) La section Poucher est passée, au retour, par Zoulabont.

nant Didier l'année précédente, lorsque cet officier n'avait que quelques hommes d'escorte. Les habitants, à l'approche du lieutenant Pierlot, ferment leur palissade; le feu est ouvert par l'avant-garde qui entre dans le village dont les habitants s'enfuient sans opposer de résistance. Le lieutenant Pierlot rallie M'Bouamo, le jour même. Les gens de Gouarlekim, et ceux du village voisin, N'Gali, viennent dès le lendemain au poste de M'Bouamo faire leur soumission.

En fait, à la date du 20 septembre, tous les villages entre le Djouah et l'Ouagga reconnaissaient l'autorité du nouveau poste de Kakaboine. Les éléments de la colonne d'opérations contre les Sanghas-Sanghas pouvaient être disloqués et renvoyés dans leurs postes respectifs. Le capitaine Geoffroy peut rentrer à Brazzaville par Madjingo, M'Vadhi et Boué.

Les régions au Nord du Djouah où nous venions d'opérer avec succès, la circonscription de la Koudou sont comprises dans les territoires que la nouvelle frontière franco-allemande laisse au Cameroun. L'évacuation des postes dans cette région, où l'établissement de notre autorité nous avait coûté tant d'efforts, s'est opérée à la fin de 1912. La 1re compagnie, après l'évacuation des postes, sera envoyée dans la Louessé.

CHAPITRE IX

MOYEN-CONGO. — OPÉRATIONS DANS LA LOUESSÉ. — OCCU-
PATION DES CIRCONSCRIPTIONS DE LA LOUESSÉ
ET DU BOUENZI.

SOMMAIRE : *Envoi d'un détachement (mai 1909). — Occupation des pays Bembés (juin-août 1910). — Affaires
de Kiniangui et de Midouma (octobre 1910). — Arrivée de la 5ᵉ compagnie. — Opérations du capitaine
Souclier (avril-juillet 1911.)*

(Voir croquis n° 11 à la fin du présent chapitre.)

Au début de 1909, il n'y a pas de garnison de troupes régulières dans la Louessé. A diverses reprises,
pour parer à un danger immédiat, des reconnaissan
ces de tirailleurs avaient été poussées sur la route des
caravanes, au Nord, en pays Babembé, mais, ces opérations hâtives, ne pouvaient avoir de résultats durables pour l'établissement de notre autorité.

Le 24 mai 1909, un détachement composé d'un lieutenant et de 50 tirailleurs, quitte Brazzaville à destination de Madingou, c'est le moment où, au Gabon, le
commandant Sicre opère en pays Mokabé. Le commandement veut profiter de ces opérations pour occuper les pays du Moyen-Congo, limitrophes de la zone
où évoluent les détachements du Gabon ; le détachement de la Louessé a pour mission de donner la main
aux troupes du bataillon n° 1 :

« Se rapprocher le plus possible de la frontière, en
« se portant dans la vallée supérieure de la Louessé,
« où il restera stationné tant que durera l'action en-
« gagée contre les rebelles de la colonie du Gabon ».
Ce n'est qu'après avoir accompli cette mission que le
détachement entreprendra la pénétration méthodique
du pays qu'il doit d'abord rapidement traverser pour
atteindre la frontière.

Ces instructions méritent d'être commentées. Elles
montrent combien le commandement était peu ren-
seigné sur la région. La pénétration dans la Louessé
et les opérations du Mocabé restèrent, et elles ne pouvaient pas ne pas rester, complètement distinctes. Les
coups de fusils tirés par les tirailleurs du Gabon à
quelques centaines de kilomètres dans l'Ouest de la
Louessé, ne pouvaient inquiéter les populations des
environs de Sibiti, pas plus qu'au point de vue militaire ou politique n'était possible la collaboration du
lieutenant stationné dans la Haute-Louessé et du com
mandant Sicre opérant dans la N'Gounié.

Cette erreur de commandement, imputable au seul
défaut de renseignements précis sur les régions et les
races, eut pour conséquence de retarder l'exécution
du programme de pénétration continu et méthodique,
qui, seul, pouvait donner des résultats durables.

La situation dans la Louessé était la suivante :

Postes civils avec gardes régionaux à : Sibiti, Madingou et Moutamba. Ces postes sont sans action, ne com-
muniquent pas entre eux, l'impôt ne rentre pas, les
Babembés sont particulièrement réfractaires à toute
tentative d'organisation.

Le lieutenant Limasset, chef du détachement de la
Louessé, quitte Madingou le 18 juin. Conformément
aux instructions reçues, il force le passage du pays
Bembé, parvient à Moutamba, continue sa marche

vers le Nord, mais l'hostilité des tribus l'oblige à s'arrêter à Sibakala et à rendre compte.

Au reste, le rôle du détachement est mal défini, dès l'instant où il ne lui est matériellement plus possible de s'acquitter de la mission militaire précise qui lui avait été imposée. Cependant le détachement est maintenu à Moutamba. Il obtient la soumission de quelques groupes. N'Zandas et M'Bayas, mais, dans l'ensemble, les populations du Nord du Niari nous sont hostiles.

Le lieutenant Baré, qui avait succédé au lieutenant Limasset, parcourut les pays Bembés, au Sud de Sibiti, du 17 juin au 13 août 1910 et brisa, non sans difficultés, la résistance du village de Kinianga. Le chef Combomongogo se soumit le 13 août en rendant ses armes. La route directe de Sibiti à Madingou, par Madourou était ouverte et la circulation désormais assurée.

La région n'est cependant pas complètement soumise : fin octobre, le lieutenant Briaud, ayant à conduire à Madourou un détachement de tirailleurs de renfort, en traversant le pays peu connu de Kimbedi, dut forcer le passage à Kiniangui (21 octobre) et à Midouma. L'adjudant Chabot venu à sa rencontre de Madourou, ne peut d'ailleurs faire sa jonction avec le lieutenant Briaud qu'après avoir enlevé de vive force les villages de N'Guiry et de Kombo N'Dombo, près de Mayombo.

Ces exécutions ont une heureuse répercussion et décident la soumision d'un certain nombre de villages.

La 5° compagnie du bataillon du Moyen-Congo, débarquée à Brazzaville le 17 mars 1911, est dirigée sur la Louessé, où une occupation sérieuse s'impose après les opérations des derniers mois de 1910; l'administration de la circonscription fut confiée au com

mandant de cette unité, le capitaine Souclier, qui reçut
ordre d'installer définitivement notre autorité.

Le premier but à atteindre était la soumission des
Babembés, de la boucle du Niari entre le N'Douo et
la Bouenza.

Un détachement de garde régionale (lieutenant
Briaud) fut, à cet effet, mis à la disposition du commandant de la circonscription.

Le capitaine Souclier décida de rassembler ses forces à Madourou, de se porter sur les rebelles du Nord,
puis de se rabattre au Sud en balayant le pays, cependant que le lieutenant Briaud occuperait, avec ses
gardes régionaux, la rive gauche du Niari, de la
Bouenza à la Loulou, en s'étendant le long de ces
rivières.

L'adjudant Chabot, commandant le poste de Madourou, devait assurer le ravitaillement de la colonne.

Le 7 avril, le détachement de marche est organisé
à Madourou. Il comprend :

Capitaine Souclier, commandant;
Aide-major Vincens;
1re section : lieutenant Béziat, 31 tirailleurs;
2e section : sergent Demange, 30 tirailleurs;
3e section : sergent Petit, 28 tirailleurs;
4e section : lieutenant Dagnan, 30 tirailleurs.

Les 2 villages de Kimboundy et Mouyonzi, étaient
signalés comme deux gros centres rebelles peuplés et
bien armés. Ils sont pris comme premier objectif.

Le 13 avril, la colonne est à Mayombé (rive droite
de la Bouenza). Le 14 et le 15, les tentatives de
pourparlers étant restées infructueuses, le capitaine
décide d'attaquer Kimboundy. Le 16, la Bouenza est
franchie. Mais le guide, poussé par une haine personnelle, cherche à diriger la colonne sur Mouyonzi.

Le capitaine s'aperçoit de l'erreur. La colonne remonte le 17 vers le Nord-Est, traverse Moandzy abandonné, occupe Bankolo. Elle en repart la nuit, à 2 heures, traverse la Lolo, et, au matin, enlève Kimboundy, tuant 2 hommes et faisant 14 prisonniers.

Du 19 au 24, au cours d'escarmouches de nuit, un tirailleur est blessé. L'ennemi perd 3 hommes, tués, et 3 prisonniers. Les soumissions commencent. Les conditions imposées sont : la reddition des fusils, le débroussement des routes, le paiement de l'impôt.

Le 25 et le 26, les chefs de Kimboundy se soumettent.

Du 28 au 30 avril, les 3 villages rebelles de Binza, Kolo, Pandi, sont enlevés sans pertes : 4 guerriers ennemis sont tués, 23 faits prisonniers.

Le mouvement de soumission s'accélère rapidement: en 2 jours, 372 fusils sont rendus.

Le lieutenant Beziat est alors envoyé en reconnaissance vers le Nord-Est; le lieutenant Dagnan vers le Nord-Ouest, pendant que les deux autres sections vont occuper Mouyonzi.

Le lieutenant Beziat prend et détruit le village de Soulou, mais son bivouac est attaqué de nuit : le lieutenant et un tirailleur sont blessés.

L'état grave du lieutenant Beziat exigeait son évacuation; le capitaine décida donc d'ouvrir la route de Mindouli par Massangui.

Laissant à Mouyonzi la première section, il se porte le 13 mai sur Pembé et de la sur Massingui où la colonne est attaquée. Le village est enlevé, 1 tirailleur est tué. L'ennemi perd 3 tués, et laisse entre nos mains quelques prisonniers.

L'ordre est envoyé au lieutenant Briaud de rallier Massangui avec la garde régionale. Le 21, cet officier opère sa jonction.

Le 23, la première section rejoint Massangui.

Le 24, la section Demange se dirige sur Mindouli.

A ce moment, la mission du capitaine Souclier dans la boucle du Niari pouvait être considérée comme terminée. Il ne restait plus qu'à affirmer notre volonté de profiter de nos succès par la création d'un poste au centre du pays hostile.

Le point indiqué pour l'installation de ce poste était

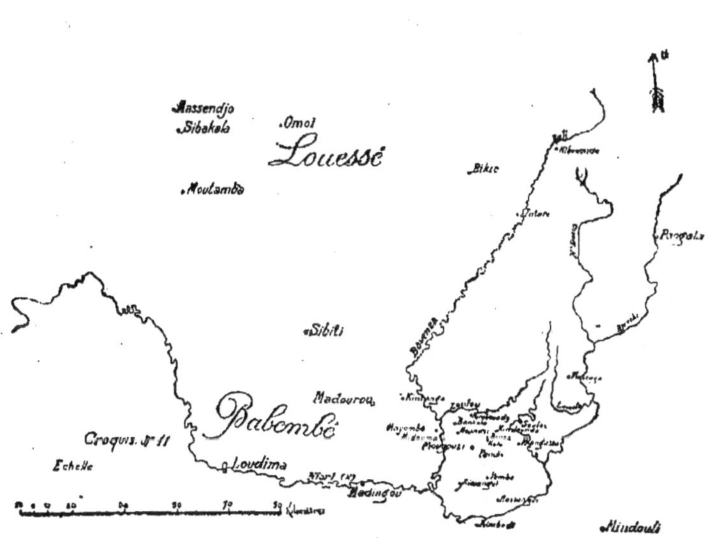

« *Opérations dans la Louessé* »

Mouyonzi, où la colonne était de retour le 5 juin après avoir brisé de faibles résistances.

Le capitaine reçut alors l'ordre de reconnaître la vallée et les sources du N'Douo et de rentrer à Sibiti par la rive droite de la Lali (ou Bouenga).

Au cours des reconnaissances effectuées sur ces rivières aucun incident particulier ne se produit.

Pendant cette randonnée, l'adjudant Chabot, en exécution des ordres reçus, a soumis la région située

entre la Loulou, affluent de la Bouenza et la Bouenza;
il a eu 4 hommes blessés au cours des engagements.

Le 27 juillet, il a fait évacuer Madourou pour occuper Mouyonzi.

Les opérations du capitaine Souclier ont duré du
7 avril au 27 juillet. Les résultats sont les suivants :

1.100 kilomètres d'itinéraires nouveaux ont été relevés; 2.600 fusils ont été rendus; 200 villages renfermant
une population de plus de 15.000 âmes se sont soumis.

Les opérations rapides et énergiques de capitaine
Souclier, suivies d'une occupation et d'une organisation immédiates du pays parcouru, nous paraissent
devoir être citées comme le modèle de la conquête des
pays neufs de l'Afrique Equatoriale française, conquête réalisée avec le minimum d'effusion de sang.

A la suite des remaniements territoriaux consécutifs à l'accord franco-allemand, la circonscription de
la Louessé est dédoublée. La 5e compagnie occupera la
nouvelle circonscription de la Bouenza (postes à
Mouyonzi, Sibiti, Bikié), la 1re compagnie, après évacuation des postes de la Koudou, viendra occuper la circonscription de la Louessé (postes à Massendjo, Tsinguédi, Omoï).

CHAPITRE X

OUBANGUI-CHARI. — OPÉRATIONS DANS LE
HAUT-OUBANGUI.

SOMMAIRE : *Opérations du capitaine Jacquier, dans la Kotto-Kouango (avril-juillet 1909). — Tournée du capitaine Devaux (mai 1910). — Arrivée des 1re et 5e Compagnies. — La circonscription de l'Oubangui forme 3 circonscriptions. — Opérations dans la Kandjia-Kouango (février-mai 1912).*

(Voir croquis n° 14 à la fin du présent chapitre.)

Le 1er janvier 1909, M. Merwart, lieutenant-gouverneur de l'Oubangui-Chari-Tchad, prescrivait au capitaine Jacquier, commandant la circonscription de Mobaye, d'explorer tout l'arrière pays de la Kotto et du Kouango, de détruire les groupements ennemis formés par Baram-Bakié dans ces régions où l'installation de postes à Bria et à Bambari devaient affirmer notre domination.

Le capitaine Jacquier divise les forces dont il dispose en trois groupes, qui, par des itinéraires différents, se porteront sur Gombarou et, de là, sur N'Dahaye, repaire de Baram-Bakié.

Le premier groupe, commandé par le capitaine Jacquier, se dirige vers le Nord entre la Kotto et la Bangui.

Le groupe B (lieutenant Coulbois) passe par Fouroumbala et suit la Kotto.

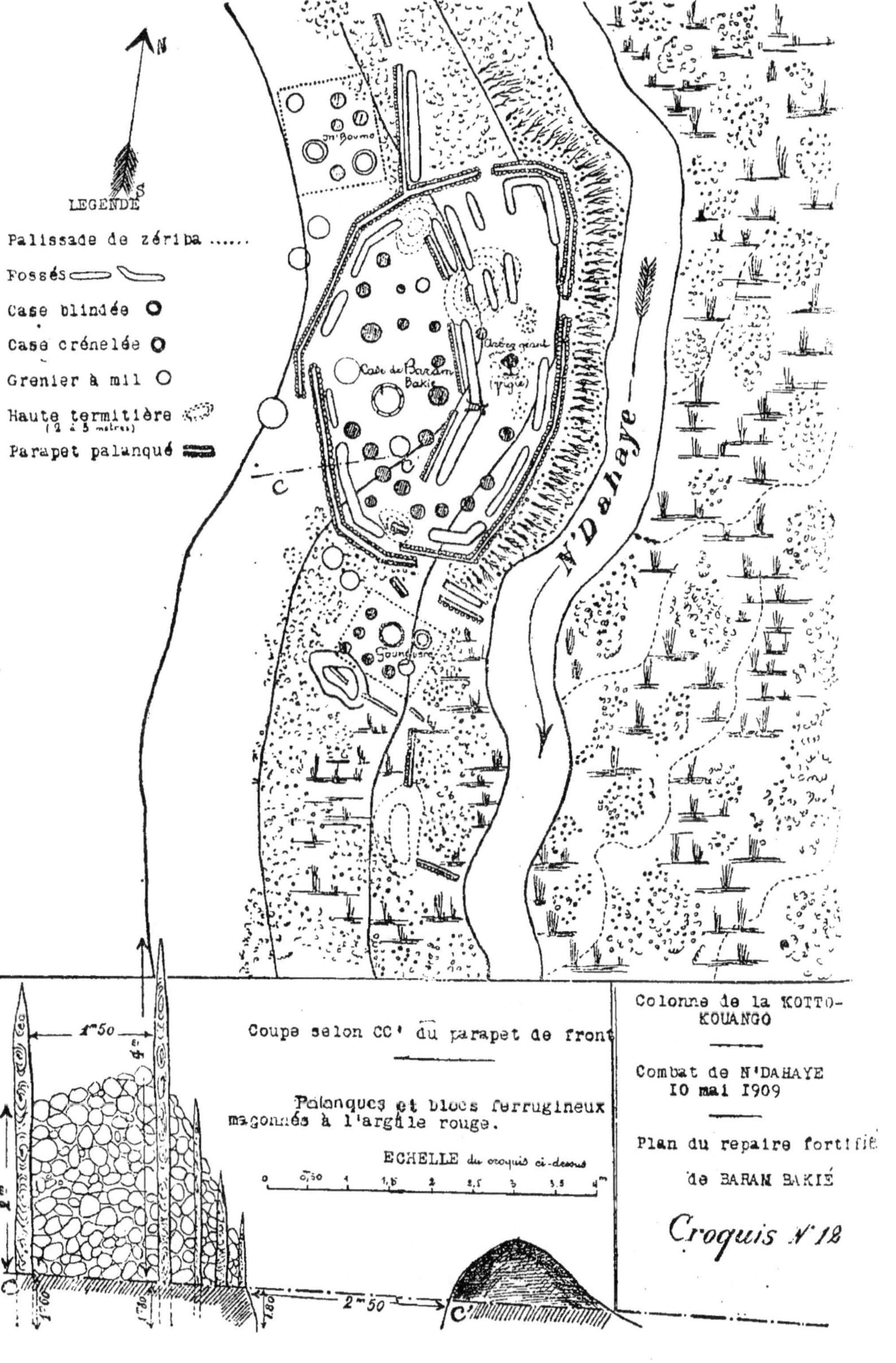
N
S
LEGENDE
Palissade de zériba ......
Fossés
Case blindée
Case crénelée
Grenier à mil
Haute termitière
(2 à 5 mètres)
Parapet palanqué
m'Boumo
Case de Baran Bakié
Arbre géant
(vigie)
Soundiare
N'Dahaye
Coupe selon CC' du parapet de front
Palanques et blocs ferrugineux
maçonnés à l'argile rouge.
ECHELLE du croquis ci-dessous
0   0,50   1   1,5   2   2,5   3   3,5   4m
1m50
1m00
1m20
1m80
2m50
C
C'
Colonne de la KOTTO-
KOUANGO
Combat de N'DAHAYE
10 mai 1909
Plan du repaire fortifié
de BARAN BAKIÉ
Croquis N° 12

Le groupe C (lieutenant de Maynard) suit la Bangui, par N'Gazi, Alindar et Gombarou.

Parti de Mobaye le 24 avril, le groupe Jacquier traverse une région montagneuse assez pénible entre l'Oubangui et la Bangui. Le 4 mai, il atteint Gombarou. Il est rejoint par les deux autres groupes. Le 8 mai, la colonne entière s'installe à Baïdou, à 4 kilomètres Sud Sud-Ouest du tata de Baram-Bakié.

Le capitaine Jacquier est averti de ce que le chef de bande n'a pas quitté la position très forte qu'il occupe au confluent de la N'Dahaye et de la Baïdou. Il s'y porte le 10 au matin, et, après de vaines tentatives pour entrer en pourparlers, donne ses ordres pour l'attaque.

Le croquis ci-joint donne une idée suffisante de l'importance de la position ennemie.

La colonne arrivant par le Sud, les groupes qui suivent l'avant-garde déboîteront successivement pour former une ligne d'attaque face à l'Est. Le convoi et la réserve sont groupés en arrière sur un mamelon dominant le tata. Après une préparation par le feu, de 9 heures à 10 heures 15' du matin, la ligne de tirailleurs progresse. Le lieutenant Coulbois est grièvement blessé. On arrive sur une ligne de palanques que les tirailleurs s'efforcent en vain d'arracher.

Pendant quelque temps le groupe du lieutenant Martin n'a pas pu progresser. Un village en paillottes situé sur la face Ouest du tata a été incendié par l'ennemi. Le lieutenant Martin oblique vers la droite, arrive à la porte du village et pénètre dans le tata. L'ennemi s'enfuit dans la palmeraie marécageuse de l'Est.

L'ennemi laissait sur le terrain, après une défense acharnée : 156 hommes hors de combat.

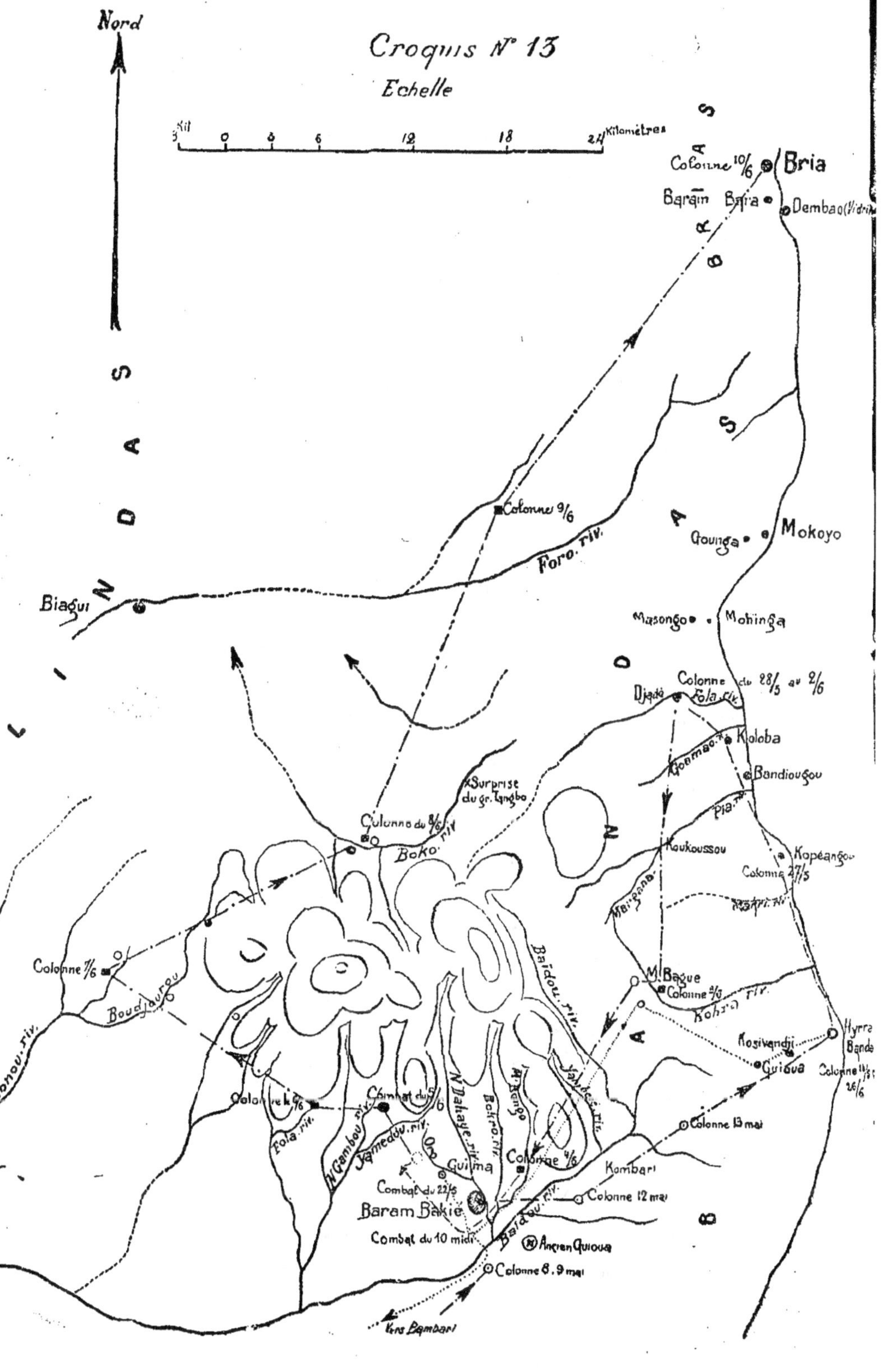

Nord
Croquis N° 13
Echelle
Kil
0   6   12   18   24 Kilomètres
Colonne 10/6   Bria
Baram Baïa   Dembao (Hidrih
Colonne 9/6
Gounga   Mokoyo
Foro riv.
Masongo   Mohinga
Colonne du 28/5 au 2/6
Djadé   Fola riv.
Biagui
Gonmao   Koloba
Bandiougou
Pia
Surprise
du gr. Tangbo
Koukoussou   Kopéangou
Colonne du 9/6   Colonne 27/5
Boko riv.
Baidou riv.
M. Bague
Colonne 9/6   Kohra riv.
Colonne 9/6
Boudjourou   Kosivandji   Hyrra Bande
Bonou riv.   Guioua   Colonne 11/5: 26/6
Colonne 4/6
Fola riv.   Colonne 13 mai
Chimat du 5
N'Gambou riv.   M'Bongo   Kombari
N'Dakaye riv.   Colonne 4/6   Colonne 12 mai
Yamedou riv.   Bokro riv.   Guilma
Combat du 23/5   Baidou riv.
Baram Bakié
Combat du 10 midi   Ancien Guioua
Colonne 8.9 mai
Vers Bambari
LINDAS
BORAS
DORAS
N
A
B

Nous avions de notre côté : 4 tirailleurs tués, 1 officier, 1 sous-officier européen grièvement blessés, 17 tirailleurs blessés.

Baram-Bakié s'est échappé.

Après la dure affaire du 10 mai, le capitaine Jacquier réorganisa son détachement. Le lieutenant Martin prend le commandement du groupe du lieutenant Coulbois. Le lieutenant de Maynard reçoit la mission, partant d'Hyrra-Banda, de reconnaître la vallée de la Baïdou et de se porter sur Bambari, futur chef-lieu du Kouango. Il doit également pourchasser et détruire tous les groupements Vidris ralliés à Baram-Bakié qu'il pourrait rencontrer.

En même temps, le capitaine Jacquier faisait occuper les rives de la Kotto par 3 petits détachements de 10 à 20 hommes sous le commandement des sergents Truttmann, Morin et Bakary-Kourouma, dans le but de couper la retraite, si possible, aux rebelles cherchant à s'enfuir vers les Sultanats ou le Soudan Egyptien.

Le sergent Trutmann allait, par une marche forcée de 55 kilomètres en 18 heures, s'établir à Mokoyo.

Le groupe de Maynard quitte Hyrra-Banda le 19 mai. Le 21 mai, il tombe sur un campement Vidris établi à Guima, légèrement au Nord (2 heures de marche du repaire de Baram-Bakié). Les Vidris sont bousculés; ils perdent 8 tués et 2 blessés mortellement. Trois fusils à tir rapide, 15 kilogrammes de poudre, 6 boîtes de capsules sont pris par nous; tel est le bilan de la journée. De notre côté, aucune perte.

Jusqu'au 24 mai, le lieutenant de Maynard bat le pays dans un rayon de 12 à 15 kilomètres, les Vidris s'enfuient vers le Nord.

Le 24 mai, le lieutenant de Maynard abandonne définitivement la poursuite vers le Nord pour ne pas se laisser entraîner trop loin de son axe de marche et prend franchement la direction de Bambari.

Le capitaine Jacquier rassemble alors tout ce qui reste de la colonne à Hydra-Banda et part, le 27 mai, pour aller s'établir à Djadé (direction de Bria). Baram-Bakié, à la nouvelle du départ des deux détachements, était revenu s'installer à 3 kilomètres Nord de Guima pour pouvoir se ravitailler facilement dans les magasins qu'il a laissés vers la N'Dahaye. Le commandant de la colonne décide alors de le surprendre dans son campement; mais, arrivant le 5 juin à 5 heures au campement, il trouve ce dernier évacué depuis 2 jours, il poursuit ses investigations tout autour. Vers 6 heures 1/2, le campement est découvert dans le fond d'une vallée boisée et en bordure de la lisière.

Les trois groupes, au pas de course, fondent sur le campement rebelle, dispersent les Vidris et les poursuivent au travers de marécages effroyables.

Le 6 juin, la colonne se met à la poursuite des Vidris fuyards. Pendant 3 jours, elle ne perd pas les traces qui vont dans la direction Nord-Nord-Est. Le 9 juin, le capitaine Jacquier apprend que Baram-Bakié, suivi seulement de quelques fidèles, marche nuit et jour et qu'il a une avance de 2 jours.

Un petit groupe de rebelles est détruit ou fait prisonnier par le lieutenant Martin, mais toute la troupe est exténuée et le capitaine décide d'arrêter la poursuite. Le 10 juin, la colonne est à Bria.

Du 10 au 15 juin, il est mené deux actions parallèles : l'une militaire et l'autre politique.

Des petits détachements commandés par des sous-officiers européens ou indigènes tâchent de s'emparer de tous les petits groupes de Vidris qui sont signalés dans les environs de Bria. De plus, tous les gens de la famille de Baram-Bakié sont invités à venir se présenter au capitaine pour faire leur soumission.

Successivement, le 6 juillet, Tioassa, sœur de Baram-Bakié et, le 11 juillet, Yapendé, frère de sang de Baram-Bakié se présentent au camp, déposent leurs armes et promettent de ne jamais plus porter les armes contre nous. Ce dernier fait connaître que Baram-Bakié, qui rôde d'ailleurs depuis un certain temps autour de Bria, fera sa soumission dans 8 à 10 jours.

Le capitaine rentre alors avec sa troupe à Mobaye.

Baram-Bakié fut arrêté quelque temps après au poste de Bria, par le lieutenant Arnould.

Le capitaine Devaux qui succède au capitaine Jacquier continue l'action de ce dernier.

Il quitte Mobaye, le 7 mai 1910, avec mission de parcourir les régions insoumises, Boubou et Yacpa.

Il se dirige par Lindao sur Kologbo où il disperse, le 13 mai, un premier rassemblement de Yacpas.

Le 14 et le 15 mai, son détachement, continuellement harcelé par des Yacpas armés de flèches et de sagaies, poursuit sa marche vers le village du chef M'Bia, l'un de nos plus anciens ennemis.

Le 16, le capitaine Devaux arrive devant le village. Les indigènes se refusent à entrer en pourparlers, somment le capitaine de se retirer et l'attaquent.

Dans cette affaire, M'Bia est tué. La marche se continue vers le village important du chef Do. La colonne trouve le village évacué. Le capitaine fait faire, sans succès du reste, des reconnaissances pour chercher à s'emparer de Do.

Le 17 mai, les quatre fils de Do viennent, de la part de leur père, faire leur soumission. Do se soumet le 18. Il est remplacé comme chef du groupement par l'un de ses fils.

Le capitaine Devaux continue à parcourir le pays.

Il passe à Bambari le 19 mai, à Baïdou le 23 au matin, puis à Toca où il reçoit la soumission du chef Singueri.

Le 24 au soir, la colonne est assaillie par des Langouassis, qui font pleuvoir une grêle de flèches; un court feu de salve suffit à les disperser.

Le 25, les Langouassis reprennent l'offensive au départ de la colonne; celle-ci leur tue 2 hommes et en blesse 6 à 7, le reste s'enfuit.

Le retour sur Kouango s'effectue sans incident et de Kouango la compagnie rentre à Mobaye.

En vue de l'emploi de la 1re compagnie du bataillon de l'Oubangui-Chari, un arrêté du gouverneur général, en date du 5 octobre 1910, dédoublait la circonscription du Haut-Oubangui pour former la circonscription de la Kotto-Mobaye occupée par la 3e compagnie et la circonscription du Kouango qui devait être occupée par la première compagnie. Mais l'affaire de Dridjelé (1) (novembre 1910) était venue modifier les prévisions de ce côté, la 1re compagnie constituée à Fort-Archambault (capitaine Chambon) passe au régiment du Tchad. La 1re compagnie du bataillon de l'Oubangui-Chari ne peut être reformée qu'en février 1911 au moyen d'une compagnie (capitaine Boinet), destinée en principe à Brazzaville, mais qui fut poussée jusque dans l'Oubangui pour renforcer, le cas échéant, soit le Tchad, soit la compagnie de N'Délé. Mais, dès février 1911, la situation était assez améliorée pour que la 1re compagnie pût aller occuper la circonscription de Kouango (centre à Bambari), où le détachement de la 3e compagnie est relevé.

____

(1) Où le lieutenant-colonel Moll a été tué.

Un nouvel arrêté du gouverneur général, en date du 4 octobre 1911, dédoublait la circonscription du Kouango et créait la circonscription de la Kandjia-Kouango qui sera occupée par la 5e compagnie, à son arrivée en novembre 1911. Cette unité doit servir de compagnie de recrues et d'instruction (centre à Kouango).

Le lieutenant-gouverneur de l'Oubangui-Chari avait combiné pour la saison sèche de 1912 un plan d'action simultanée dans les circonscriptions du Kouango, de la Kandjia-Kouango, et dans la circonscription d'administration civile de la Kémo, en vue d'obtenir la soumission des réfractaires Togbos, Langouassis et Dekoas, habitant la région au Nord de l'Oubangui et les vallées de la Kémo, de la Kandjia et de la Pendé.

3 groupes devaient prendre part à cette action.

1 groupe de gardes régionaux sous le commandement du lieutenant Grunfelder, partant du fort de Possel, opérant à l'Ouest.

La 5e compagnie (Kouango) et la 1re compagnie (Bambari) devaient, en se portant vers le Sud-Est et le Nord-Est, empêcher toute fuite des dissidents vers l'Oubangui et leur exode au Congo Belge.

Le groupe de la Kemo, comprenant 89 gardes, était conduit le 30 janvier à Fort Sibut et gagnait Zanga, le 8 février par Fort Sibut.

Le lieutenant Grunfelder, décida de gagner les bords de la Kandjïa, par le pays des Langouassis et des Togbos (11 février). La seule présence du détachement amena la soumission des rebelles. Le pays M'Boulou fut soumis également sans grande résistance.

Du pays M'Boulou, le détachement passa en pays Dakpas et Dekoas. Les ennemis tentèrent d'arrêter le détachement dans sa marche de la Kandjia vers le centre rebelle de Gouraka. Mais le lieutenant Grunfelder n'eut que peu de peine à briser ces résistances.

Le 2 mars, la colonne atteint Gouraka. Le village est abandonné. Des présents installés au centre de l'agglomération affirment le désir qu'ont les Dekoas d'effectuer leur soumission.Des pourparlers sont engagésavec le fils du chef : ils n'aboutissent pas. Le village est détruit.

Dans les journées suivantes, le contact est pris avec les détachements venus de Bambari et de Kouango.

La dislocation s'opère le 11 mars.

A la suite des opérations de la Kemo, auxquelles elle ne prit pas une part effective, la 1re compagnie du bataillon n° 3, devra, suivant le programme fixé par le lieutenant-gouverneur de la colonie :

1° Procéder à la pacification des tribus Dekoas de la rive gauche du Kouango.

2° Amener à soumission complète les centres réfractaires Lindas, de la Baïdou.

3° Pacifier la région hostile des Yacpas.

De la compagnie, il fut formé 3 colonnes :

La 1re, de 30 tirailleurs, sous le commandement du lieutenant Duval;

La 2e, de 20 tirailleurs, sous les ordres du lieutenant Vallée;

La 3e, de 43 tirailleurs, sous les ordres du capitaine Boinet.

Du 24 mars au 5 avril, les trois colonnes opèrent sur les rives du Kouango contre les rebelles Dakoas : le lieutenant Duval venant des Moroubas au Nord, le capitaine Boinet et le lieutenant Vallée, venant de Bambari au Sud. Elles ne rencontrent pas de résistance sérieuse, sauf le 29 mars, dans les collines rocheuses de la N'Goumba où les Dakoas se sont réfugiés. Un tirailleur est grièvement blessé. La poursuite continue les deux jours suivants. Le 5, les rebelles font leur soumission au village de Yaclipou.

De Yaclipou, les 3 colonnes se portent vers l'Est ayant pour objectif le village de Nzao sur la Haute-Baïdou. Les Lindas ne tentent pas une sérieuse résistance, sauf au passage du Goumberou, où, après avoir brûlé les ponts de lianes, ils essaient d'empêcher les détachements de franchir la rivière et de progresser vers l'Est. Ils sont repoussés et prennent le parti d'abandonner la région et de s'enfuir à l'Est où on ne peut les poursuivre. Les trois détachements atteignent Nzao, le 10 avril.

Quittant le village de Nzao en trois colonnes, la 1re compagnie se dirige au Sud vers le pays des Yacpas. Ces derniers ont adopté une nouvelle tactique : avisés de très loin des mouvements de la compagnie, ils brûlent leurs villages, cachent soigneusement leurs provisions et se dispersent en petits groupes infimes, qu'il est impossible d'atteindre : deux ou trois fois seulement, les détachements peuvent apercevoir les rebelles fuyant à leur approche.

De Singuéré, village Langouassi soumis, qu'ils avaient atteint le 21 avril, les trois détachements réunis en une seule colonne, marchant au Sud vers les Yacpas de la région frontière des 2 circonscriptions du Kouango et de la Kandjia-Kouango. Ils ne rencontrent aucune résistance. Ils rentrent à Bambari le 3 mai.

A la suite de ses opérations un poste est créé à Ippy.

La 5e compagnie du bataillon n° 3 cherchait à joindre son action à celle de la 1re compagnie pour arriver à réduire les rebelles stationnés sur la limite des deux circonscriptions.

Un détachement de 70 tirailleurs quittait Kouango, le 2 avril, sous les ordres du capitaine Curault et se portait sur Danda, village signalé comme irréductible.

Le village est enlevé le 5 avril. Une poursuite achève la déroute des rebelles et la mort du chef redouté M'Brita amène immédiatement la soumission du pays.

Le détachement se porte alors dans le pays Pagoua; une sérieuse résistance se prépare au village de Bo-

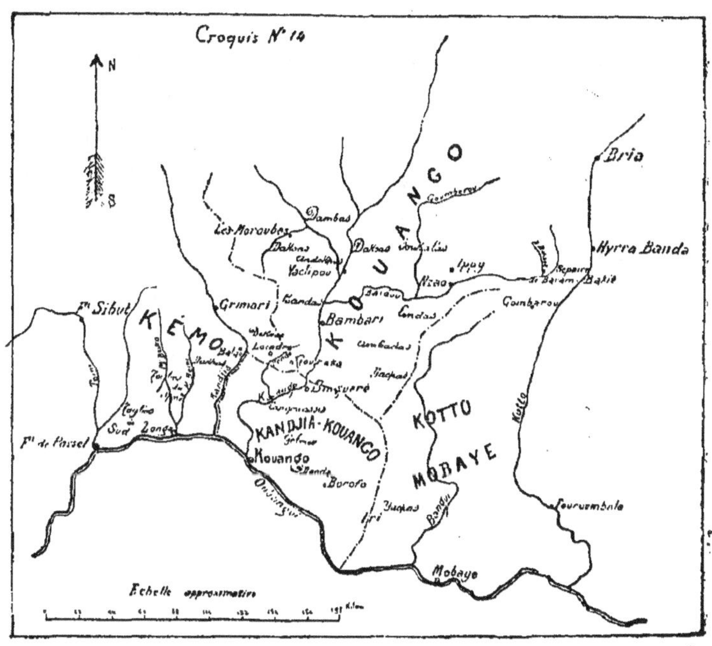

« Opérations dans le Haut-Oubangui »

rofo où un grand nombre de guerriers sont réunis, et ont annoncé que pas un Blanc ne sortirait vivant du repaire qu'ils ont choisi. Attaqués au point du jour, les rebelles ne peuvent tenir devant le feu nourri des tirailleurs; ils essaient de se reformer dans un petit bois à proximité du village; ils en sont bientôt délogés.

A 9 heures tout est terminé et le chef vient, le lendemain, faire sa soumission.

Continuant sa marche, le capitaine Curault entre en pays Yacpas; il ne rencontre qu'une faible résistance à Iri, le 1er mai.

Jusqu'au 8 mai, le capitaine Curault parcourt le pays, perçoit l'impôt de villages non encore soumis. Il n'y a plus de résistance chez les Yacpas, mais leur sauvagerie et leur méfiance ne s'atténueront qu'à la longue.

Pour protéger la Haute-Kotto, contre les bandes du Ouanda-Djallé, qui viennent d'opérer jusque dans le M'Bari, où deux agents européens des sultanats ont été tués, et pour se mettre en relation avec les postes du Darkouti, de façon à circonvenir le massif du Ouadah, la 3e compagnie crée les postes de Mouka, au Nord, de Bria et de Ouadda, sur la route qui donne accès au Ouanda-Djallé.

CHAPITRE XI

OUBANGUI-CHARI : OPÉRATIONS DANS LE DARKOUTI.

SOMMAIRE : *Arrivée de la 4ᵉ compagnie. — Mission du capitaine Modat à Kafiakingi (mai-juillet 1909). — Affaires de N'Délé (12 janvier 1911-7 février 1911). — Affaire de Bahe-Badin.*

(Voir croquis n° 15 à la fin du chapitre XII.)

La 4ᵉ compagnie du bataillon de l'Oubangui-Chari, destinée au Dar-Kouti, arrivée en juillet 1909 à Bangui, gagne N'Délé par la voie de terre. La saison des pluies retarde considérablement sa marche : elle n'atteint N'Délé qu'à la fin d'octobre 1909, après avoir surmonté des difficultés considérables.

Le capitaine Modat, commandant la circonscription de Dar-Kouti, avait été invité par le capitaine anglais Stoney, chef du secteur de Ragaa (Soudan Egyptien), à venir dans les environs de la frontière commune conférer sur la répression de la traite des esclaves et sur les caravanes venant du Chari. Le capitaine Modat reçoit de Bangui l'autorisation nécessaire. Il a ainsi, l'occasion de visiter des régions non encore explorées.

Après avoir préparé soigneusement son expédition, il quitteN'Déléle 14 mai 1910,à la tête d'un détachement de 30 hommes, et, par Ouadda, gagne Kaffia-Kindji, qu'il atteignit le 4 juin. Il avait fait 598 kilomètres en 22 jours de marche.

Après avoir passé 6 jours à Kaffia-Kindji, où il règle avec l'officier anglais les diverses questions qu'il avait à solutionner, le capitaine Modat reprend, accompagné du capitaine anglais, la route de N'Délé, mais par un nouvel itinéraire, au Nord du précédent; il dirigea sa marche vers le repaire du petit sultan Djellab, installé dans le massif de Ouanda-Djallé.

Djellab, en guerre avec Senoussi, n'était pas à proprement parler notre ennemi, mais son attitude hostile vis-à-vis de Senoussi pouvait occasionner des troubles dans la circonscription et le capitaine Modat aurait voulu, autant que possible, régler à l'amiable le différend entre ces deux sultans.

Arrivé le 20 juin au tata de Djellab ,le détachement y campe jusqu'au 1ᵉʳ juillet. Les pourparlers engagés n'aboutissent pas; avec sa petite troupe, le chef de la circonscription estime que toute intervention par la force, serait inopportune, il reprend donc sa route vers N'Délé où il arrive le 9 juillet.

L'endurance, la discipline, le dévouement de nos tirailleurs avaient fait tout le long de la route l'admiration du capitaine anglais Stoney.

Les renseignements géographiques et économiques recueillis sur les régions parcourues étaient précieux; ils montraient combien le pays avait souffert, non seulement des guerres intestines que se livrent sans interruption tous ces petits potentats, mais encore des pillages méthodiques, des razzias continuelles, d'où ils tirent le plus clair de leurs revenus.

Depuis l'arrivée de la 4ᵉ compagnie, le sultan Senoussi, tient compte à peine de ses engagements et même, il nous crée des difficultés sur tous les points. Il continue ses pillages; sa mauvaise foi compromet le ravitaillement de la compagnie. Dans son propre entourage, un parti de la guerre s'est formé; son fils Adoum en est le chef et celui-ci pousse son père à abandonner notre cause.

Au cours de la reconnaissance de mai, juin et juillet 1910 sur le Bahr-el-Chazal, le capitaine Modat a découvert les secrètes intentions de Senoussi qui cherche à déloger le chef youlou Djellab, du massif du Ouanda-Djallé, non seulement pour y chercher un refuge si cela devient nécessaire, mais aussi pour avoir la faculté d'écouler librement vers le Soudan Egyptien le produit de ses razzias.

La situation devenait donc des plus difficiles.

Profitant des difficultés que Senoussi rencontre au Ouanda-Djallé, le capitaine Modat propose d'arrêter le sultan. Le gouverneur approuve cette mesure radicale sous réserve que la compagnie de N'Délé ne devra compter que sur ses propres forces et n'agir qu'avec la certitude du succès.

La 4ᵉ compagnie est aussitôt renforcée; un convoi de 60.000 cartouches lui est expédié. Pendant l'exécution de ces mesures Senoussi vient à bout de la résistance de Djellab et occupe le Ouanda-Djallé en décembre 1910. Ce succès l'encourage dans son attitude qui devient menaçante; la nouvelle de l'affaire de Dorolé arrive à ce moment à N'Délé et provoque une recrudescence de sentiments hostiles. Deux nouveaux incidents compliquent encore la situation.

Le gouverneur avait prescrit la création de villages sur la piste N'Délé-Crampel. Nos exigences se limitèrent à demander à Senoussi d'établir un village de 50 ménages au Bamingui. Il ne tint aucun compte de l'ordre reçu.

Le lieutenant Jaffrelot vient du poste de Bria à Ouadda, pour y faire une enquête au sujet de faits reprochés à Mohamadi, lieutenant de Senoussi. les bazinguers reçoivent à coups de fusils une patrouille de tirailleurs : Senoussi refuse de livrer les coupables.

Les premières mesures s'imposaient :

Le poste du Bamingui est renforcé de 10 miliciens.

Le capitaine Gros, commandant la circonscription de Fort-Archambault, est chargé d'occuper fortement N'Dioko. Le convoi de cartouches annoncé, arrive le 8 janvier 1911.

Senoussi s'inquiète; il envoie l'ordre à Allah-Djabou, son lieutenant, de ne laisser qu'un petit détachement au Ouanda-Djallé et de rallier N'Délé. Le retour des 2.000 hommes d'Allah-Djabou doit nous exposer à subir l'attaque de toutes les forces du sultan et à perdre le bénéfice de l'offensive contre un ennemi pour le moment encore dispersé.

Senoussi disposait alors, exception faite des forces d'Allah-Djabou, de 2.000 fusils répartis en 19 bannières; la bannière d'Adoum, son fils aîné, comprenait à elle seule 400 fusils, chacune des autres 85 environ. La valeur des troupes était inégale, l'armement disparate, mais l'élément arabisant et banda, brave, armé de fusils perfectionnés (y compris des armes 86), conduit par des chefs valeureux, représentait un adversaire redoutable.

La 4ᵉ compagnie comprenait : 3 officiers, 1 médecin aide-major, 8 gradés européens et 226 indigènes.

Le terrain. — N'Délé, situé dans une cuvette, est dominé, au Nord, par le rebord à pic d'un plateau d'une centaine de mètres d'altitude, au Sud, par deux éperons.

Les tatas de Senoussis sont dans la cuvette, à mi-pente, sur une petite croupe qui descend de la falaise Nord du plateau vers le ravin de la N'Délé. On y accède par un seul raidillon à lacets débouchant près de la factorerie de la Kotto. placée à 200 mètres des tatas, dans une position très forte : de cette case, on peut battre le débouché d'un étroit sentier conduisant au sommet de la falaise.

Les tatas sont en pisé, les murs ont 7 à 8 mètres d'épaisseur à la base, 60 à 80 centimètres au sommet, sans meurtrières, ni banquette de tir. L'habitation de Senoussi est au Nord, celle d'Adoum au Sud;

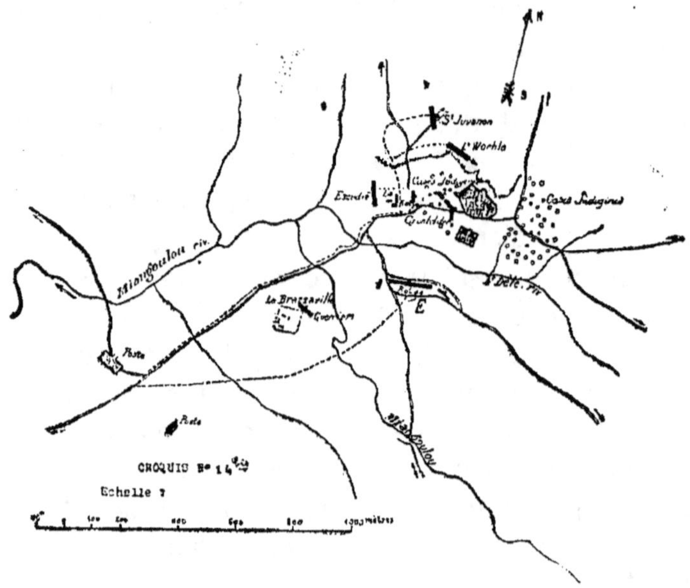

entre les deux se trouve une place de 20 mètres sur 80, abritée par les murs des tatas.

Plan d'attaque. — 1° Le lieutenant Grunfelder, avec les sergents Zuani et Escudier et 80 fusils gagnera les tatas, comme s'il se rendait à Bria et procèdera à l'arrestation du sultan et de son fils aîné.

2° Si l'action s'engage, le lieutenant Woehrlé, avec une section (sergent Juvanon) gagnera la factorerie de la Kotto et de là le sommet de la falaise. Le sergent Rougé avec une section occupera l'éperon E. Le sergent Guerrieri sera avec sa section à la factorerie de la Brazzaville.

3° Si l'arrestation peut être faite, le lieutenant Grunfelder assurera l'occupation des tatas et l'évacuation des prisonniers. Il pourra ensuite, avec une partie de son monde, renforcer le groupe Wœhrlé. Celui-ci s'avancera vers l'Est le long du bord de la falaise, pendant que le groupe Rougé, relevé par la section Guerrieri, appuiera aussi vers l'Est, le but étant d'isoler par le feu les tatas, des secours qui pourraient leur venir des indigènes dont les demeures s'étagent sur les flancs de la cuvette. Ce résultat atteint, les deux sections, à l'exception d'une fraction du groupe Woehrlé, se rabattront sur les tatas pour procéder au désarmement des bazinguers et à l'évacuation sur le poste du matériel de guerre. Le capitaine sera avec le groupe Rougé, l'aide-major Muraz avec la fraction Guerrieri.

L'action. — Le groupe Grunfelder quitta le poste à 8 heures 15' du matin, les autres fractions n'attendant que les premiers coups de feu pour entrer en action.

Le sultan avait été prévenu de ce qu'un lieutenant, à la tête d'un détachement, passerait à 8 heures, devant ses tatas, se rendant à Bria.

En route, le lieutenant Grunfelder prévient ses hommes du but de leur mission. Senoussi doit être inquiet, car de tous côtés les bazinguers rallient les tatas. Lorsque le détachement Grunfelder arrive près de ceux-ci, le sultan se présente sur la place située entre les deux enceintes et fait signe à la troupe de s'arrêter. Les tirailleurs sont arrêtés en colonne par quatre, le lieutenant, suivi du seul sergent Tiékoura-Koné, s'avance et la conversation s'engage. Le sultan, en causant, s'avance vers l'Est, et, dans un repli du mur du tata d'Adoum, le lieutenant aperçoit environ 300 bazinguers sur 3 ou 4 lignes, Adoum à leur tête. L'arrestation est impossible sans combat.

S'avancer, serait s'exposer à être pris en flanc par les bazinguers, reculer, c'est la certitude d'être décimé pendant la descente des pentes à pic que le détachement vient de gravir.

Le lieutenant brusque la situation en faisant ses adieux au sultan qui déclare que son fils lui présenterait ses respects au sortir du couloir entre les deux tatas. L'officier répond que ce n'est pas à lui d'attendre le bon vouloir d'Adoum. Senoussi d'un mot appelle Adoum, qui s'avance. Le lieutenant Grunfelder sort brusquement son revolver et saisissant Senoussi à sa gauche braque à droite l'arme sur Adoum. Celui-ci bondit en avant, mais reçoit une balle en pleine poitrine au moment où il arrive sur le lieutenant.

La situation devient immédiatement critique. Le feu est ouvert entre les deux troupes. Les bazinguers s'avancent. Le lieutenant Grunfelder et Senoussi se sont saisis corps à corps, celui-ci essaye de dégager une arme de dessous son burnous. Le lieutenant Grunfelder se dégage et tire dans le côté droit du sultan une balle qui étend celui-ci foudroyé. Le feu des bazinguers balaie la plate-forme.

Le peloton cède un instant. Le lieutenant a rejoint son détachement, mais ne peut se faire entendre. Il fait sonner : « cessez le feu », « en avant » et, suivi de ses gradés, s'élance sur la plate-forme. Une décharge met hors de combat tous ceux qui l'accompagnent. Se trouvant seul, il se reporte en arrière. Une nouvelle décharge l'atteint à la cuisse. Il peut regagner sa troupe qui s'est cramponnée au terrain et l'installer à 30 ou 40 mètres du bord extérieur Ouest de la place. Il a près de lui 40 tirailleurs, dont une grande partie blessés. Sur 9 gradés, sept sont hors de combat. Les hommes, bien défilés en contre-bas d'un rocher, se sont repris et exécutent avec précision des feux de salve chaque fois que la ligne ennemi cherche à déboucher. Le sergent Escudié se déploie face à l'Ouest de la Kotto.

Vers 9 heures 15' des salves signalent l'entrée en scène du reste de la compagnie.

Le groupe Wœhrlé a atteint sans encombre la Kotto. De 9 heures à 9 heures 30', la section débouche sur la falaise, fait une conversion vers l'Est et progresse.

Le groupe Rougé, accueilli à la sortie du poste par un feu nourri partant de l'éperon qu'il doit occuper, doit enlever l'emplacement (9 heures 10') ; de là, il ouvre le feu sur les ennemis qui montent de la N'Délé vers les tatas.

A 9 heures 30', un mot du lieutenant Grunfelder apprend au capitaine la mort de Senoussi et d'Adoum et rend compte de ce que le sergent Zuani et lui-même sont blessés.

A 9 heures 30', la fraction de réserve Guerrieri remplace la fraction Rougé qui fait face à l'Est et progresse rapidement. Les feux à grande distance démoralisent les renforts ennemis. Le mouvement en avant de la section Rougé et celui de la section Wœhrlé sont simultanés. La manœuvre se précise.

L'aide-major Muraz, qui, à 11 h. 30', s'est bravement porté sur la ligne de feu pour donner des secours aux blessés, arrive au moment où le lieutenant Grunfelder épuisé par la perte de sang s'évanouit. Le docteur Muraz prend le commandement du peloton, le maintient en position; il panse les blessés, dirige leur évacuation. Le lieutenant Grunfelder revient à lui et seconde l'aide-major. Il ne consent à se laisser évacuer qu'à 1 heure 15'.

A 1 heure, les groupes Wœhrlé et Rougé reçoivent ordre de se couvrir par de faibles fractions et de se rabattre à l'Est des tatas.

Nos blessés et nos morts, plus les corps de Senoussi et d'Adoum, sont évacués sur la Kotto (2 heures).

L'incendie qui s'allume dégage les abords des tatas.
Une accalmie s'ensuit, pendant laquelle les troupes
sont ravitaillées en eau et en munitions.

A 4 heures, l'assaut est donné aux tatas cernés, les
portes sont enfoncées par le sergent Guerrieri, qui y
pénètre le premier et, à 4 h. 45', la position est
prise. On trouve dans les demeures de Senoussi et
d'Adoum 650 femmes qui sont dirigées sur le poste,
ainsi que des blessés, les morts et le matériel de guerre.

La journée nous coûte : 9 tués, 19 blessés, dont
2 Européens. L'ennemi avait perdu 200 tués et 400 blessés; le reste s'est enfui dans toutes les directions.
Aucune poursuite n'était possible. La présence dans les
environs des forces considérables que Senoussi avait
rappelées depuis 4 jours, ne permettait pas de diminuer nos forces. Il était d'ailleurs sage d'assurer, par
des pourparlers avec les tribus du Dar-Kouti, les
résultats de la journée du 12 janvier.

Le 20, le marché de N'Délé est ouvert de nouveau.

En moins de 15 jours, la majeure partie des tribus
Bandas et N'Doukas (soit les 8/10es de la population)
se soumettent.

Nous n'en avions cependant pas encore fini avec les
partisans de Senoussi.

Allah-Djabou, le lieutenant du vieux chef, avait
quitté précipitamment le Ouanda-Djallé sur l'ordre du
sultan; la nouvelle du désastre lui parvient en route.
Il hésite à entamer la lutte. Il demande même l'aman,
mais notre inaction voulue lui fait croire à la possibilité d'un succès. Le 6 février, il profite d'une forte
caravane fellata venant de la Mecque, pour se rapprocher. La caravane marche en 3 échelons dont le dernier se présente à la nuit. Elle est invitée à rétrograder.

Dans la nuit, un transfuge annonce qu'une attaque
du poste se prépare (600 fusils en 3 groupes.) On prend

les postes de combat. Nos partisans envoyés en patrouilles ouvrent le feu à 3 heures du matin.

L'attaque se produit à 5 heures 1/4.

A 8 heures, l'ennemi est en pleine déroute, laissant
une quarantaine de cadavres. Nous n'avons eu qu'un
partisan blessé.

Malgré leur échec du 7 février, les bandes se refor-
ment; Kamoun, fils de Senoussi, est proclamé sultan.
Il dispose en peu de temps de 2.500 fusils et peut re-
commencer les razzias de son père; il s'installe au
Ouanda-Djallé, sur les flancs de la montagne, dans une
remarquable position. Mais les vivres lui font défaut;
pour ne pas risquer d'être attaqué en un moment critique et aussi pour gagner du temps, Kamoun entame
des pourparlers avec le sucesseur du capitaine Modat,
à N'Délé. Il parvient à se ravitailler à peu près, reprend
même ses relations de vassalité avec Ali-Dinar, sultan
du Darfour, et se procure des munitions en vendant
des esclaves en territoire anglo-égyptien.

Il cherche, en outre, à contrebalancer par de fruc-
tueuses razzias les défections qui se produisent dans
ses troupes au Ouanda. Un de ses lieutenants, va jusqu'au Rounga, où il rencontre le lieutenant Fouchet,
venu d'Am-Timam, qui prend le contact mais ne réussit pas à lui enlever son butin (affaire de Bahr-Badia).
Il opère, également, au delà de la Kotto, sur le M'Bari,
où deux Européens, agents de factorerie, sont massacrés.

Il exploite notre inaction et tient de longs mois
encore dans son repaire du Ouanda-Djallé, jusqu'au
jour où le capitaine Souclier, appelé à prendre le commandement de la 4e compagnie, par un hardi coup de
main nous débarrasse définitivement de ce dangereux
adversaire (décembre 1912), et installe dans le tata
même de nos ennemis un poste de 80 fusils.

CHAPITRE XII

OUBANGUI-CHARI. — OPÉRATIONS DANS LE HAUT-M'BOMOU.

SOMMAIRE : *Mission du capitaine Jacquier et du lieutenant Martin (octobre 1910-février 1911). — Affaire de Dji (6 janvier 1912). — Arrivée de la 6ᵉ compagnie. — Dédoublement de la circonscription.*

(Voir croquis nº 15 à la fin du présent chapitre.)

La 2ᵉ compagnie du bataillon de l'Oubangui-Chari occupe la circonscription du M'Bomou, depuis les premiers mois de 1909. Ses postes sont répartis le long du fleuve, sur une distance de plus de 300 kilomètres. Aucune action militaire proprement dite dans le cours des années 1909 et 1910; tout se borne à des règlements de palabres entre les différents sultans de la région et leurs compétiteurs. Nous cherchons à empêcher l'exode des populations vers le Congo belge et à fixer sur notre territoire celles qui sont venues de chez nos voisins.

A la fin de l'année 1910, le gouverneur de l'Oubangui-Chari confiait au capitaine Jacquier qui, de 1903 à 1909 avait fait plusieurs séjours dans le Haut-Oubangui, la mission d'explorer les hautes vallées du M'Bari, du Vovodo et du M'Bomou, ainsi que le nœud orographique d'où paraissaient s'échapper toutes ces rivières. Cet officier devait en même temps établir la liaison avec le capitaine Stoney, chef du secteur de Ragaa au Darfour.

Partie de Bangassou, le 1ᵉʳ octobre 1910, cette mission remonte le M'Bari, franchit la frontière et parvient, le 1ᵉʳ décembre, à Saïd-Bandas, où elle trouve le capitaine Stoney. De nouveau, des accords furent conclus pour la répression de la traite des esclaves et la surveillance des caravanes, comme ils l'avaient été l'année précédente entre le capitaine Modat et le capitaine Stoney.

Le 7 décembre, la mission quittait Saïd-Bandas, pour Marekinjama, puis se dirigeait sur Zemongo, par le massif du Djebel-Ahrassen. Une tragique aventure survint pendant cette période au lieutenant Martin, second de la mission, qui s'égara le 27 décembre dans une région inhabitée et ne fut retrouvé presque mourant que le 6 janvier 1911, par une femme indigène, à 200 kilomètres de là. près du Vovodo.

Le 8 janvier, la mission descendit sur Zémio, qu'elle atteignit le 8 février. En moins de 5 mois, le capitaine Jacquier avait parcouru plus de 2.300 kilomètres, dont plus de 1.600 en pays complètement inconnu. Il rapportait de précieux renseignements tant au point de vue géographique qu'au point de vue économique et politique.

Cette mission fut complétée plus tard, fin 1911, par celle du lieutenant Martin qui, parti de Kadjema, remonta aux sources du M'Bomou, suivit la ligne de crêtes frontières, passa à Goubéré et revint à Zémio, en rapportant nombre de détails intéressants sur le pays et sur ses habitants.

Le 25 décembre 1911, le lieutenant Bissey, chargé de l'expédition des affaires de la 2ᵉ compagnie, en l'absence du capitaine en tournée, reçoit à Bangassou, une lettre de l'agent à Bakouma, de la « Société des Sultanats », faisant connaître qu'un parti de bazinguers venus du Ouanda-Djallé, a traversé la Kotto, s'avance en razziant tout sur sa route vers la factorerie des Vidris (Paoura), occupée par deux Européens : MM. Bellard et Mallac.

Le lieutenant envoie, le 26, le sergent Croize et 16 hommes (une section), sur Bakouma, pour protéger la factorerie. Il part le lendemain avec 2 sous-officiers européens et 36 hommes (2 sections). Le sergent Croize atteint Bakouma, le 28. Le lieutenant le rejoint le 29. On est sans nouvelles précises de MM. Bellard et Mallac. Un boy, qui s'est sauvé au moment de l'arrivée de la bande de pillards, prétend qu'ils sont tués.

Le détachement part le même jour et atteint le 31 décembre le poste des Vidris (Paoura). Le renseignement donné par le boy est, malheureusement, exact. Les bazinguers, conduits par un fils de Senoussi ont envahi le 27 décembre, à 4 heures du matin, la factorerie, l'ont détruite, puis ont massacré les deux européens. Ils se sont ensuite repliés vers le Nord, le 28, à 11 heures du matin, harcelés par quelques chefs Ouaddas et Ouassas, revenus de leur frayeur. Ils ont donc 3 jours d'avance.

Le lieutenant Bissey se met à leur poursuite, et, à marches forcées, atteint Yagoto dès le 4; une femme qui s'est enfuie donne des indications précises à ce sujet. Les bandits, au nombre de 150, sont armés de fusils à tir rapide; ils emmènent plus de 200 captives et cherchent à gagner Saïd-Bandas en territoire anglo-égyptien. Le 6, nos hommes atteignent Asraga, sur les bords du Dji. Les patrouilles envoyées sur le bord de la rivière relèvent des traces toutes fraîches. Le détachement s'allège de son convoi laissé à Asraga, sous la garde des éclopés et, à midi 30', se porte en avant pour atteindre l'ennemi avant la nuit.

A 2 heures 30', on arrive au bord d'un marigot.

Dans le ravin, des voix d'enfants révèlent la proximité des fugitifs.

La section Croize reçoit ordre de franchir le ruisseau dont les bords broussailleux arrêtent la vue. Le reste du détachement suit. Dans son mouvement la section Croize se heurte aux Arabes et ouvre le feu. Le détachement se déploie dans le fond du ravin. La section Croize se reporte en avant; elle escalade rapidement la pente, et, peu après, se trouve renforcée par les deux autres sections qui viennent la prolonger à droite et à gauche. Après quelques minutes d'un feu violent de part et d'autre, les Arabes fléchissent. Le lieutenant lance ses tirailleurs à la charge; leur élan met en fuite l'ennemi qui laisse 50 hommes sur le terrain.

L'engagement nous a coûté 6 morts.

La circonscription du M'Bomou, était divisée en deux circonscriptions, par arrêté du gouverneur général, en date du 4 octobre 1911; la circonscription du Bas-M'Bomou, occupée par la 2ᵉ compagnie (centre à Bangassou), celle du Haut-M'Boumou, où s'installera en fin 1911, à son arrivée dans la colonie, la 6ᵉ du bataillon de l'Oubangui-Chari, le centre de cette nouvelle unité sera Zémio.

Cette augmentation des effectifs se traduit sans délais par des résultats tangibles; dès qu'une reconnaissance apparaît, le chef de village vient se présenter.

La 6ᵉ compagnie pousse son action jusqu'à la frontière égyptienne et crée ainsi, au commencement de 1912, les postes de Goubéré et de Mopoï-Inziguino. Dans le Haut-M'Bari, où la prompte et énergique intervention du lieutenant Bissey a eu pour effet de décimer les bazinguers venus du Ouanda-Djallé, la 2ᵉ compagnie crée le poste de Yalinga.

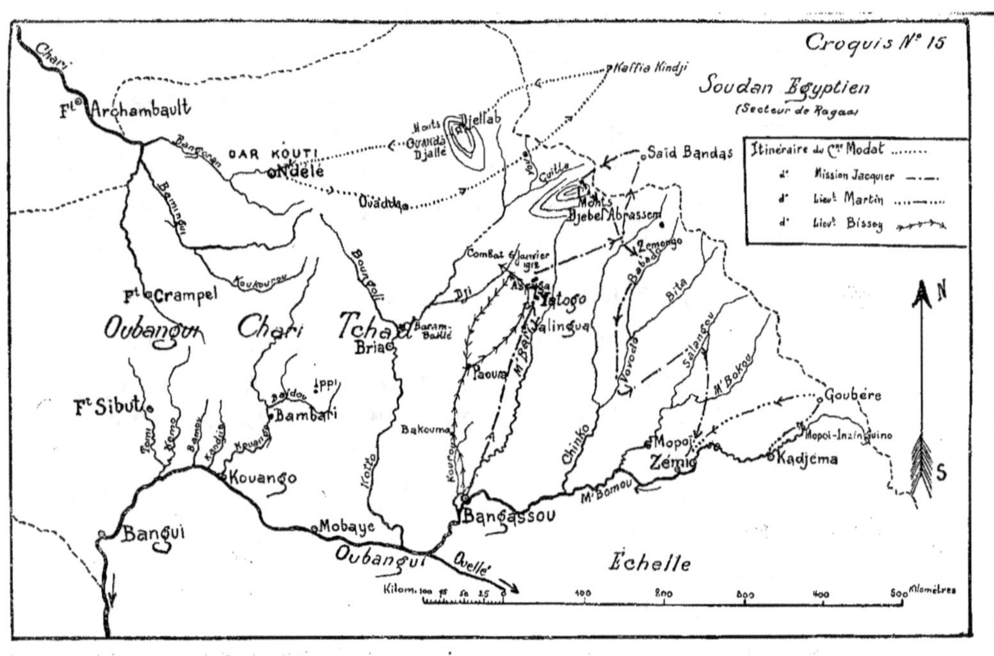

Croquis N° 15
Soudan Égyptien
(Secteur de Ragaas)
Chari
Ft Archambault
Kaffia Kindji
DAR KOUTI
Bangoran
Monts Djellab
Ouanda Djallé
oN'délé
Bamingui
Ouadda
Saïd Bandas
Itinéraire du Cne Modat
d° Mission Jacquier
d° Lieut Martin
d° Lieut Bissey
Koukourou
Bourtou
Guilla
Monts Djebel Abrassem
Zemongo
Koukourou
Bamingui
Combat 6 Janvier 1912
Ft Crampel
Oubangui
Chari
Tchad
Baram-Bassé
Briac
Dji
Asenga
Yalogo
Yalingua
Bita
Bakabo
Yovodo
Salangou
Ft Sibut
Ippi
Baïdou
Bambari
Paoua
M'Bari
M'Bokou
Goubéré
Toru
Kemo
Bahr
Kouango
Kotto
Bakouma
Koukourou
Chinko
Mopoi
Zémio
Mopoi-Inzinguino
Kadjema
Kouango
Kouango
Mobaye
Bangassou
M'Bomou
Bangui
Oubangui
Ouellé
Échelle
Kilom. 100 75 50 25 0   100   200   300   400   500 Kilomètres
N
S

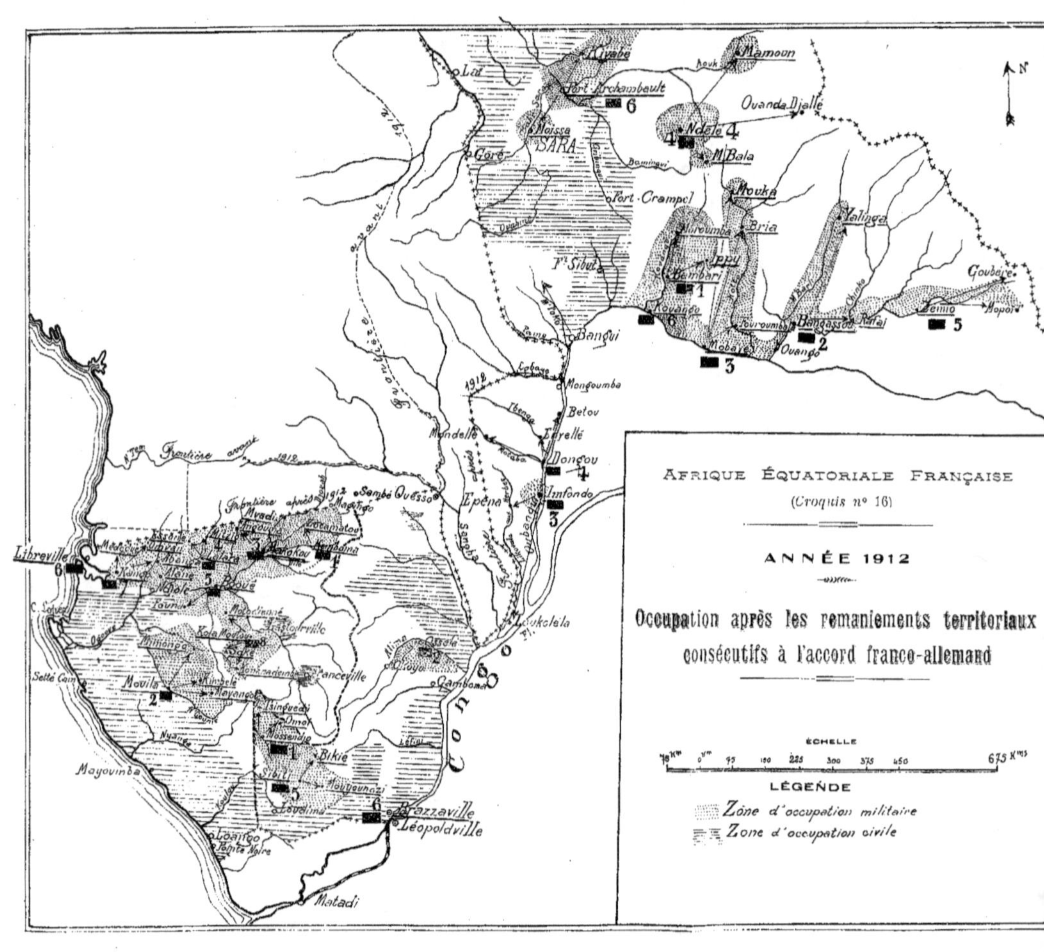

AFRIQUE ÉQUATORIALE FRANÇAISE
(Croquis n° 16)
ANNÉE 1912
Occupation après les remaniements territoriaux
consécutifs à l'accord franco-allemand
ÉCHELLE
0 km   75   150   225   300   375   450   675 Kms
LÉGENDE
Zone d'occupation militaire
Zone d'occupation civile
N
Libreville
Brazzaville
Léopoldville
Matadi
Loango
Pointe Noire
Mayoumba
Sette Cama
C. Lopez
Movila
Sibiti
Bikie
Loudima
Madjingo
Sembé Quésso
Ouesso
Franceville
Mossendié
Mékambo
Bangui
Fort Sibut
Fort Crampel
Fort Archambault
Moïssa
SARA
Goré
Lai
Niyébé
Mamoun
Ndélé
M'Bala
Ouanda Djallé
Mouka
Bria
Yalinga
Goubéré
Senno
Bambari
Ouango
Bangassou
Rafai
Mobaye
Kouango
Mongoumba
Betou
Leyellé
Dongou
Impfondo
Epéna
Mandelé
Boukolela
Gamboma
Congo

CHAPITRE XIII

Vue d'ensemble sur l'occupation militaire du Gabon, du Moyen-Congo et de l'Oubangui-Chari en fin 1912.

(Voir croquis n° 16 à la fin du présent chapitre)

Après avoir exposé, pour chaque théâtre d'opérations, pour chaque circonscription, les phases de notre action militaire, il nous reste à esquisser dans son ensemble la situation militaire des colonies du Gabon, du Moyen-Congo et de l'Oubangui-Chari, telle qu'elle résulte de la composition et de la répartition, en fin 1912, des troupes affectées à chacune de ces colonies.

Au Gabon, le régiment du Gabon, commandé par un lieutenant-colonel résidant à Libreville, est formé de 2 bataillons à 4 compagnies (le bataillon du Gabon a été transformé en régiment à la date du 1ᵉʳ janvier 1912). Sept compagnies occupent des circonscriptions d'administration militaire... Une unité, la 6ᵉ compagnie, est maintenue au chef-lieu : Libreville, où elle est chargée spécialement de l'instruction des recrues et des élèves-caporaux. Sur toute la zône frontière en contact avec le Sud-Cameroun, quatre compagnies occupent respectivement :

7ᵉ compagnie, circonscription de la Como; 4ᵉ compagnie circonscription de l'Okano (chef-lieu la Lara); 3ᵉ compagnie, circonscription de l'Ivindo (chef-lieu Angouma); 1ʳᵉ compagnie, circonscription de la Djouah (chef-lieu Kembouma).

L'action de ces unités est prolongée au Sud de l'Ogooué par les 3 autres compagnies du régiment qui occupent : 5ᵉ compagnie, circonscription du Moyen-Ogoué (chef-lieu Booué), 2ᵉ compagnie, circonscription de l'Ofoué-N'Gounié (chef-lieu Mouïla), 8ᵉ compagnie, circonscription de la Lolo-Ouaya (chef-lieu Kola-Moutou).

La superficie du Gabon, avant qu'une partie du territoire eût été cédée à l'Allemagne, était d'environ : 320.000 kilomètres carrés, les territoires cédés représentent environ : 40.000 kilomètres carrés. Sur les 280.000 kilomètres carrés restants, les 7 circonscriptions d'administration militaire occupent environ 100.000 kilomètres carrés. Neuf circonscriptions d'administration civile réparties sur le littoral et employant 540 gardes régionaux en représentent à peu près autant. Les territoires du Haut-Ogooué et de l'Okondja, dont la superficie est d'environ 80.000 kilomètres carrés, ne sont pas encore soumis à notre action, exception faite des postes de Lastourville et de Franceville sur l'Ogooué. Le jour où nous voudrons étendre notre autorité sur ces régions dont les habitants possèdent armes et munitions, il nous faudra encore demander un nouvel effort militaire de ce côté.

Au Moyen-Congo, le bataillon du Moyen-Congo commandé par un lieutenant-colonel résidant à Brazzaville, est formé à 6 compagnies. La 6ᵉ compagnie (ancienne 3ᵉ) venue de la Koudou, est devenue à Brazzaville, compagnie de recrues et d'instruction. Les 5 autres compagnies occupent les circonscriptions d'administration militaire : 2 compagnies dans les territoires de la Louessé, se reliant aux circonscriptions gabonnaises (1ʳᵉ compagnie, circonscription de la Louessé, chef-lieu Massendjo, 5ᵉ compagnie, circonscription de la Bouenza, chef-lieu Sibiti); 2 compagnies dans l'enclave formée sur la rive droite de l'Oubangui (3ᵉ compagnie, circonscription de la Likouala, chef-lieu Impfondo, 4ᵉ compagnie, circonscription de l'Ibenga-Motaba, chef-lieu Dongou). Enfin, la 2ᵉ compagnie occupe la nouvelle circonscription d'administration militaire de l'Alima (chef-lieu Osselé). Cette unité ne fait d'ailleurs qu'amorcer la pénétration du plateau Batéké.

La superficie dont la colonie du Moyen-Congo a été amoindrie par suite de la conclusion de l'accord franco-allemand est d'environ 150.000 kilomètres carrés, auxquels il faut ajouter les 15.000 kilomètres carrés de la M'Poko rattachés à l'Oubangui-Chari. Sur les 250.000 kilomètres carrés formant la superficie actuelle de la colonie, les 5 circonscriptions d'administration militaire représentent environ 100.000 kilomètres carrés. Mais sur les 150.000 kilomètres carrés des 8 circonscriptions d'administration civile, il faut bien voir que, dans la circonscription des Batékés, la haute région correspondant à la Mpama et à l'Alima, échappe encore à notre action, de même que tous les pays Bakotas des hauts bassins du Kouiliou, de la Mossaka et de l'Opa. Les populations de ces contrées n'ont jamais reconnu aucune autorité et leur passage sous le régime militaire ne pourra pas être évité, dès qu'on voudra les obliger à accepter notre tutelle administrative.

Dans l'Oubangui-Chari, le bataillon de l'Oubangui-Chari, commandé par un lieutenant-colonel résidant à Bangui, est formé à 6 compagnies. La 5ᵉ compagnie, d'instruction et de recrues, est à Kouango, le capitaine de cette unité est en même temps commandant de la circonscription de la Kandjia-Kouango, 3 compagnies occupent toute la région Nord des fleuves M'Bomou et Oubangui, ce sont : 3ᵉ compagnie (circonscription de la Kotto-Mobaye, centre à Mobaye, 2ᵉ compagnie (circonscription du Bas-M'Bomou, centre à Bangassou) et la 6e compagnie (circonscription du Haut-M'Bomou, centre à Zémio).

La 1re compagnie occupe la circonscription du Kouango (centre à Bambari) et se relie à la 4e compagnie, qui occupe la circonscription du Dar-Kouti (centre à N'Délé).

Les territoires d'administration civile, que perd l'Oubangui-Chari par suite de la nouvelle délimitation consécutive à l'accord franco-allemand, représentent environ 47.000 kilomètres carrés; les circonscriptions d'administration civile qui constituent toute la partie occidentale de la colonie représentent environ 100.000 kilomètres carrés. Mais les circonscriptions d'administration militaire couvrent une superficie de 350.000 kilomètres carrés, soit les 2/3 de celle de la France. Sur ces 350.000 kilomètres carrés, près de 150.000 sont encore inoccupés et presque inexplorés. Faute de troupes disponibles, la région de la M'Poko, où sont engagés de sérieux intérêts commerciaux, n'a pu encore être occupée régulièrement. Toutefois, la prise du repaire d'Ouanda-Djallé ,le 16 décembre 1912, par le capitaine Souclier paraît marquer le terme des incursions des bandes bazinguers, maintenant désorganisées; notre action de progression dans l'Oubangui-Chari, pourra suivre son cours, sans être entravée par l'organisation de fortes colonnes d'opérations.

L'absence de toute organisation politique et administrative chez des populations qui ne devaient jamais nous opposer des forces groupées, avait laissé se former l'idée que la prise de possession de notre colonie équatoriale pouvait se faire sans l'effort initial, militaire et financier, qui a marqué les débuts de la conquête de nos autres colonies. Après une période

d'essais hésitants et incertains, il a bien fallu se rendre
à l'évidence et admettre que, sous une forme ou sous
une autre, nous ne pourrions imposer notre volonté
que par la force des armes, même si nous ne trouvions
devant nous qu'une poussière d'ennemis. L'exposé des
opérations qui se sont déroulées dans le cours des
4 années, de 1909 à 1912, permet de se rendre compte du
labeur considérable qui a été imposé aux troupes du
groupe; on peut dire qu'aucune fraction, à aucun moment, n'est restée sans emploi et que le maximum de
rendement, qu'on peut demander à des troupes, a été
fourni par les forces employées à l'occupation. Et il ne
s'agissait point ici d'une occupation passive, pour laquelle la présence de la troupe dans les postes suffit à
maintenir l'ordre, mais d'une occupation active, véritable guerre de conquête.

Les nombreuses pertes que nos troupes ont subies
en tant de points différents montrent les difficultés
de leur tâche : un pays ingrat entre tous, recouvert
en majeure partie par la forêt équatoriale, sans communications autres, en dehors des voies fluviales plus
ou moins navigables, que de vagues sentiers de forêt,
coupant cours d'eaux et marais et qu'une végétation
intense vient sans cesse obstruer. Peu et pour ainsi
dire, pas de ressources en vivres; pas de bétail; les conditions d'existence y sont des plus pénibles, aussi bien
pour les Européens que pour nos Sénégalais. L'é-
change des produits riches, comme le caoutchouc et
l'ivoire, a permis aux indigènes de se pourvoir abondamment d'armes et de munitions; ce ne sont, il est
vrai, que des fusils à pierre ou à piston, mais chaque
indigène, possesseur d'une arme (tout homme adulte
a la sienne), est un guerrier. Ces guerriers ne reconnaissent aucune autorité, ils sont individualistes au
point que leur incapacité à se concerter est des plus

manifestes. Mais s'ils ne sont pas en état d'opposer une résistance compacte à nos sections, à nos compagnies, ils connaissent en revanche, admirablement la forêt et ses arcanes et, se montrant insaisissables dès qu'ils sont sur leurs gardes, ils savent parfaitement choisir le moment où, malgré un armement défectueux, ils peuvent atteindre leurs adversaires. Se rendant très bien compte des avantages que nous procure un armement caractérisé à leurs yeux par la pénétration de nos projectiles, et surtout par le nombre de cartouches dont dispose chaque tirailleur, nombre qui leur paraît inépuisable comparé aux quelques coups de fusils chargés de vieux clous et de débris hétéroclites dont ils font usage, les Pahouins, comme les Bondjos ou les Yakomas ne combattent que s'ils se sentent à l'abri, soit derrière les palissades épaisses de leurs villages, de leurs banzas, soit dans une embuscade où ils sont protégés par une termitière, un tronc d'arbre et dans laquelle ils sauront toujours s'aménager une issue pour fuir rapidement après avoir tiré. Ainsi, on peut voir par l'exposé des opérations qui précède, que si ces indigènes ont perdu à notre contact, en supposant qu'ils l'aient jamais eu, tout sens offensif, c'est qu'ils connaissent par expérience, le courage et le sang-froid de nos cadres européens, la vaillance de nos tirailleurs qui, en très petits groupes, osent circuler, commander, attaquer au besoin, au milieu d'adversaires armés, dix ou vingt fois plus nombreux; ils se rendent bien compte de ce que ces qualités, qui leur manquent, sont le principal élément de notre supériorité.

DEUXIÈME PARTIE

TERRITOIRE MILITAIRE DU TCHAD

CHAPITRE XIV

LE TERRITOIRE DU TCHAD DE 1900 A 1908

SOMMAIRE. — *Vue d'ensemble sur la pénétration française au Tchad de 1900 à 1908. — II. Situation politique du territoire au début de 1909. — III. Situation militaire du territoire au début de 1909.*

(Voir croquis n°s 17, chapitre XVI, et 18, présent chapitre.)

I. — VUE D'ENSEMBLE SUR LA PÉNÉTRATION FRANÇAISE AU TCHAD, DE 1900 A 1908

« En France, disait Crampel, lorsqu'il exposait son
« projet de voyage du Congo en Algérie par le Chari et
« le Tchad — en France, on ne se passionne pas pour
« des théories compliquées : il faut une formule et
« un fait. La réunion sur les bords du Tchad de nos
« possessions de l'Algérie-Tunisie, du Soudan et du
« Congo, sera cette formule, et mon voyage sera le
« fait symbolique. »

Le seul fait symbolique qu'il put accomplir, fut de
mourir pour son idée : à d'autres était réservée la gloire

d'opérer cette réunion qu'il avait projetée. Le 21 avril 1900, la mission Gentil, la mission de l'Afrique Centrale et la mission Saharienne, parties respectivement du Congo, du Soudan et de l'Algérie, faisaient leur jonction sur les rives du Chari. Le lendemain, à Kousseri, leurs forces réunies sous les ordres du commandant Lamy, mettaient en déroute l'armée de Rabah; Rabah lui-même était tué et l'effondrement de son empire éphémère allait marquer l'avènement définitif de la domination française dans le Centre Africain.

Par décret du 5 septembre 1900, le *Territoire militaire des Pays et Protectorats du Tchad* était organisé.

Un triple but s'offrait dès lors à notre action militaire dans ces régions nouvelles :

Assurer notre domination sur les territoires conquis ;

Les protéger contre leurs ennemis possibles du Nord et de l'Est ;

Etendre peu à peu notre rayon d'action, de façon à nous créer des droits effectifs dans la zone que les conventions diplomatiques (1) réservaient à l'influence française.

Pour obtenir rapidement et économiquement ce triple résultat, un procédé s'imposait : profiter de l'organisation sociale, barbare sans doute, mais assez complète, de ces pays, et, loin de rompre les organismes existants, les conserver partout où il s'en trouvait et les faire passer intégralement et progressivement sous notre domination ou sous notre influence. C'est ainsi qu'est maintenu à la tête du Baghirmi, le sultan Gaourang, dont la fidélité, d'abord chancelante, ne tarde pas à s'affermir à la vue et au contact permanent de

---

(1) Principalement la convention franco-anglaise du 14 juin 1898 et l'accord complémentaire du 21 mars 1899.

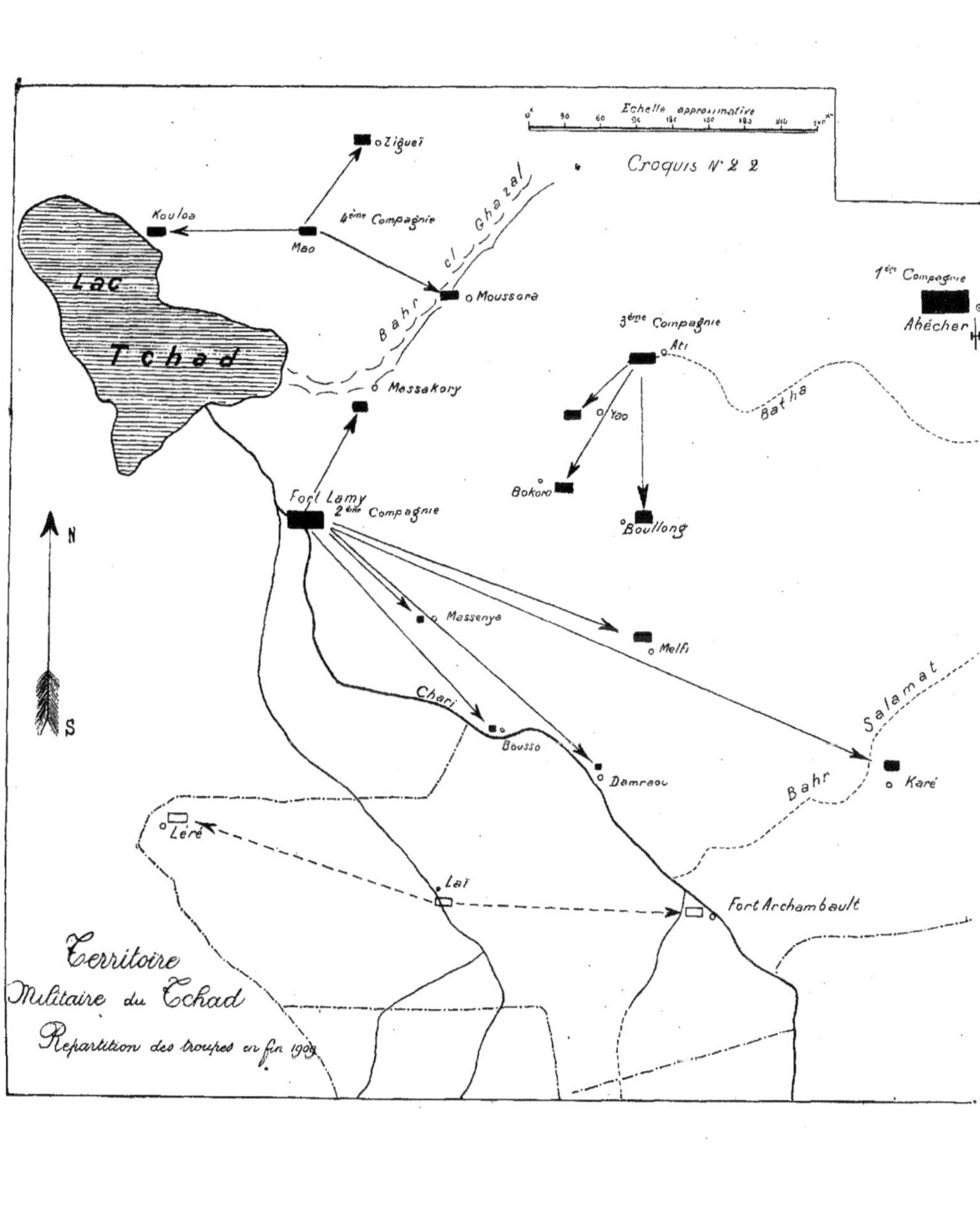

Croquis N° 2
Echelle approximative
Ziguei
Koulos
Mao
4ème Compagnie
Bahr el Ghazal
Lac Tchad
Moussora
Massakory
Fort Lamy
2ème Compagnie
1ère Compagnie
Abécher
3ème Compagnie
Ati
Yao
Batha
Bokoro
Boullong
N
S
Massenya
Melfi
Chari
Bousso
Damraou
Salamat
Bahr
Karé
Leré
Laï
Fort Archambault
Territoire
Militaire du Tchad
Repartition des troupes en fin 1909

nos forces. Le Fitri, sous un sultan de notre choix, accepte notre domination et se repeuple. Dans le Bahr Salamat, notre influence s'étend après la déposition du vieil Alifa Korbol, chasseur d'esclaves incorrigible. Dans le Sud du territoire, un traité est passé avec Snoussi, sultan du Dar Kouti.

Du côté du Ouadaï, la nécessité, où nous nous trouvions de consolider tout d'abord notre situation sur les rives du Chari et du Tchad, nous interdisait pour quelques années toute entreprise lointaine : il parut de bonne politique de mettre à profit la rivalité existant entre Ahmed Rezali et Doudmourrah, qui se disputaient le trône du Ouadaï, et d'accorder notre appui à un troisième prétendant, Mohammed Acyl. Mais bientôt celui-ci, établi à Ati, tandis que Doudmourrah l'emporte sur Rezali et règne à Abécher, se trouve amené par le manque de ressources à faire refluer ses bandes sur le Baghirmi. Dès lors, il devenait pour nous une gêne et un obstacle : après des remontrances inutiles, il est arrêté en juin 1903 et déporté au Congo.

Des ouvertures sont, à ce moment, faites par le commandant du territoire à Doudmourrah : elles sont repoussées. C'est alors, de 1904 à 1907, une série d'incursions et de pillages exécutés sur nos confins par des Ouadaïens, depuis le Bahr-el-Ghazal, jusqu'au pays Sara du bas Salamat. Pour y mettre fin, Acyl, supposé assagi, fut rappelé d'exil en 1906 et le commandant du territoire jugea, non plus seulement de bonne politique, mais de bonne tactique, de constituer en sa faveur un protectorat dans la région de Boullong, formant poste avancé et couvrant notre frontière contre les incursions de Doudmourrah, que cet établissement menace directement.

Au Nord du territoire, ces procédés de pénétration se trouvaient d'une application moins aisée. Nous nous heurtions là à des tribus nomades (Slimans, Tédas, Nakazzas, Touaregs, etc.), très divisées, presque insaisissables, d'un fanatisme ardent, foncièrement hostiles, par haine religieuse aussi bien que par intérêt, aux Chrétiens, dont la venue signifie pour elles la suppression du pillage, de la traite des esclaves et du commerce des armes. Leur chef spirituel, sinon temporel, est hors de notre atteinte et échappe à notre action : c'est le cheick Es Senoussy, de Koufra, qui, dès 1900, devient l'âme de la résistance contre nous. Le Kanem ne nous est abandonné qu'après une lutte acharnée, dont le capitaine Millot et le lieutenant Pradié sont les héroïques victimes. Quelques tribus, les Ouled Slimans entre autres, font peu à peu leur soumission; les autres reculent devant nous, s'appuyant sur le Borkou, qui constitue pour elles — en même temps qu'un grenier — un repaire, où nous pouvons bien lancer de temps à autre quelques hardis coups de sonde (1), mais où toute action durable nous est pour longtemps interdite. Des rezzous incessants s'y organisent, pour venir harceler nos postes et les campements de nos protégés.

Nous nous trouvions, par suite, naturellement amenés à considérer la région du Kanem, comme une « marche » du Tchad, une zone de couverture dans laquelle notre action, en principe défensive, ne devait se traduire au point de vue offensif, que par des ripostes promptes et poussées à fond, par des poursuites, des raids, des contrerezzous, exécutés par des unités mobiles — par conséquent montées — renforcées et guidées par des partisans pris dans les tribus soumises, victimes des incursions de nos adversaires.

Ainsi : a) à l'Est, populations sédentaires, Etats organisés ; au Nord, tribus nomades, absence de pouvoir

---

(1) Raid du capitaine Bordeaux sur Aïn Galakka, en avril 1907.

central ; *b*) différence d'organisation sociale, d'où résultait une inégale perméabilité à notre pénétration, et, par suite, une différence bien nette dans notre action militaire qui, dès la première heure, s'annonçait comme offensive vers l'Est et défensive vers le Nord.

⁕⁕

II. — SITUATION POLITIQUE DU TERRITOIRE AU DÉBUT DE 1909

Au début de 1909, les limites de notre occupation sont marquées par les postes de Zigueï, Moussoro, Ati, Barouella, Boullong, Melfi, Karé, N'Délé. La tranquillité est complète dans tous les territoires de l'arrière pays, sur le Chari, Le Logone, le Tchad. Sur nos confins, la situation est la suivante :

Borkou. — Au Nord, pendant toute l'année 1908, les Senoussistes du Borkou et les tribus affiliées à leur secte ont manifesté leur hostilité à notre égard par de nombreux rezzous, lancés contre nos postes du Kanem et les populations soumises de ce cercle. Pour obtenir réparation et châtiment des dommages causés par les Khoans Senoussistes, le lieutenant-colonel Millot, commandant du territoire, a chargé le capitaine Cellier d'une expédition contre la zaouïa d'Aïn Galakka. Mais, énergiquement défendue par plus de 300 hommes (Koans, Tedas du Borkou, Nakazzas de l'Ennedi, gens de Koufra, la zaouïa résiste à une attaque de 2 jours, qui nous coûte 10 tués et 22 blessés. Renonçant à l'emporter, faute d'artillerie de calibre suffisant (1), la colonne revient au Kanem, après avoir détruit et incendié l'oasis de Faya, sans que l'ennemi — très éprouvé — ait cherché à l'empêcher (septembre-octobre 1908).

______

(1) Le détachement ne disposait que d'une pièce de 37 m/m.

Ouadaï. — Notre protégé, Acyl, installé à Boullong par le lieutenant-colonel Largeau, n'est pas resté inactif et sa cause a si bien progressé en force et en partisans, qu'il peut transférer sa résidence de Boullong à Barouella, au moment où est fondé le poste d'Ati (début de 1908).

Poussé par le désir de reconquérir les provinces détenues par Acyl, encouragé par les Senoussya, pressé par les marchands du Fezzan et du Ouadaï, ses créanciers et ses banquiers, qui craignent que notre occupation, en supprimant la traite des esclaves et des armes, ne tarisse la source la plus claire des revenus du sultan et de sa suite et n'entraîne la perte de leurs créances, Doudmourrah a résolument ouvert les hostilités contre nous. Mais partout, en 1908, ses Aguids (2), ont subi de graves échecs : à Am Timan (15 février), à Dogotchi (29 mars) et surtout à Djoua (16 juin), où l'armée ouadaïenne a perdu 2.000 hommes et 9 Aguids sur 13.

« Nous avions une occasion unique d'exploiter à fond ce succès décisif, de précipiter encore la fuite éperdue de l'ennemi par une ardente poursuite jusqu'à Abécher, d'arborer le drapeau tricolore sur le palais de Doudmourrah et d'en finir enfin avec la question ouadaïenne.

« Notre victoire devait pratiquement rester stérile, parce que nos forces mobiles, les 375 combattants de Djoua, ne pouvaient, sans danger pour le territoire, s'éloigner de la frontière : il n'y avait aucune réserve à Fort-Lamy et les garnisons du Kanem, du Salamat, de Fort-Archambault, étaient trop éloignées.

« L'initiative des mouvements appartenait donc tou-

____

(2) Hauts dignitaires.

jours à Doudmourrah, qui, abattu par les défaites de Dogotchi et de Djoua, était loin d'être écrasé (1). »

Quelles étaient, à ce moment, ces intentions ? D'après la rumeur publique, il était résolu à venger ses défaites et songeait à reprendre les hostilités au commencement de 1909.

La fin de l'année 1908 se passe en escarmouches continuelles entre les partisans d'Acyl et de Doudmourrah. On sent qu'il ne faut qu'une occasion, une circonstance, pour en finir.

« Cette circonstance — écrivait le lieutenant-colonel Millot — peut surgir désormais chaque jour en raison des incessants progrès de la cause de notre protégé Acyl. Peut-être serons-nous conduits à Abécher par la force même des choses, à bref délai (2). »

Dar Kouti. — Au Dar Kouti, le sultan Senoussi montre une mauvaise volonté extrême à observer le traité qui le lie à nous. Il demeure en étroites relations avec le Ouadaï, où il envoie des esclaves et de l'ivoire, fruit de ses razzias. Il interdit à ses sujets tout rapport direct avec nous. L'autorité de la France, faiblement représentée et défendue par un lieutenant résident, dépourvu de tout moyen d'action, est journellement méconnue et presque bafouée par ce tyran sanguinaire, sournoisement et foncièrement hostile à notre influence.

Une démonstration armée, exécutée en fin 1908, par le lieutenant Hegelbacher, sans réussir à lui inspirer un dévouement plus sincère à notre cause, le contraignit pour quelque temps à en affecter, tout au moins, les apparences.

---

(1) Capitaine Jules : « Histoire de la conquête du Tchad, 1900-1908 ».

(2) Rapport d'ensemble du lieutenant-colonel Millot sur le territoire militaire du Tchad pour l'année 1908.

Bref, la situation sur nos confins, au début de 1909,
peut se résumer ainsi :

Au Nord : Borkou hostile, escarmouches et rezzous
en perspective ;

A l'Est : Ouadaï menaçant, solution imminente ;

Au Sud : Dar Kouti suspect.

⁎

III. — SITUATION MILITAIRE DU TERRITOIRE
AU DÉBUT DE 1909

A des dangers aussi nombreux, à des ennemis aussi
pressants, le commandant du territoire militaire ne
pouvait, malheureusement, opposer que des forces ma-
nifestement hors de proportion avec les nécessités d'une
occupation solide et méthodique, aussi bien que d'une
protection efficace du pays.

Les mesures proposées au département par M. le
gouverneur général Merlin, dès sa prise de fonctions,
pour la réorganisation militaire du Congo Français,
avaient dû, naturellement, tendre à faire face aux
besoins les plus urgents, et le Tchad n'avait pu bénéfi-
cier des premiers renforcements d'effectifs accordés à
la colonie. Un seul bataillon continuait donc à tenir et
à défendre les immenses étendues qu'il avait péniblement conquises et pacifiées à force de patience, d'énergie, de courage et d'audace : situation d'autant plus
grave que nous allions nous trouver amenés par la
force même des choses et sous la pression des événements à pousser encore de l'avant et à accroître déme-
surément une zone d'action déjà beaucoup trop vaste,
pour d'aussi faibles forces.

Le « bataillon mixte du Tchad », avait alors un effectif théorique de 1.200 hommes; il comprenait de l'infan-

terie, de l'infanterie montée, de l'artillerie et de la cavalerie (1).

Dans les premiers mois de 1909, la répartition de ses 4 compagnies était sensiblement la suivante (Voir croquis n° 18 ci-après :

1re compagnie
- Centre et section d'artillerie. Ati.
- Postes à .... Barouella. Boullong. Moïto.

2e compagnie
- Centre à .... Fort-Lamy (avec E.M. et S.H.R.)
- Poste à .... Massakory.
- Quelques hommes détachés à .... Massénya. Bousso.

3e compagnie
- Centre à .... Melfi.
- Postes à .... Yao. Bokoro (cavalerie). Karé (dans le Bahr Salamat). N' Délé (dans le Dar Kouti).
- Quelques hommes détachés à .... Damraou.

4e compagnie
- Centre à .... Mao.
- Postes à .... Ziguei. Koulaoa. Moussoro. N'Gouri.

(Il convient de remarquer que, en arrière de ces for-

---

(1) L'escadron et la batterie, qui avaient jusqu'alors compté parmi les troupes du Tchad, venaient d'être supprimées en 1908 en tant qu'unités administratives autonomes et leurs éléments répartis entre différentes compagnies.

ces, le bataillon de l'Oubangui-Chari tient Fort-Archambault, Laï, Léré.)

Comme on le voit, abstraction faite des postes du Sud (Salamat et Dar Kouti), la répartition des forces présente en gros :

Un groupe dans le Kanem, face au Borkou (300 hommes environ) ;

Un groupe (le plus important), dans le Dékakiré et le Fittri, face au Ouadaï (500 hommes environ) ;

Une très faible réserve sur le Chari (125 hommes environ, dont une cinquantaine à peine disponibles).

Le lieutenant-colonel Millot exerce, depuis le mois de juin 1908, le commandement du territoire (1). Le chef de bataillon Jullien est délégué du commandant du territoire sur la frontière ouadaïenne.

---

(1) De 1900 à 1908, le commandant du territoire a été successivement exercé par : le commandant, puis lieutenant-colonel Destenave (novembre 1900-août 1902) ; le commandant Largeau (août 1902-juillet 1904) ; le commandant, puis lieutenant-colonel Gouraud (juillet 1904-août 1906) ; le lieutenant-colonel Largeau (août 1906-juin 1908).

CHAPITRE XV

TCHAD. — OPÉRATIONS MILITAIRES EN 1909

SOMMAIRE : I. *Opérations au Ouadaï. — Combat de Djohouné, 1ᵉʳ juin).— Prise d'Abécher (2 juin). — II. Opérations dans le Mortcha septentrional (1ᵉʳ mai-12 juin). — III. Rezzous sur le front Nord du territoire. — Affaire de Ouachenkalé (27 novembre).*

(Croquis nᵒˢ 19, 20, 21.)

I. — OPÉRATIONS AU OUADAÏ

COMBAT DE DJOHAMÉ (1ᵉʳ JUIN). — PRISE D'ABÉCHER (2 JUIN)

Mesures et opérations préliminaires (1). — En mars 1909, le lieutenant-colonel Millot exécute une tournée dans le Fittri et le Médogo. Il se rend compte de ce que, par suite des progrès de la cause d'Acyl, notre attitude vis-à-vis du Ouadaï, peut devenir désormais moins timide, et il autorise Acyl à transférer sa résidence de Barouella (50 kilomètres au Sud d'Ati), à Birket Fatmé (100 kilomètres à l'Est d'Ati). Ce nouveau bond en avant avait le triple avantage de procurer des terrains de parcours pour les troupeaux, de soustraire le Batha aux incursions de Doudmourrah, et, surtout d'appuyer efficacement les menées d'Acyl à la cour du Ouadaï.

---

(1) Nous avons cru devoir, au cours de ce travail, exposer les différentes opérations, non en suivant un plan identique, mais en cherchant à mettre en lumière ce que chacune d'elles pouvait comporter d'intéressant, de caractéristique ou d'instructif. Par suite, l'ampleur donnée à l'exposé de ces opérations n'est pas toujours en rapport direct avec leur importance.

En prévision d'un mouvement ultérieur possible, sur Abécher, le capitaine Fiegenschuh, commandant la 1ʳᵉ compagnie, fait exécuter des reconnaissances sur les routes menant d'Ati (base d'opérations future), à Abécher. Au Sud du Batha, le lieutenant Bourreau, avec la section à cheval de la 1ʳᵉ compagnie, procède à une reconnaissance méthodique de l'Abou Telfane et y établit notre autorité au détriment de celle de Doumourrah.

Fin avril, de gros rassemblements ouadaïens sont signalés en formation à Am Gherma et Djouar. Leur objectif semble devoir être Birket Fatmé, leur but : enlever Acyl.

Le capitaine Fiegenschuh décide de se porter contre eux avec toutes les forces disponibles des postes d'Ati, de Barouella et de Boullong. « La reconnaissance, « écrit-il, poussera en avant aussi loin que possible « pour mettre un terme à la menace ouadaïenne. »
Elle devait pousser jusqu'à Abécher !

Composition de la colonne. — Le détachement, composé de : 4 sections d'infanterie et 1 section d'artillerie (2 pièces de 80 de montagne), se réunit le 22 mai à Birket Fatmé.

Il comprenait :

5 officiers (capitaine Fiegenschuh, lieutenants d'infanterie coloniale Bourreau et Lucien, lieutenant d'artillerie coloniale Rupied, médecin aide-major Cotard (1);
5 sous-officiers européens ;
180 tirailleurs et auxiliaires instruits, dont 25 montés;
40 canonniers et conducteurs.

---

(1) Nous ne pouvons laisser passer ici le nom du docteur Cotard sans signaler avec émotion le simple et stoïque héroïsme de sa mort. Atteint d'un abcès au foie, il ne voulut pas se laisser évacuer « étant en colonne » et, quelques mois après, il revenait mourir à Ati, victime de son dévouement (30 novembre 1909)

Le sultan Acyl, avec 300 cavaliers, accompagnait la reconnaissance : la partie qui allait se jouer était pour lui décisive, le trône du Ouadaï en était l'enjeu.

Le lieutenant Raymond, de Yao, avec une trentaine de tirailleurs, prenait le commandement du poste d'Ati. Il devait, suivant les circonstances, venir renforcer le détachement ou agir vers le Nord.

Dispositif de marche et de stationnement. — Marche en carré souple, artillerie et convoi au centre, une section sur chaque flanc, une section à 100 mètres en arrière, une section en avant-garde, de 400 à 800 mètres en avant, les tirailleurs montés en tête ; 60 cavaliers d'Acyl, choisis, éclairent en avant, les autres sur les flancs. En cas d'attaque, les gens d'Acyl doivent se replier près du convoi et y attendre des ordres pour leur emploi probable sur les ailes.

En station, la protection éloignée est assurée de jour, à 1.500 mètres au moins, par les cavaliers d'Acyl. De nuit, chaque face est occupée par une section dont une escouade veille ; des postes à la Bugeaud sont établis à environ 800 mètres ; le quart est pris par les Européens. Le campement d'Acyl est placé de 200 à 500 mètres du saillant le moins exposé.

Marche de la colonne. — Partie de Birket Fatmé, le 23 mai, la colonne arrive le même soir à Birrel. Les renseignements recueillis permettant d'escompter une rencontre avec l'ennemi vers Am Hadger, ordre est envoyé au lieutenant Raymond de rallier d'urgence. Le 26, la reconnaissance atteint Am Hadger, où le lieutenant Raymond rejoint le lendemain ; l'effectif de la colonne est désormais de :

12 officiers et sous-officiers européens ;
250 tirailleurs, canonniers et auxiliaires ;
300 partisans.

Or, Am Hadger se trouve à la limite de la zone d'action fixée par le commandant du territoire : le capitaine décide la création en ce point d'un poste analogue à Birket Fatmé, afin de bien marquer notre ferme volonté de ne tolérer aucune incursion ouadaïenne sur les territoires que nous protégeons. 50 partisans d'Acyl y tiendront garnison.

De nouveaux renseignements arrivent : les forces ouadaïennes signalées s'élèveraient à 1.500 hommes, sous les ordres de l'Aguid Salamat et de Badiour ; très inquiets de notre démonstration, les deux Aguids se replieraient vers Bororit, sur la route d'Am Hadger à Abécher.

Les travaux du poste étant à peu près terminés, le capitaine Fiegenschuh, sentant sa ligne de communication avec Ati gardée par Birket Fatmé et Am Hadger, prend la résolution de marcher à l'ennemi, pour profiter de l'état d'indécision où il se trouve.

La marche est donc reprise le 28 au soir, avec objectif : Bororit, d'où l'on déloge, le 30 au matin, une patrouille ennemie. Le lendemain matin, à Abou Kouta, quelques coups de canon suffisent à décider à la retraite l'arrière-garde ouadaïenne, restée pour apprécier nos forces. Le détachement s'installe en toute sécurité sur un mouvement de terrain d'où l'on domine tout l'horizon.

Des renseignements très favorables nous parviennent. Un des plus hauts dignitaires du Ouadaï, le Djermah Nasser, fait connaître à Acyl qu'il abandonne la cause de Doudmourrah et se porte vers le Sud avec ses 800 fusils. Un autre, le Kamkalak Smaïn, en expédition dans le Massalit avec 270 fusils, est décidé à ne pas rejoindre Doudmourrah ; le Djermah Amed, fils de l'Aguid Mohamid, tué à Djoua, serait tout disposé à faire défection avec ses 600 à 800 fusils (ce qui eut lieu effectivement le lendemain). Quand aux deux Aguids, ils se retirent sur Imémé, point d'eau de l'Ouadi Chauk, à 30 kilomètres d'Abou Kouta, sur la route d'Abécher, pour y attendre les renforts que doit leur amener le sultan.

Résolu à les attaquer sans retard, le capitaine fait reprendre la marche, campe à 11 heures du soir à Tabaye et en repart à 4 h. 30 du matin. Objectif : Imémé.

COMBAT DE DJOHAMÉ OU DE L'OUADI CHAUK (1ᵉʳ JUIN) (1). — Le service de renseignements a fait connaître que l'Ouadi Chauk est plein d'eau, que les environs immédiats d'Imémé sont très boisés, tandis que sur la route d'Abécher, laissant Imémé à l'Est, le terrain est découvert : c'est par ce côté que le capitaine décide d'attaquer. (Voir croquis n° 19).

Quelques centaines de cavaliers, que l'on aperçoit dans la vallée, sont dispersés à coups de canon, puis l'on franchit l'Ouadi Chauk, sous la protection de la section d'avant-garde. Au moment où le gros de la colonne arrive sur le plateau, la flanc-garde de droite, qui vient d'occuper le village de Djohamé, en est brusquement délogée par un fort parti ouadaïen débouchant dans la vallée boisée (10 heures 15').

Le capitaine donne l'ordre :

Aux sections du lieutenant Raymond et du sergent Parmentier (à droite dans l'ordre de marche), de faire face à Djohamé et de marcher sur ce village ;

A la section d'avant-garde (lieutenant Bourreau), de faire face à l'ennemi, qui s'installe au Nord de Djohamé ;

____

(1) D'après le rapport du lieutenant Bourreau, en date du 30 juin 1909.

A l'artillerie d'ouvrir le feu sur Djohamé et la ligne ennemie ;

Aux sections du lieutenant Lucien et de l'adjudant Maroselli de rester en réserve sur les flancs du convoi

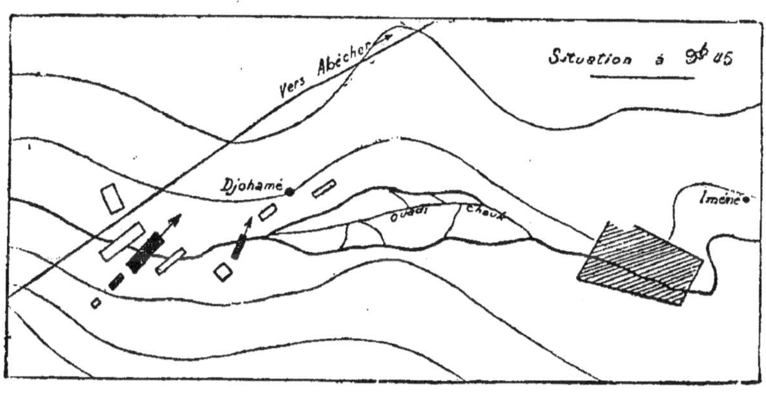

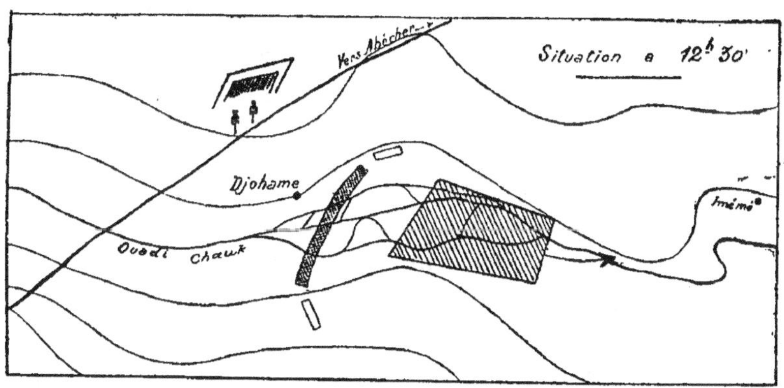

Croquis schématique du combat de Djohamé

Compagnie de marche   Irréguliers d'Acyl   Ouadaïens

Croquis N° 19

Echelle approximative

0   500   1000   1500   2000 mètres

et de l'ambulance, établis en arrière du léger mouvement de terrain que traverse la route.

Les cavaliers d'Acyl rejoignent le convoi.

Pendant que ces ordres s'exécutent, les lignes ennemies se renforcent rapidement, leur feu devient intense. Bien ravitaillés en munitions, les Ouadaïens tirent sans compter, mais leur feu est heureusement mal ajusté. Forts de leur nombre, ils cherchent à nous tourner par le Sud.

Le capitaine Fiegenschuh leur oppose la section Lucien, secondée par 100 partisans d'Acyl, et donne aux sections Raymond et Parmentier l'ordre de se jeter sur Djohamé. A ce moment (10 heures 35'), il tombe grièvement blessé au cou. Le lieutenant Bourreau prend le commandement, laissant sa section au sergent Léandri.

Cependant, appuyées par le feu énergique de l'artillerie, et brillamment enlevées par leurs chefs, les sections Raymond et Parmentier ont emporté Djohamé d'un vif élan. Le lieutenant Lucien arrive en ligne, entraînant par son exemple les irréguliers d'Acyl. A gauche, la section Léandri et la section Maroselli, qui s'est d'elle-même portée au feu, progressent également. Les Ouadaïens se replient sur une lisière de bois où ils sont recueillis par une ligne de réserve.

L'artillerie, allongeant son tir, arrose les lisières, préparant efficacement l'action des sections de première ligne qui, par de vigoureuses charges, prennent rapidement et successivement pied dans les bois à partir de la droite.

Dès ce moment, la progression est continue, mais des plus pénibles. Les nombreux bras de l'Ouadi Chauk, les fourrés fort épais, favorisent les Ouadaïens, qui sont là dans leur élément et marquent une résistance d'autant plus longue que, dans ce terrain très couvert, l'artillerie ne peut plus appuyer le mouvement, sans s'exposer à tirer sur notre propre infanterie.

A midi 30', toute notre ligne, conservant sur sa gauche, a refoulé l'ennemi vers Imémé.

Les charges à la baïonnette se répètent sur tout le front. Nos tirailleurs font preuve du plus merveilleux entrain.

A 1 heure 15' l'ennemi est en pleine retraite.

Quelques heures de repos sont indispensables. 200 cavaliers d'Acyl sont chargés de la poursuite. Le restant du détachement rejoint l'artillerie et le convoi.

Résultats du combat. — Nous avions éprouvé les pertes suivantes :

Capitaine Fiegenschuh, gravement blessé ;
2 tirailleurs tués ;
13 tirailleurs ou irréguliers blessés.

La consommation de munitions avait été de :

12.000 cartouches ;
30 obus à mitraille.

On sut, par la suite, que, dans la nuit du 31 mai au 1er juin, Doudmourrah avait rejoint ses 2 Aguids et que nous avions eu affaire à Djohamé à toutes les forces ouadaïennes disponibles, soit : 4.500 hommes, dont 1.700 environ armés de fusils à tir rapide. L'ennemi avait eu 350 tués et autant de blessés ; il avait consommé plus de 30.000 cartouches.

Nous avions subi presque toutes nos pertes dans la première heure du combat. Puis, devant les charges vigoureuses de nos tirailleurs, les Ouadaïens perdirent peu à peu leur sang-froid et finirent par tirer de façon absolument désordonnée. Vers la fin de la lutte, les groupes que formaient nos adversaires cherchant à emporter leurs morts et leurs blessés, sous la protection d'un rideau de défenseurs, offraient un but facile à nos salves ; nous obtînmes ainsi des résultats bien supérieurs à ceux sur lesquels on peut compter avec un ennemi restant déployé.

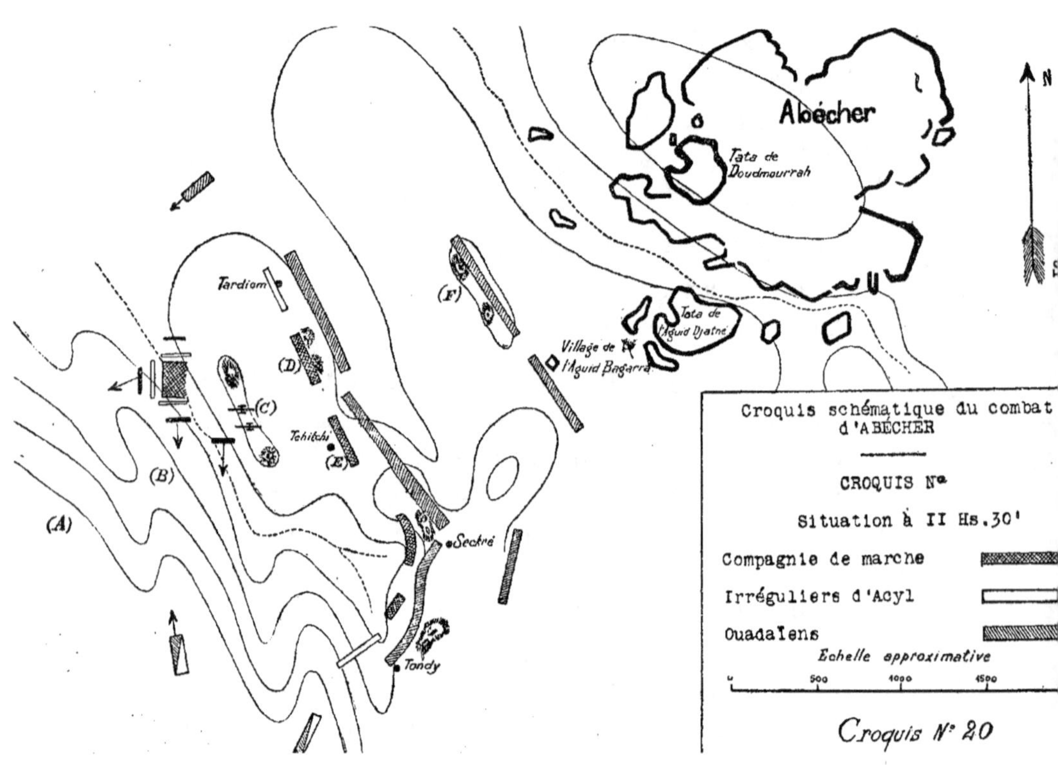

N
Abécher
Tata de
Doudmourrah
Tardiom
(F)
(D)
(C)
Tchitchi
(E)
Village de
l'Aguid Bagarra
Tata de
l'Aguid Djatne
(B)
(A)
•Seckré
•Tandy
Croquis schématique du combat
d'ABECHER
CROQUIS Nº
Situation à II Hs.30'
Compagnie de marche
Irréguliers d'Acyl
Ouadaïens
Echelle approximative
500   1000   1500
Croquis Nº 20

Combat et prise d'Abécher (2 juin). — « En avant sur Abécher ! ». Tel est l'ordre bref, net, énergique, que, sitôt l'issue de la lutte à peu près dessinée, le capitaine Fiegenschuh avait fait parvenir au lieutenant Bourreau. Aussi, dès 4 heures du soir, afin de garder le contact et d'arriver le lendemain de bonne heure devant Abécher (distant de 22 kilomètres), la reconnaissance poursuit sa marche, très lentement toutefois, en raison de la fatigue des animaux. On campe le soir près du village de Diamgot à l'abri d'un service de sûreté très serré.

Des rapports qui nous parviennent, on peut conclure que Doudmourrah se replie avec toutes ses forces sur Abécher, qu'il compte défendre.

Le lendemain, 2 juin, départ de Diamgot à 4 heures 30'. Le terrain est un peu accidenté, mais découvert. A 8 heures 30', des rochers de la crête (A), le lieutenant Bourreau et le lieutenant Raymond, commandant l'avant-garde, aperçoivent la ligne Tchitchi-Seckré garnie de Ouadaïens ; vers cette ligne se dirigent de nombreux renforts venant d'Abécher, dont les principales constructions se dessinent confusément dans le lointain.

Le combat va s'engager de notre côté, de façon absolument classique. La section d'avant-garde Raymond occupe la crête (C), couvrant ainsi l'établissement de la section d'artillerie à la crête (B). A l'appui des feux de cette dernière, les sections Lucien et Parmentier progressent, la première vers Seckré, la deuxième vers Tchitchi. Sitôt ces deux sections engagées, l'artillerie fait un bond en avant, et, sous la protection immédiate de la section Raymond, se porte à la crête (C) d'où elle peut appuyer plus efficacement les attaques contre Tchitchi et Seckré.

Les sections des adjudants Maroselli et Pozzo di

N
S
A BÉCHER
Tata de Doudmourrah
Tata de Aguid Djato
Village de l'Aguid Bagarra
Aguid Djatné
Aguid Salamat
(Doudmourrah)
(Badjour)
(F)
Lt RAYMOND
Sergent
Tirailleur
Tchilicp (E)
(D)
(C)
Tardiom
Lt LUCIEM
1/2 Section
(Aguid Rachid)
(B)
(A)
Croquis schématique du combat d'ABÉCHER
Situation à 12 hs.30'.
Compagnie de marche
Irréguliers d'Acyl
Ouadaïens
Echelle approximative
0   500   1000

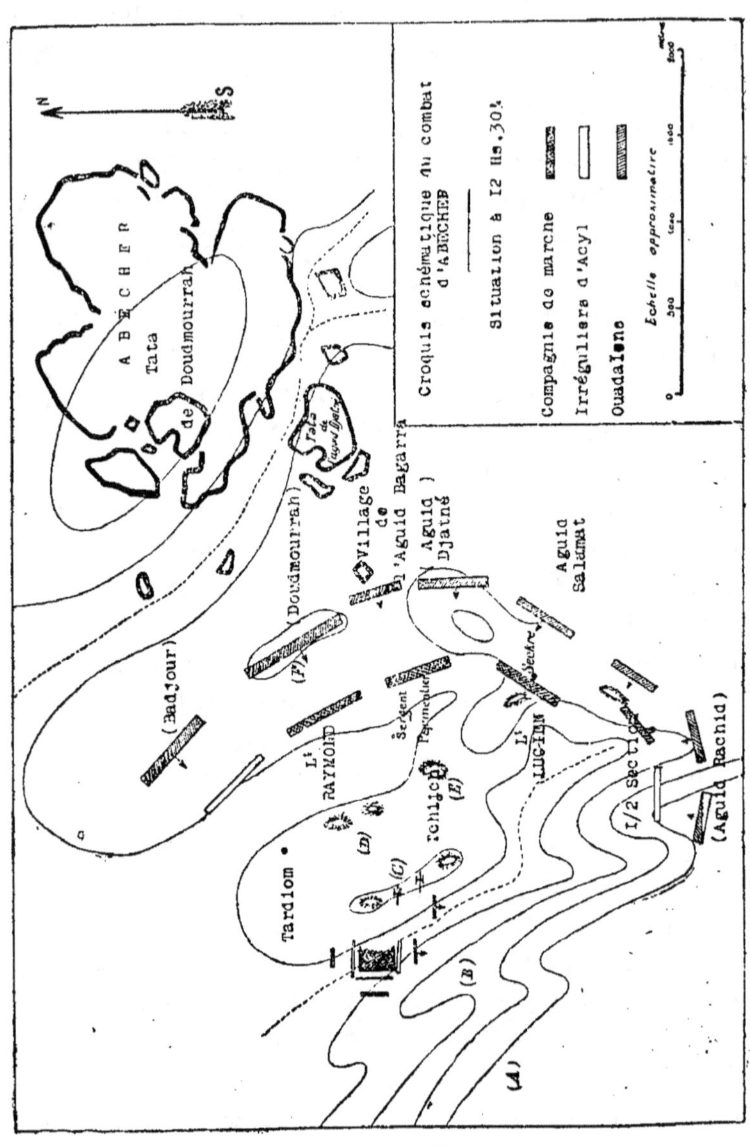

(*Croquis n° 21*)

Borgo, ainsi que les partisans d'Acyl, restent en réserve auprès du convoi et de l'ambulance, installés en arrière de la crête (C). Cette réserve a été fortement constituée pour permettre :

De parer à un mouvement tournant qui semble s'amorcer à droite ;

De prolonger éventuellement la ligne d'attaque ;

De garder une troupe intacte pour renforcer la colonne d'assaut, s'il faut enlever Abécher de vive force.

Le combat se développe très vite sur tout le front. Le terrain favorise nos adversaires.

A gauche, la section Raymond reçoit pour objectif les rochers (D), appuyée à gauche par 100 partisans d'Acyl dirigés sur Tardiom.

A droite, le lieutenant Lucien rend compte de ce qu'il ne peut progresser. Il reçoit l'appui d'une demi-section et de 100 partisans d'Acyl, dirigés sur les rochers entre Seckré et Tondy. L'artillerie soutient de son tir ce mouvement.

A l'arrière, les sections Maroselli et Pozzo di Borgo, repoussent de leurs feux quelques centaines de cavaliers qui, à plusieurs reprises, cherchent à jeter le désarroi dans le convoi.

Vers 10 heures 15' la section Parmentier enlève Tchitchi. A 11 heures 15' la section Raymond emporte à la baïonnette les rochers (D) et, entraînés par son exemple, les partisans d'Acyl occupent Tardiom vers 11 heures 30'.

Toute notre ligne progresse alors, la gauche en avant. Les partisans de gauche refoulent lentement les gens de Badiour. La section Raymond, qui a devant elle la garde même de Doudmourrah, les « burnous blancs », ne gagne du terrain que pied à pied dans la direction des rochers (F), en répétant les charges à la baïonnette. Au centre, le sergent Parmentier enlève les rochers (E), défendus avec énergie par l'Aguid Djéatné, puis marche sur le village de l'Aguid Bagarra. A droite, le lieutenant Lucien a le plus grand mal à enlever Seckré, pendant que notre extrême droite emporte Tondy.

A 1 heure 30', le lieutenant Raymond occupe les rochers (F), se reliant à droite avec le sergent Parmentier, qui occupe le village de l'Aguid Bagarra. Le lieutenant Lucien et les partisans de droite sont à hauteur et à droite de la section Parmentier. L'ennemi se replie sur Abécher. Comme la veille, il forme, en cherchant à enlever les morts et les blessés, de gros paquets très vulnérables où nos feux d'infanterie et d'artillerie tracent de sanglantes trouées.

Nous sommes maîtres du champ de bataille. Devant nos lignes, à quelques centaines de mètres, Abécher, la « ville inconnue », s'étend, bordée de murs d'enceinte, qui constitueraient un redoutable obstacle, si l'ennemi songeait à les utiliser.

Bien que la résistance ne semble plus devoir être sérieuse, l'assaut est préparé. Pendant que l'artillerie vient se mettre en batterie à 700 mètres de la ville, couverte par une section au village de l'Aguid Bagarra, la colonne d'assaut (3 sections en ligne de sections par deux), se rassemble à l'abri des rochers (F), les irréguliers d'Acyl derrière elle. A 2 heures, le bombardement commence. Quelques obus explosifs sont tirés contre le tata du sultan et le tata de l'Aguil Djéatné. La colonne d'assaut s'avance vers le tata du Doudmourrah, son mouvement permet à Acyl de prendre pied dans la ville.

A ce moment les habitants d'Abécher, terrifiés, envoient supplier que l'on cesse le bombardement, affirmant que Doudmourrah et ses guerriers se sont enfuis. Le tir est suspendu. Les partisans d'Acyl, puis la section d'avant-garde, occupent le tata, où la colonne fait son entrée à 3 heures 30'.

Quelques instants après le drapeau français flotte sur le palais des sultans du Ouadaï.

La compagnie s'installe dans le tata, pendant que les cavaliers d'Acyl se mettent à la poursuite des fuyards. Doudmourrah et ses fidèles Aguids auraient pris à toute allure la route de Koufra.

Résultats du combat. — La journée nous coûtait :

    1 européen blessé (sergent Léandri) ;
    5 tirailleurs ou irréguliers tués ;
    19 tirailleurs ou irréguliers blessés

Nous avions consommé :

    15.500 cartouches ;
    63 obus à mitraille ;
    18 obus à mélinite.

Les pertes de l'ennemi auraient été de 450 tués et 400 blessés. Sa consommation de munitions avait été plus désordonnée encore que la veille. Il laissait sur le champ de bataille une centaine de fusils et deux étendards, sans compter le matériel (canons, fusils, munitions), abandonné dans le tata du sultan.

Dès le lendemain du combat, les redditions commencent nombreuses. Les armes et les munitions sont bientôt apportées par centaines.

Causes du succès. — Si la supériorité de notre tactique de combat, l'emploi de l'artillerie, la valeur militaire de nos tirailleurs ont été des facteurs sérieux et incontestables de la victoire, on ne saurait passer sous silence les causes plus profondes, d'ordre moral, qui

. l'ont déterminée, causes que le lieutenant-colonel Millot expose lumineusement en ces termes (1) :

« Dans les deux rencontres, nos 210 tirailleurs, renforcés de 300 partisans du sultan Acyl se sont heurtés à l'armée ouadaïenne tout entière : 4.500 hommes, presque tous montés et, partant très mobiles, armés de 1.730 fusils à tir rapide et de 1.490 de modèles anciens, abondamment pourvus de munitions.

« Doudmourrah commande en personne ; il a auprès de lui ses fidèles lieutenants : l'Aguid Djéatné, l'Aguid Salamat, l'Aguid du Bahr el Ghazal ; sa garde l'entoure. Mais cette armée agit comme un corps sans âme. Les bandes qui la constituent, en majorité composées d'esclaves, combattent côte à côte, sans aucune liaison, sans solidarité.

« Chacun envisage avant tout son intérêt personnel et nous verrons, le jour de la bataille, le grand Djermah Ahmed, neveu de Doudmourrah, refuser d'engager ses troupes contre nous. Le Kamkalak Smaïn préfère, quant à lui, guerroyer pour son propre compte dans le Massalit, plutôt que d'accourir à l'appel du sultan.

« Depuis Djouah, par ailleurs, les cruautés de Doudmourrah lui ont aliéné bien des cœurs ; un seul sentiment les domine désormais : la crainte du maître.

« On marche sans entrain.....

« Aussi, malgré leur supériorité numérique, malgré leur consommation formidable de munitions, malgré les injonctions terribles de Doudmourrah, malgré l'acharnement de la garde du sultan, malgré la vaillance de l'Aguid Djéatné et de l'Aguid Rachid, ce sera la défaite irrémédiable et bientôt la fuite éperdue : personne ne songera à défendre la capitale ouadaïenne,

---

(1) Lettre, du 4 septembre 1909, du lieutenant-colonel Millot au commandant supérieur des troupes de l'A. E. F.

personne ne songera à soutenir un combat de rues où
se serait brisé notre effort.

« Et le drapeau tricolore flotte sur le tata des sultans
du Ouadaï grâce à une poignée de braves. Animés
d'une confiance réciproque inébranlable, obéissant à la
même discipline, prêts à tous les sacrifices, ils n'ont
pas compté leurs ennemis : ils ont voulu la victoire et
ils l'ont forcée. »

*_**

II. — OPÉRATIONS DANS LE MORTCHA SEPTENTRIONAL

(1er MAI-15 JUIN)

Pendant que ces événements s'accomplissent au Ouadaï, un peloton de la 4e compagnie, sous les ordres du
lieutenant Ferrandi, commandant du poste de Zigueï,
exécutait une reconnaissance audacieuse et des plus
intéressantes dans la région Nord du Mortcha.

Nous exposerons avec quelque détail cette opération,
qui peut servir de type pour l'étude de la marche d'un
petit détachement monté en pays désertique et qui,
surtout, montre très nettement les moyens d'action à
employer contre les populations nomades, difficilement saisissables, de ces régions.

Composition du détachement. — L'ordre reçu en
fin avril par le lieutenant Ferrandi était de se rendre
au Mortcha, afin d'y punir les auteurs de diverses razzias, exécutées dans le Nord du territoire et de reprendre les biens volés.

Le détachement se mit en route le 1er mai. Il comprenait :

2 européens (lieutenant Ferrandi et sergent Texier);
45 tirailleurs ;

10 bellas (pour conduire le convoi et garder les chameaux au pâturage).

Le transport de ce personnel et du matériel (4.800 cartouches de réserve, en 8 mallettes — réserve d'eau en 20 tonnelets — mil et eau des chevaux — cordes, peaux, etc...), nécessita 95 chameaux, dont 12 haut-le-pied.

Un détachement d'auxiliaires (150 Arabes et Tedas), accompagnait la colonne. Leur rôle était : en route, de servir de guides et d'éclaireurs, de refaire les puits; pendant le combat : de garder les chameaux, d'assurer la liaison ; après le combat : de prendre part à la poursuite, de conduire et de garder les animaux de prise.

Itinéraire. — Pour aller, en mai, du Kanem au Mortcha, il est un point de passage obligé : Korro Toro, puits permanent du Bahr El Ghazal septentrional, à 370 kilomètres environ vers le Nord-Est de Zigueï.

Deux routes y conduisent : l'une, par le lit desséché du Bahr El Ghazal, l'autre, plus à l'Ouest, par Hacha et Yékia. C'est cette dernière qu'adopta le lieutenant Ferrandi : plus aride, plus désolée, elle a, en effet, l'avantage de présenter un sol moins dur et moins accidenté, des puits abondants et bien répartis, dont l'eau natrnnée convient aux animaux. D'ailleurs, cette route, très sûre, permettait au détachement de couvrir plus longtemps le front du Kanem.

De Korro Toro, la colonne prendrait pour objectif Om Chalouba où l'on pouvait espérer surprendre — groupés autour des puits, et ne s'attendant à aucune attaque en cette saison peu propice aux longues marches — les campements des Nakazzas, principaux auteurs des rezzous dirigés contre nous.

De Zigueï à Korro Toro. — Arrivé le 12 mai à Korro Toro, le détachement y séjourne 2 jours. Il fallait, en

effet, laisser reposer les animaux, constituer une forte
réserve d'eau (car de Korro Toro à Om Chalouba, on
ne devait rencontrer aucun puits), garnir les pieds des
chevaux de semelles en peau de girafe pour les protéger
contre les quartz coupants du Mortcha. Avant de quitter Korro Toro, une partie des vivres fut enterrée dans
le sable des dunes, afin de diminuer les charges.

De Korro Toro à Om Chalouba. — Départ de Korro
Toro, le 14 au soir. Marche en carré souple, le convoi
au centre, les auxiliaires formant eux-mêmes un
second carré autour de la colonne.

Le 18, à 7 heures du matin, le détachement arrivait à
20 kilomètres d'Om Chalouba. Pendant la dernière
marche de nuit, très pénible, effectuée à la boussole
dans une obscurité absolue, par une violente tornade
sèche, deux hommes se perdirent, six chevaux mou-
rurent d'épuisement et de soif. A part ces pertes regret-
tables, le convoi était au complet.

Un but s'imposait en premier lieu : s'emparer des
puits. Les auxiliaires n'avaient plus d'eau, les tirailleurs
en avaient touché trois litres la veille ; un certain nombre de chevaux n'avaient pas bu ; quant aux chameaux,
toute la nuit, ils avaient appelé l'abreuvoir, si fort que,
pour ne point trahir notre marche, il avait fallu les
museler avec des cordes. Le mieux était évidemment de
chercher à occuper les puits sans coup férir, par surprise, en utilisant la vive allure des chevaux.

Le lieutenant Ferrandi divisa en conséquence son
détachement en 3 échelons : le premier, très mobile,
(10 tirailleurs et 30 Arabes à cheval), marcherait avec
lui sur les puits ; le deuxième (22 méharistes), sous
les ordres du sergent Texier, devait assurer le passage
du convoi dans le terrain rocheux et accidenté entou-
rant le point d'eau, où il eut été de bonne tactique, de

la part des Nakazzas, de chercher à le détruire ; le troisième constituait la garde immédiate du convoi.

Le mouvement du premier échelon s'exécute rapidement. La surprise est complète. Les puits, où ne se trouvent que des captifs, sont occupés sans la moindre résistance. L'alarme donnée, les Nakazzas, de toute part, sortent, en armes, de leurs campements. Mais au bout d'une heure de lutte, très éprouvés, voyant arriver à son tour le détachement Texier, ils se retirent. Deux fois dans la journée ils renouvelleront sans succès leur attaque.

Le carré est formé entre les puits et immédiatement entouré d'une zériba (1).

Séjour à Om Chalouba. — La tactique adoptée par le lieutenant Ferrandi fut la suivante :

Garder les puits où il se trouvait ;
Démolir ou boucher tous les autres puits ;
Infliger à l'ennemi le plus de pertes possibles ;
Ajouter à sa démoralisation en lui donnant l'impression d'une occupation prolongée d'Om Chalouba :
L'amener ainsi à entrer à composition et à demander l'aman.

En conséquence, le 19, on commence à boucher les puits, constituer une réserve d'eau, ramasser des vivres dans les cases voisines. Toutes ces corvées s'effectuent sous la protection d'un détachement mobile.

Le 20, averti que les Nakazzas s'abreuvent à un point d'eau situé à 5 kilomètres au Nord, le lieutenant, laissant la garde du camp au sergent Texier, se porte sur ce point avec 30 cavaliers auxiliaires, y bouscule une centaine de Nakazzas, comble les puits et revient le soir à la zériba.

____

(1) Haie d'épines.

Le 21, une certaine lassitude commence à se manifester chez l'adversaire. Les chefs se présentent au camp.

« On ne peut résister aux blancs, disent-ils. Ne sont-ils pas dans l'Aïr, au Kanem, au Baghirmi ? Nos pères mêmes nous avaient dit qu'ils étaient plus forts que les autres. Hier nous avons eu 14 tués et nous sommes aujourd'hui comme des oiseaux qui volent au-dessus des puits sans pouvoir boire (1). » Ils demandent l'aman.

Le lieutenant leur fait comprendre qu'il est venu pour les punir des incursions faites sur notre territoire et qu'il lui faut des garanties pour l'avenir. Il exige des otages, des fusils et des chameaux. Les chefs se retirent sans rien promettre de précis, jurant que tous leurs chameaux sont au loin et qu'ils n'en ont aucun à Om Chalouba.

Il est visible qu'ils ne cherchent qu'à gagner du temps, probablement parce qu'ils attendent ou espèrent des renforts. Pour achever leur démoralisation, le lieutenant part pendant la nuit pour aller détruire les puits de Houba, à 25 kilomètres dans l'Est. Il trouve, réfugiés en ce point, les femmes et les enfants des chefs Nakazzas avec 150 chameaux, tue ou met en fuite leurs défenseurs et ramène tout ce butin au camp, le 23 dans l'après-midi. Pendant son absence, le sergent Texier avait essuyé trois attaques, toutes trois victorieusement repoussées. Le lieutenant installe les femmes et les enfants dans des cases voisines et fait brûler le restant des campements. Une escarmouche eut encore lieu au cours de cette opération.

Les Nakazzas comprennent que toute résistance est

---

(1) Rapport du lieutenant Ferrandi, en date du 23 juin 1909.

inutile : le 25 au soir, les 50 fusils demandés comme contribution étaient versés.

Départ d'Om Chalouba. — Nous avions, en ces quelques jours, enlevé à l'ennemi 58 fusils, 150 chameaux, 25 chevaux et plus de vaches que le détachement n'en pouvait emmener. Les Nakazzas avaient une cinquantaine de tués, une centaine de blessés, tous leurs campements et leurs biens étaient détruits. Le lieutenant Ferrandi jugea la leçon suffisante, et le 26, la colonne quittait Om Chalouba, dans la formation inverse de l'arrivée, un détachement continuant à garder les puits jusqu'à ce que le convoi eût franchi les passes difficiles.

Le 15 juin la colonne était de retour à Ziguei.

Conclusion. — Le détachement de la 4ᵉ compagnie avait parcouru en 35 jours plus de 1.400 kilomètres, en pleine saison sèche, dans une région pauvre en eau; il s'était maintenu, pendant 9 jours, dans les puits d'Om Chalouba et y avait soutenu plusieurs engagements. Ses pertes, durant toute cette période, n'avaient été que de 4 hommes (2 égarés, 1 tué, 1 mort d'insolation), et une dizaine d'animaux. Il avait consommé 3.700 cartouches.

Le succès le plus complet avait couronné la manœuvre du lieutenant Ferrandi, cette sorte d'investissement à rebours, consistant à s'installer au milieu de l'ennemi, en un point vital pour lui, à le priver en somme de sa base d'opérations, en la confisquant pour soi-même. Le détachement avait ainsi réussi à garder constamment une entière liberté d'action, et à imposer, tactiquement et politiquement, sa volonté à l'adversaire démoralisé.

III. — REZZOUS SUR LE FRONT NORD DU TERRITOIRE
AFFAIRE DE OUACHENKALÉ (27 NOVEMBRE)

Les rezzous sur le front Nord du territoire. — De même qu'en 1908, des rezzous incessants furent dirigés, pendant toute l'année 1909, contre le Nord du territoire, par les Senoussistes du Borkou et leurs affiliés.

Un premier rezzou est surpris et dispersé à Djéméné, le 2 janvier, par le lieutenant Raymond : ce sont principalement les auteurs de ce rezzou que le lieutenant Ferrandi eut mission de châtier au cours de son opération dans le Mortcha. Un deuxième rezzou est attaqué et refoulé le 29 juillet à Korkor, par le faki Barka. En septembre, un troisième, après avoir razzié nos nouveaux administrés du Dar Mimi, reprenait la route du Borkou, lorsqu'il fut surpris et complètement battu par le lieutenant Lucien, alors en reconnaissance vers Arada (affaire de l'Ouadi Maï).

Ainsi, trois rezzous qui avaient eu l'audace de s'aventurer à 50 kilomètres de Yao, à 35 kilomètres d'Ati, à 50 kilomètres d'Arada, avaient tous trois piteusement échoué.

Il n'en devait malheureusement pas être de même au Kanem, où en fin novembre, un rezzou Borkouan fit subir un désastre complet à un détachement de la 4ᵉ compagnie, à Ouachenkalé.

Affaire de Ouachenkalé (27 novembre) (1). — Vers la fin d'octobre, une partie du détachement de méharistes du poste de Zigueï s'installait en nomadisation au pâturage de Ouachenkalé, à 45 kilomètres au Sud-

---

(1) D'après le rapport du lieutenant Moutot, en date du 10 janvier 1910, et les transmissions du commandant Brisset et du lieutenant-colonel Moll.

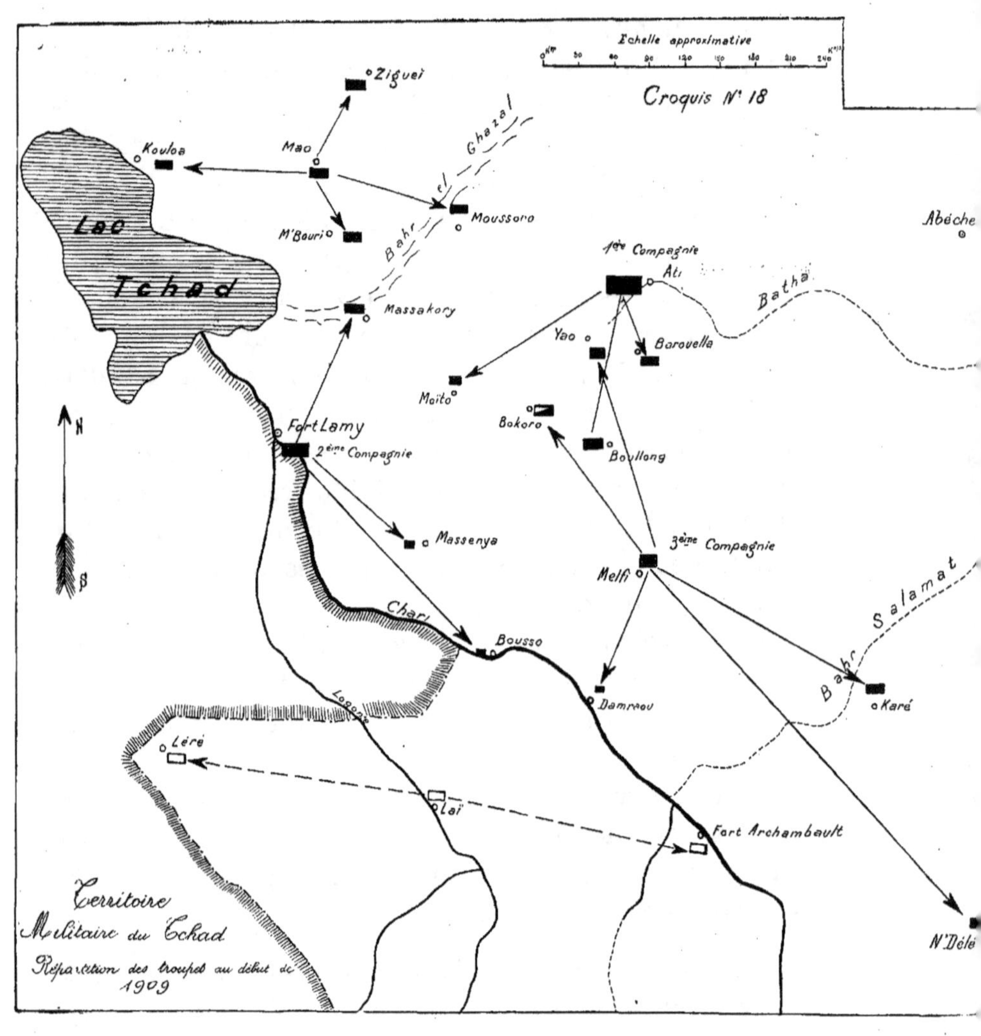

Echelle approximative
Croquis N° 18
Ziguei
Mao
Kouloa
el Ghazal
Bahr
Moussoro
Lac Tchad
Massakory
Abéché
1ère Compagnie
Ati
Batha
Yao
Barouella
Maïto
Bokoro
Fort Lamy
2ème Compagnie
Boullong
Massenya
3ème Compagnie
Chari
Melfi
Bousso
Bahr Salamat
Logone
Damraou
Karé
Lére
Lai
Fort Archambault
N
S
Territoire
Militaire du Tchad
Répartition des troupes au début de
1909
N'Délé

Ouest de Zigueï. L'effectif était de 48 tirailleurs, sous les ordres du lieutenant Moutot et du maréchal des logis de cavalerie Allard. Contrairement aux habitudes et aux instructions, les tirailleurs étaient accompagnés de leurs femmes et de leurs enfants. Le camp était

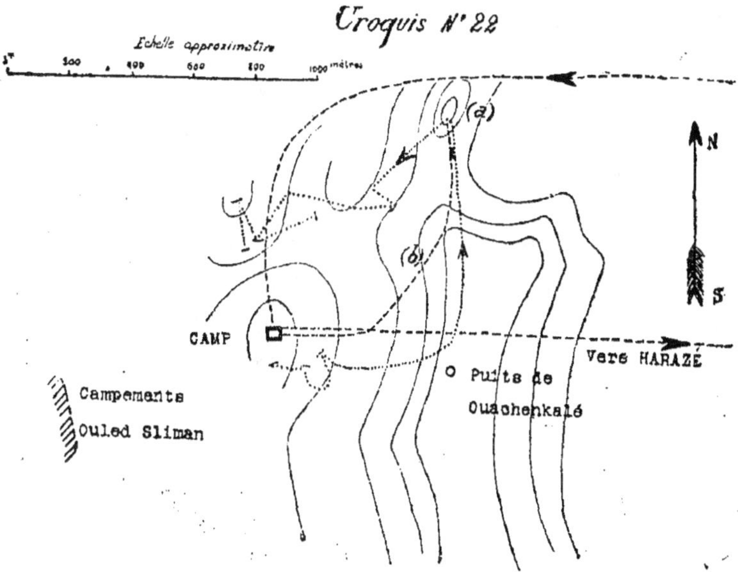

CROQUIS SCHÉMATIQUE DE L'AFFAIRE DE OUACHENKALÉ

Itinéraire du détachement .....·····...
Itinéraire du rezzou   _ _ _ _ _ _ _ _
(a) Dépression où furent emmenés les chameaux
(b) Itinéraire suivi par le rezzou pour reprendre les chameaux

formé en carré, sans zériba ni levée de terre, les tirailleurs sur trois faces, leurs familles en arrière, les chameliers sur la face Ouest, la zériba des chameaux en dehors du carré ; le service de garde était assuré par une sentinelle sur chaque face.

Dans la nuit du 26 au 27 novembre, un rezzou, commandé par Abdallah Tower, chef de Galakka, et fort de 250 hommes (Khoans, Touaregs, Nakazzas et Tédas du Borkou), après avoir tourné Ziguei à l'Est par Haraze, quitte ses chameaux à quelque distance de Ouachenkalé et s'avance sur 3 lignes, jusqu'à 500 ou 600 mètres au Nord du campement. Là, les hommes se forment en angle et, en rampant, se portent sur les faces Nord et Ouest du carré. Il est 3 heures du matin, la lune est couverte. Arrivés à 50 ou 60 mètres, ils sont aperçus par la sentinelle de la face Nord, qui donne l'alerte : aussitôt les Khoans ouvrent le feu, arrosent le camp, pendant une dizaine de minutes, d'un tir nourri et ajusté et s'élancent à l'assaut. Surpris et débordés, les tirailleurs, malgré la conduite brillante de leurs chefs, doivent battre en retraite et évacuer le carré par le Sud (Voir croquis n° 22).

Maîtres du camp, les Khoans le pillent et l'incendient, les blessés sont achevés, les femmes tuées ou blessées, jetées au feu.

Pendant ce temps, le lieutenant Moutot, bien que gravement blessé, secondé par le maréchal-des-logis, rassemble une vingtaine d'hommes au Sud du campement. Ayant perdu tout espoir de reconquérir le camp, il veut essayer de reprendre les chameaux qui — il vient de l'apprendre — ont été conduits par l'ennemi, dans une dépression située un peu au Nord. Il contourne le camp par l'Est, reprend sans peine les chameaux. Mais le peu d'hommes, dont il dispose, ne lui permet pas à la fois de se défendre et de les emmener. Attirés par les coups de feu, les Khoans s'emparent à nouveau des chameaux et les emmènent.

Voyant l'inutilité de sa tentative, le lieutenant se porte, avec les 18 hommes qui lui restent, sur une petite éminence au Nord-Ouest de l'emplacement du carré, s'attendant à être attaqué. L'attaque ne se produit pas. Il s'avance alors, ouvre le feu sur les groupes qui cir-

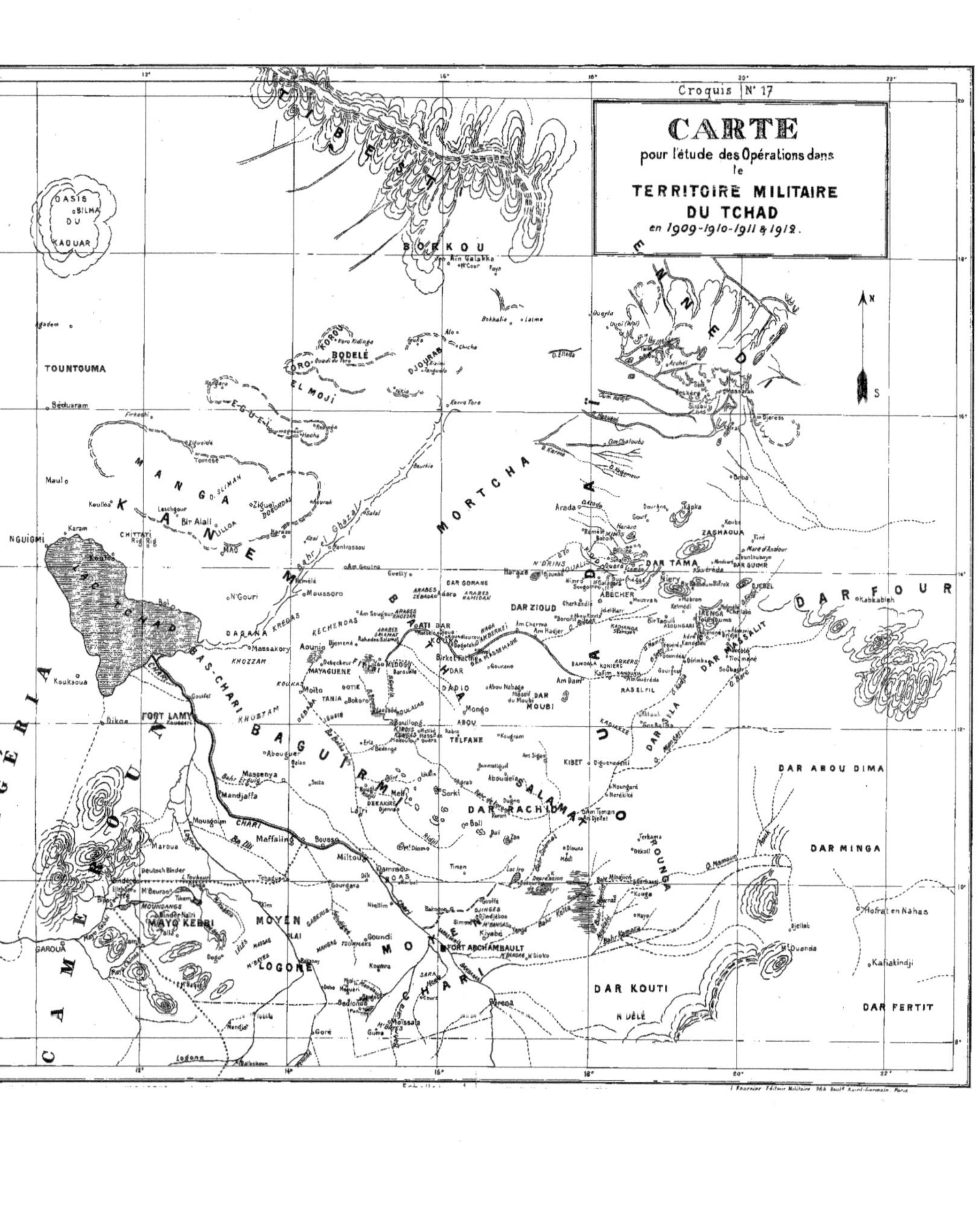

Croquis N° 17
CARTE
pour l'étude des Opérations dans
le
TERRITOIRE MILITAIRE
DU TCHAD
en 1909-1910-1911 & 1912.

culent dans le camp, est obligé de reculer, se reporte encore en avant au moment où les Khoans s'apprêtent au départ et les poursuit de ses salves, jusqu'à ce qu'ils aient disparu dans la direction d'Haraze. Il est 7 heures 1/2 lorsqu'il réoccupe le campement dévasté.

Pendant tout le temps qu'avaient duré ces événements, l'ennemi avait eu soin d'attaquer et de faire contenir, par une trentaine d'hommes, les campements des Ouled Sliman, voisins du nôtre, pour les empêcher de se porter au secours des tirailleurs.

Résultats et enseignements. — Nos pertes étaient les suivantes :

34 tués (18 tirailleurs et auxiliaires, 16 femmes et enfants) ;

22 blessés (lieutenant Moutot, 12 tirailleurs et auxiliaires, 9 femmes et enfants) ;

15 femmes et enfants emmenés en captivité.

L'ennemi s'était emparé de tous les animaux, de 26 fusils, de 6.000 cartouches et de tout le matériel de campement et de harnachement.

Les Khoans, de leur côté, laissaient 23 cadavres sur le terrain.

Cette triste affaire de Ouachenkalé était pour nous une sérieuse leçon, et nous apportait d'utiles enseignements à méditer.

Elle montrait que, en présence d'adversaires aussi acharnés que les Khoans Senoussistes, en raison de la facilité qu'ils éprouvaient à se mouvoir dans un pays de nomades affiliés à leur caste religieuse, les surprises ne pouvaient être évitées que par l'emploi de patrouilles nombreuses, à grand rayon d'action, fournies par de véritables unités méharistes.

Elle montrait de plus que, indépendamment de cette sûreté à grande distance, un petit détachement campant hors d'un poste, dans un pays comme le Kanem, ne devait jamais omettre de prendre toutes les mesures de sécurité possibles, en particulier :

Ne jamais s'encombrer d'impedimenta, tels que femmes, enfants, qui constituent une gêne dans l'offensive, un danger dans la défensive (1) ;

Avoir soin de se couvrir efficacement, en établissant toujours le campement à l'intérieur d'un carré défensif, protégé par des couverts naturels ou artificiels.

---

(1) « En aucun cas, sous aucun prétexte, il ne doit y avoir de femmes ou de petits enfants dans les détachements campant hors des postes, pendant des opérations quelconques ou pendant la garde des chameaux. » (Consigne appliquée depuis 1906 et reproduite dans un ordre général du colonel Largeau, en date du 20 avril 1912.)

CHAPITRE XVI

TCHAD

SITUATION POLITIQUE ET MILITAIRE DU TERRITOIRE
EN FIN 1909

SOMMAIRE : I. *Situation politique*. — II. *Répartition des effectifs*.

I. — SITUATION POLITIQUE

(Croquis n° 22.)

Ouadaï. — La prise d'Abécher n'était que le coup de force initial marquant au Ouadaï le début d'une ère nouvelle. La proclamation d'Acyl, comme sultan, en était la conséquence immédiate et logique. Les opérations de soumission du pays lui-même, puis des Etats vassaux, devaient suivre.

Dès le lendemain de notre entrée à Abécher, les soumissions commencent à affluer. Doudmourrah est en fuite, abandonnant la partie ; pour qui et pour quoi combattraient désormais ses anciens partisans ? Les armes sont livrées, les habitants de la capitale réintègrent leurs demeures. En juillet, plus de 4.000 habitants ont fait leur soumission, le nombre de fusils versés s'élève à peu près au même chiffre. La plupart des chefs sont rentrés à Abécher, à l'instigation de Doudmourrah lui-même : « Allah, leur dit-il, a donné à Acyl la protection « des Français et l'a mis à ma place à Abécher. Que

« la volonté d'Allah soit faite ! Je ne suis plus sultan
« et n'ai plus besoin de vos services. Retournez auprès
« de mon cousin et ramenez-lui mes chevaux (1) ». Il
ne reste guère auprès de l'ancien sultan que l'Aguid
Djéatné, l'Aguid Salamat et Badiour.

Le commandant Brisset, précédemment désigné
pour commander la région du Batha, a été chargé
par le lieutenant-colonel Millot des fonctions de commandant militaire à Abécher, où il dispose de la
1ʳᵉ compagnie en entier.

Jusqu'à fin juillet, cette unité est réduite à une inaction momentanée par suite : du grand nombre d'indisponibles (tant malades que blessés), des convois à faire
entre Abécher et Ati, et des travaux de construction
du poste d'Abécher. Ce poste — dominant la ville —
est occupé le 20 juillet. On peut alors exécuter quelques tournées sur le territoire ouadaïen. Le lieutenant Delacommune reconnaît le cirque d'Abécher. Le
lieutenant Lucien parcourt en août et septembre le
Dar Mimi et le Dar Mahamid (c'est durant cette reconnaissance qu'il surprend et défait le rezzou de l'Ouadi
Maï) ; il pousse jusqu'à Om Chalouba et revient par
Dioumbo, ayant visité Arada et Ouara, l'ancienne capitale, opéré un premier recensement des populations et
recueilli l'aman.

Etats vassaux du Ouadaï. — En réponse à la notifica-
tion qui leur avait été faite par Acyl de son accession
au trône, les sultans des Etats vassaux du Ouadaï
s'étaient empressés d'adresser leurs hommages au
nouveau suzerain.

Ces Etats étaient les suivants :

Dar Zaghaoua (Zaghaoua Kapka et Zaghaoua Kobé);

____

(1) Rapport du lieutenant-colonel Millot sur la situation du
Ouadaï et Dépendances depuis le 2 juin jusqu'au 1ᵉʳ octobre
1909.

Dar Tama. — Capitale : Niéri ;

Dar Guimr. — Capitale : Toumtoubaye ;

Dar Massalit. — Capitale : Dridjel ;

Dar Sila. — Capitale : Goz Beïda ;

Dar Rounga. — Capitale : Terkama.

« Sauf pour la partie du Rounga au Sud du 11e parallèle Nord et conformément au paragraphe 2 de la déclaration du 21 mars 1899, l'attribution au royaume du Ouadaï ou à la province du Dar Four de ces sultanats, situés entre le 18°40' et le 23° de longitude Est de Paris pouvait donner lieu à compétition de la part de l'Angleterre. Aussi parut-il politique au commandant du territoire de faire sans retard acte de possession ou, tout au moins, de suzeraineté sur chacun d'eux, afin de rendre plus efficace par la suite, la défense de nos droits (1). »

En conséquence, le lieutenant Georg, commandant le cercle de Melfi, reçoit l'ordre de se rendre au Sila, où il trouve le meilleur accueil du sultan Bakkit. Le lieutenant Ravignon, commandant le secteur de Karé, reçoit la même mission vis-à-vis du sultan du Rounga, mais ne peut l'exécuter, bloqué dans son poste, par suite d'inondation. La reconnaissance du Dar Tama est entreprise par le lieutenant-colonel Millot lui-même, venu au Ouadaï pour étudier la situation sur place et instaurer solennellement Acyl à Abécher. Le sultan du Tama, Othman, s'enfuit sans entamer le moindre pourparler avec nous, ce qui permet au commandant du territoire d'installer à Niéri un homme dévoué à notre cause, Hassan, propre cousin d'Othman. Le lieutenant-colonel Millot rentre ensuite à Abécher, puis à Fort-Lamy.

---

(1) Rapport du lieutenant-colonel Millot sur la situation du Ouadaï et dépendances depuis le 2 juin jusqu'au 1er octobre 1909.

En octobre, il remettait le commandement du territoire au lieutenant-colonel Moll et quittait le Tchad
pour rentrer en France.

En résumé, la situation, tant au Ouadaï même, que
vis-à-vis des Etats vassaux, paraissait s'annoncer en
fin 1909 sous les meilleurs auspices. Une seule tache
au tableau, mais qui semblait alors à peine une ombre :
l'attitude d'Ali Dinar et de Tadjeddine, les sultans du
Dar Four et du Massalit. Ali Dinar avait, tout d'abord,
fort bien accueilli l'avénement d'Acyl au Ouadaï. Puis,
changeant brusquement d'attitude — probablement
sous l'influence d'inspirations senoussistes — fort de
toute la belle assurance que lui donnait sa situation
au delà de la frontière en territoire anglais, le sultan
du Dar Four avait écrit au commandant militaire
d'Abécher une lettre insolente lui enjoignant d'évacuer
le Ouadaï. Le rappel à l'ordre de ce bluffeur était
pour l'instant une question d'ordre diplomatique et
non militaire. Quand à Tadjeddine, sultan du Massalit, il s'était au début tenu sur la réserve, mais n'allait
pas tarder à nous témoigner une hostilité qui devait
avoir pour nous de tristes conséquences.

Borkou. — Nous avons vu, à propos de l'affaire de
Ouachen-Kalé, quelle était, en fin d'année, notre situation au Kanem et sur notre frontière Nord vis-à-vis des
Senoussistes du Borkou. Leur succès n'avait fait du
reste que les encourager, et, en décembre, un nouveau rezzou vint encore attaquer des campements de
Tédas soumis, dans les environs de Mao.

Dar Kouti. — Par arrêté en date du 20 juillet, le
Dar Kouti avait été rattaché à la colonie de l'Oubangui-
Chari et une compagnie (4ᵉ), du bataillon de l'Ouban-
gui-Chari allait occuper N'Délé. Le territoire militaire

se trouvait donc déchargé de la surveillance de cet État d'une fidélité toujours douteuse, surveillance que rendait fort malaisée la situation excentrique du Dar Kouti, par rapport au reste du Tchad.

*
* *

II. — RÉPARTITION DES EFFECTIFS

La prise d'Abécher créait, au point de vue militaire, une situation nouvelle et des besoins nouveaux. Le mouvement de la 1re compagnie sur Abécher et son maintien obligé au Ouadaï, dégarnissaient le Batha, que la 3e compagnie reçut ordre d'occuper.

La répartition des troupes fut alors la suivante   (Voir croquis n° 22 *in fine*) :

1re compa-gnie	Avec la section d'artillerie .	Abécher.
2e compa-gnie	Centre à	Fort-Lamy.
	Postes à	Massakory. Melfi. Karé.
	Détache quelques hommes à	Massénya. Bousso. Damraou.
3e compa-gnie	Centre à	Ati.
	Postes à	Yao. Bokoro. Boullong.

<table>
<tr><td rowspan="5">4e compa-gnie</td><td>Centre à ....</td><td>Mao.</td></tr>
<tr><td rowspan="4">Postes à ....</td><td>Zigueï.</td></tr>
<tr><td>Kouloa.</td></tr>
<tr><td>Moussoro.</td></tr>
</table>

1re compagnie au Ouadaï, 3e au Batha, 4e au Kanem : c'est, on le voit, la presque totalité des forces du territoire répartie sur la frontière Nord (1).

Laï, Léré, Fort-Archambault, sont toujours tenus par le bataillon de l'Oubangui-Chari.

Il était manifeste que quatre compagnies, dont les effectifs avaient du reste considérablement fondu, ne pouvaient plus suffire à l'occupation d'un territoire dont l'étendue allait presque doubler. Pas plus qu'en 1908, après Djoua, on ne pouvait compter sur une réserve : les 200 hommes de Fort-Lamy comprenaient principalement les malingres, les blessés, les indisponibles du bataillon et ne pouvaient en aucune façon, être considérés comme une réserve prête à marcher.

Or, nous l'avons vu, le territoire du Tchad ne devait pas compter pour l'instant sur un accroissement quelconque de ses effectifs, tout l'effort de réorganisation des forces militaires de l'Afrique Equatoriale se trouvant concentré sur d'autres points. Pour améliorer néanmoins sa situation, il fut décidé, sur la demande du lieutenant-colonel Millot, que l'on augmenterait les cadres, sans changer l'effectif budgétaire total des hommes du bataillon mixte et que l'on porterait le nombre des compagnies de 4 à 6 en réduisant leur effectif de 300 (chiffre théorique) à 200 (2). Cette répartition en 6 compagnies, tout en accroissant la valeur

---

(1) Où se trouvent également les troupes auxiliaires du Faki Naïm (Kanem) et du Faki Barka (Batha).

(2) Dép. Min. du 23 septembre 1909.

des troupes par un encadrement plus serré, s'adaptait beaucoup mieux par sa souplesse aux nécessités de l'occupation.

Enfin, dès son arrivée, le lieutenant-colonel Moll, désireux d'organiser sur notre frontière Nord de véritables unités méharistes, dont l'affaire de Ouachenkalé avait démontré l'utilité, demanda que dans l'envoi du personnel sénégalais de relève et des cadres européens, nécessités par les créations nouvelles, fussent compris des officiers et des indigènes ayant les connaissances spéciales voulues, pour lui permettre de constituer une ou deux compagnies de méharistes.

CHAPITRE XVII

PREMIÈRES OPÉRATIONS DE 1910 AU OUADAÏ

SOMMAIRE : *I. Reconnaissance du capitaine Fiegenschuh au Massalit. Affaire de l'Ouadi-Kadja (4 janvier 1910). — II. Mesures prises à la suite de l'affaire de l'Ouadi-Kadja. — III. Invasion du Tama par les Foriens. Combat de Guéréda (7 avril). — IV. Rentrée en scène de Doudmourrah. Opérations au Zaghaoua et sur la frontière Massalit.*

(Pour suivre les opérations se reporter au croquis N° 17).

I. RECONNAISSANCE DU CAPITAINE FIEGENSCHUH AU MASSALIT. AFFAIRE DE L'OUADI KADJA (4 JANVIER 1910)

But et composition de la colonne Fiegenschuh. — La reconnaissance des sultanats ouadaïens, commencée en août et septembre par le Dar Tama et le Dar Sila, devait logiquement se continuer par le Dar Massalit. Les liens de vassalité de ce pays vis-à-vis des Etats voisins n'apparaissaient pas en effet très nets. Dépendait-il historiquement du Ouadaï ou du Dar Four ? Question momentanément insoluble, d'où utilité pour nous de nous y créer au plus tôt des droits. Par ailleurs, une nécessité d'ordre plus immédiat nous incitait à agir au Massalit. Poussé en avant par Ali Dinar, le sultan Tadjeddine s'était déclaré ouvertement contre nous et ses menées commençaient à gêner sérieusement notre action au Ouadaï. Il favorisait et entretenait l'agitation que l'ex-aguid ouadaïen Soussa fomentait au Dar Tama et se préparait même à envahir ce pays pour en chasser le sultan instauré par nous. Une prompte intervention au Massalit était le meilleur moyen de maintenir le calme dans notre nouvelle conquête.

En fin décembre 1909, le capitaine Fiegenschuh, commandant la circonscription du Ouadaï, organise donc une reconnaissance. Elle comprend comme personnel :

Capitaine Fiegenschuh, commandant ;

Lieutenant Vasseur ;

Lieutenant Delacommune (artillerie coloniale) ;

Maréchal des logis Breuillac ;

Sergent Béranger ;

32 tirailleurs de la section montée ;

79 fantassins.

L'aguid Es Sabah et ses partisans, établis à Bir Taouil, serviront de guides et d'éclaireurs.

Doivent de plus se joindre à la colonne en cours de route :

Le contingent de Barkaï, aguid El Rachid (50 partisans) ;

Le contingent du cheik Ibed (39 partisans installés à Niéri, capitale du Tama).

L'intention du capitaine Fiegenschuh est d'opérer la reconnaissance du Massalit et d'arborer le drapeau français sur la capitale, Dridjel. Puis, le capitaine et le lieutenant Delacommune doivent rentrer par le Tama. le lieutenant Vasseur par le Sila.

Le capitaine Fiegenschuh a, du reste, envoyé un courrier à Tadjeddine pour l'assurer de ses intentions pacifiques.

Marche de la colonne. — Le 26 décembre, le lieutenant Delacommune part d'Abécher avec 15 tirailleurs montés pour aller prendre à Niéri le détachement d'Ibed. Le reste de la colonne quitte la capitale du Ouadaï le 27 et, par Mourrah, arrive le 30 à Bir Taouil, dans la nuit du 30 au 31, le détachement du lieutenant Delacommune fait sa jonction avec le gros.

Le 1er janvier, à Kelmédy, le capitaine reçoit un message de Tadjeddine; ce dernier affirme « qu'il veut être l'ami des Français comme les sultans du Tama et du Sila ». Le capitaine lui fait répondre en renouvelant ses assurances pacifiques.

Le 2, à Tountouma, rejoignent Barkaï et ses partisans. Les indigènes rencontrés déclarent que le sultan a réuni ses guerriers et qu'il se prépare à la guerre. Qui croire ? Les avis diffèrent dans le détachement. Le capitaine Fiegenschuh, pour sa part, incline à admettre la sincérité de Tadjeddine.

Le 3 au soir, la colonne bivouaque sur les bords de l'Ouadi Kadja, auprès d'un petit village abandonné.

Guet-apens de l'Ouadi Kadja. — Le 4 janvier, vers 4 heures du matin, se présentent au bivouac un frère de Tadjeddine et un amine. Ils sont porteurs d'une lettre dont voici la substance : « Le Tama, le Guimr, le Sila sont soumis aux Français. Je veux faire comme les sultans de ces pays. Attends un jour pour que j'achève de préparer un campement pour toi et tes tirailleurs. » Les messagers remettent au capitaine deux pièces d'étoffe, cadeau du sultan.

Cette démarche enlève les doutes qui pouvaient planer sur la bonne foi de Tadjeddine. Tout le monde maintenant dans le détachement est convaincu de ce que les Massalits désirent la paix.

Le commandant de la colonne garde auprès de lui l'amine et le frère du sultan et fait dire à Tadjeddine de venir à sa rencontre.

A 5 heures, départ dans la formation suivante :

Avant-garde : quelques cavaliers d'Acyl ; section montée (lieutenant Vasseur) ;

Distance : 150 à 200 mètres ;

Section Delacommune ;

Section Breuillac ;

Section Béranger ;

Convoi ;

Auxiliaires d'Ibed.

Les partisans de Barkaï flanquent la colonne à droite, ceux de l'aguid El Saba à gauche.

Vers 7 heures, la colonne fait la halte horaire près d'un point d'eau important. Le capitaine s'étonne et s'inquiète de ne pas voir Tadjeddine. Son frère lui répond qu'il va venir.

Nouvelle halte à 8 heures, non loin de Djénéné. On aperçoit, à 5 ou 600 mètres en avant, le campement préparé par Tadjeddine pour le capitaine et, un peu en arrière, le sultan et ses cavaliers. Le lit de la rivière, au point où se trouve la colonne, est encaissé du côté Nord seulement. Les bords sont très boisés.

Barkaï et l'aguid El Saba viennent à ce moment rendre compte au capitaine de ce que de nombreux fantassins massalits entourent la colonne, dissimulés dans les fourrés épineux : « Méfie-toi, dit Barkaï, ils préparent un guet-apens ! » Mais, croyant que les deux aguids le poussent à se battre pour avoir, en ce qui les concerne, une occasion de piller, le capitaine n'écoute pas leurs avis. Cependant, inquiet, malgré tout, de ne pas voir venir le sultan, il fait déployer deux sections (Delacommune et Breuillac), mettre la baïonnette au canon et ordonne de faire serrer le convoi. Une certaine nervosité anxieuse commence à se répandre dans le détachement. Pressentant un danger, les tirailleurs chargent leurs armes : le capitaine s'en aperçoit, et interdit formellement de tirer.

Il envoie alors le lieutenant Vasseur avec Ibed, un interprète et un sergent indigène dire au sultan de venir le saluer. Tadjeddine accueille correctement le lieutenant, mais déclare qu'il est fatigué et donne à haute voix à ses aguids l'ordre d'aller porter leurs hommages et les siens au chef des Français.

« Les Massalits profitent de ce temps d'arrêt pour envelopper complètement la colonne.

« Quand la petite troupe du lieutenant a eu fait demi-tour et qu'elle a gagné 200 mètres, le signal est donné ; on entend les cris de : « Allah ! Allah ! »

« Furieusement, les Massalits sortent des bois et entourent la colonne, les cavaliers chargent. En un instant la mêlée est effroyable ; surpris, les tirailleurs ne peuvent faire usage de leurs armes.

« Le capitaine et le lieutenant Delacommune sont entourés et tués au début de l'action (1). Le lieutenant Vasseur reçoit, par derrière, un coup de sabre sur la nuque qui lui tranche la tête.

« Le maréchal des logis Breuillac, dont la section est en bon ordre, rallie ses tirailleurs ; 12 tirailleurs et 15 auxiliaires se groupent autour de lui. Il cherche à rejoindre le capitaine, puis, voyant l'inutilité de ses efforts, il essaie de se faire une trouée à la baïonnette. Il y réussit, mais il est vigoureusement poursuivi. Son cheval est tué, il continue le combat à pied. A ce moment, il reçoit une sagaie dans la cuisse et tombe, les tirailleurs se rallient autour de lui. Trois tombent blessés mortellement. Le nombre des Massalits aug-

---

(1) Il est difficile de savoir avec exactitude ce qui s'est passé au cours de cette mêlée terrible. D'après certains témoignages, le lieutenant Delacommune, se faisant une trouée à coups de revolver, aurait eu le temps de rallier une trentaine de tirailleurs sur une des rives de l'Ouadi et se serait élancé avec eux sur les Massalits. Il serait tombé à ce moment, écrasé par le nombre.

mente. Ils attaquent furieusement. Le maréchal des logis reçoit un coup de sabre qui l'achève (1). »

Le caporal Mamady Sidibé prend alors le commandement des quelques hommes qui restent et bat en retraite. Après avoir lutté sans défaillance jusqu'à la nuit, 9 tirailleurs et 10 auxiliaires, la plupart grièvement blessés, parviennent à s'échapper. Ils arrivent le 9 à Abécher et font le récit de l'affaire. Un autre tirailleur, Yoro Diakité, rentre à Abécher le 3 février; atteint de deux blessures, dépouillé et laissé pour mort, cet homme, doué d'une rare énergie, avait vécu pendant 15 jours de baies sauvages et était parvenu à regagner le Ouadaï, se cachant le jour, se traînant péniblement pendant la nuit.

Résultats. — Nos pertes, en cette déplorable affaire, étaient cruelles. Outre les cinq officiers et sous-officiers européens, 100 tirailleurs et 81 partisans, dont l'aguid El Saba, étaient tués ou avaient disparu. 184 fusils, 22.000 cartouches, 2 revolvers, 58 chevaux et chameaux, tel était le butin tombé aux mains de l'ennemi.

Les pertes des Massalits étaient inconnues. D'après certains dires, ils auraient passé trois jours à enterrer leurs morts. Deux ans plus tard, l'un des témoins de cette lutte héroïque, Andoka (2) devenu sultan du Massalit, exprimant à l'un de nos officiers son admiration pour nos glorieux martyrs de l'Ouadi Kadja, affirmait que leur défense désespérée avait fait près de 600 victimes dans les rangs des agresseurs. Devant la mort inévitable, ajoutait-il, pas un tirailleur n'avait fléchi, pas un n'avait demandé grâce !

---

(1) Rapport du lieutenant Lucien sur le guet-apens de l'Ouadi Kadja, en date du 21 octobre 1910.

(2) Andoka aurait — paraît-il — tué de sa main le lieutenant Vasseur. Il fut blessé lui-même au cours du combat.

Douloureuse en elle-même, grave par les répercussions qu'elle allait avoir, l'affaire de l'Ouadi Kadja ne saurait, à proprement parler, être qualifiée de défaite militaire. Lâche guet-apens, en effet, et non manœuvre loyale, cette soumission, hyprocritement simulée dans le but perfide d'attirer son adversaire dans un piege. Assassinat et non combat, cet égorgement prémédité d'une troupe conflante par une horde de meurtriers embusqués à l'affût. Désastre et non défaite, cette hécatombe d'héroïques victimes.

Ces réserves une fois faites sur la noblesse et la légitimité du procédé initial, reconnaissons que nos adversaires avaient, avec beaucoup d'habileté et d'à propos, adopté pour nous combattre une tactique fort judicieuse (attaque en masse et par surprise, recherche du corps à corps), tactique dont nous aurons malheureusement l'occasion de reparler à propos du combat de Doroté.

De notre côté, on est évidemment en droit de reprocher — après coup — au commandant du détachement de n'avoir pas pris les mesures de sécurité que pouvait commander une juste méfiance et qui s'imposent à tout détachement à proximité de l'ennemi. Le fait est indéniable. Le reproche serait-il vraiment mérité ? Problème de psychologie et de politique, peut-être plus que de tactique. Fiegenschuh ne croyait pas « marcher à l'ennemi ». Il venait en conflance, la main tendue : et 200 vies humaines furent pour nous le prix de ce geste loyal ! La leçon du reste ne fut pas perdue, et il est intéressant de comparer à la conflance exagérée du capitaine Fiegenschuh vis-à-vis de Tadjeddine, la conduite prudente et circonspecte des officiers auxquels — l'année suivante — Doudmourrah vint faire sa soumission.

Victime de la même audace qui l'avait conduit à

Abécher, le capitaine Fiegenschuh venait de donner sa
vie pour l'œuvre dont il avait été le premier artisan.
Enfant de l'Alsace, il succombait en brave, avec ses
camarades de France et ses tirailleurs d'Afrique, pour
la gloire de la patrie commune. « C'est avec des héros
de cette sorte que, depuis l'Atlantique jusqu'aux confins du Ouadaï, depuis la Méditerranée jusqu'au Congo,
nous avons conquis à coup d'audace notre immense
empire africain. Le chemin de nos conquêtes est ainsi
marqué, de distance en distance, d'ossuaires douloureux que nous devons saluer mais devant lesquels nous
devons relever fièrement la tête, car ils témoignent
que l'esprit d'entreprise de notre race est aussi actif
que par le passé, que la hardiesse de nos soldats reste
la même qu'autrefois et que l'amour de la France est
toujours capable d'inspirer à ses enfants le sacrifice
allègre de leur existence (1). »

II. Mesures prises a la suite de l'affaire de l'Ouadi Kadja.

Le désastre de l'Ouadi Kadja ne pouvait manquer
d'avoir une grave répercussion sur le restant du territoire. Bakhit, sultan du Sila, donnait immédiatement
l'exemple à nos adversaires, en écrivant à Tadjeddine
pour le féliciter de sa victoire et lui annoncer qu'il
était tout disposé à s'unir à lui pour combattre désormais les Français.

Pour parer aux dangers de la situation, il fallait renforcer au plus tôt les effectifs du Ouadaï, sans compromettre pour cela la sécurité des autres régions du ter-

____

(1) Discours prononcé par M. Merlin, gouverneur général de
l'Afrique Equatoriale française, à l'ouverture de la session du
Conseil du gouvernement de 1910.

ritoire. En l'absence de toute troupe de réserve, le lieutenant-colonel Moll se vit obligé de recourir dans la plus large mesure à l'emploi des gardes régionaux et des troupes auxiliaires. Les mesures prises par lui furent les suivantes :

1° Substitution de gardes régionaux aux tirailleurs de la garnison de Melfi, que le lieutenant Georg reçut ordre de conduire sans retard à Abécher ;

2° Evacuation de tous les postes occupés par la 3e compagnie, à l'exception d'Ati ; maintien à Ati du lieutenant Raymond et de 80 tirailleurs, avec mission strictement défensive ; envoi sur Abécher du restant de la compagnie sous les ordres du capitaine Lagrange.

Ces mouvements de concentration devaient amener vers fin février les troupes d'Abécher au total suivant :

Détachement d'Abécher.....	200 hommes environ.
— du Batha......	135 — —
— du Salamat....	80 — —
	415 hommes environ.

Cet effectif serait suffisant pour permettre au chef de bataillon Julien, nouveau commandant de la circonscription du Ouadaï, de prendre l'offensive et de punir rapidement et avec la dernière sévérité le crime commis.

3° D'autre part, pour couvrir le Fittri contre une action Senoussiste fort possible, le lieutenant Denuel, commandant la subdivision de Bokoro, est détaché dans la région de Rahad es Salamat avec un détachement de gardes régionaux et le goum du sultan du Fittri. Il doit se relier, d'une part, avec le lieutenant Raymond à Ati, d'autre part avec le lieutenant Besnier, commandant la subdivision de Moussoro ;

4° Enfin le lieutenant-colonel Moll demandait au département l'envoi urgent de 250 Sénégalais pour combler les vides de l'effectif budgétaire.

Les dispositions prises n'étaient que des mesures de première nécessité, aussi judicieuses qu'indispensables, mesures de fortune destinées à faire face sur l'heure, et au moyen des éléments trouvés sur place, aux exigences de la situation, mais tout à fait insuffisantes pour garantir et assurer l'avenir.

A Brazzaville, même impuissance : en aucune des colonies du groupe ne se trouvait de réserve immédiatement disponible, que l'on pût diriger sur le Tchad. Pour parer au plus pressé, ordre fut envoyé au bataillon de l'Oubangui-Chari de passer d'urgence au bataillon du Tchad sa 1ʳᵉ compagnie, stationnée dans la région de Fort-Archambault (1). Par ailleurs, après entente avec le gouverneur général et le commandant supérieur des troupes de l'Afrique Equatoriale Française, les mesures suivantes furent arrêtées par le ministre :

1° Recrutement immédiat dans la région de Niamey-Zinder de 110 indigènes, qui seront dirigés dans le plus bref délai sur le Tchad pour remplacer les tirailleurs tués à l'Ouadi Kadja. (L'envoi de cette relève et des renforts fournis par l'Oubangui-Chari doit permettre d'effectuer la répartition — déjà prévue — des forces du bataillon mixte en 6 compagnies) ;

2° Création au Tchad de deux nouvelles compagnies. Les cadres européens devaient partir de France les

---

(1) Le ministre avait tout d'abord donné l'ordre de mettre à la disposition du commandant du territoire la compagnie stationnée à N'Délé. Or, cette compagnie, qui aurait dû compter 200 indigènes, présentait un effectif de 60 sénégalais et de 90 recrues locales en cours d'instruction. Elle n'était pas en état de marcher et l'ordre ne fut pas exécuté. Il n'eut peut-être pas été très prudent, du reste, de dégarnir le Dar Kouti en un pareil moment.

25 mars et 25 avril à destination de Cotonou, d'où, par la voie du Dahomey, ils iraient au Soudan former les nouvelles unités pour les conduire au Tchad. Ces deux compagnies étaient du reste déjà prévues au budget pour la fin de 1910 et leur création ne fut qu'avancée (1).

**

III. Invasion du Tama par les Foriens.
Combat de Guéréda (7 avril)

Invasion du Dar Tama par les Foriens. — Cependant la situation s'aggravait au Ouadaï. Tandis que les Senoussistes au Nord, les Massalits au Sud, s'agitaient et paraissaient disposés à l'offensive, que Doudmourrah semblait s'apprêter à rentrer en scène, une colonne Forienne de 4.000 fusils environ sous les ordres d'Adoum Roudjial, grossie d'un millier de Ouadaïens dissidents, d'Arabes, de Zaghaouas sous les ordres de Badiour, envahissait le Dar Tama, occupait, le 8 mars, la capitale Niéri, chassait le sultan intrônisé par nous, Hassan, et réinstallait Othman. Les contingents Foriens et Ouadaïens poussaient leurs incursions jusqu'à 50 kilomètres d'Abécher, brûlant les villages, emmenant avec eux gens et biens.

La zone particulièrement menacée par eux était comprise dans le triangle Niéri, Mourrah, Bir Taouil. Plus au Nord le pays était excessivement difficile, plus à l'Est, c'était la frontière Massalit.

Il importait tout d'abord de couvrir cette région. Le commandant Julien envoya à cet effet, dès le milieu de mars, un détachement sous les ordres du capitaine Lagrange, sur Mourrah, tandis que deux groupes de par-

---

(1) D. M. du 24 février et du 23 mars 1910.

tisans d'Acyl étaient chargés de garder : l'un, la zone
comprise entre les routes Mourrah-Bir Taouil, Mourrah-
Niéri, et l'autre, la zone au Nord de cette dernière route.

Bientôt les mouvements de concentration ordonnés
par le lieutenant-colonel Moll permettent de renforcer
le détachement et le capitaine Chauvelot (remplaçant
du capitaine Lagrange qui rentre à Ati) va se trouver
assez fort pour prendre l'offensive. Pour des raisons de
ravitaillement, le capitaine Chauvelot se porte de Mourrah sur Mabron. Là il apprend par des Arabes venant
du Tama que les Foriens sont établis à Guéréda, dans
des campements solidement défendus par des palanques et des zéribas. Un fort détachement est à Niéri
avec Othman.

Le 3 avril au matin, le capitaine reçoit les derniers
renforts d'Abécher, en même temps que les dernières
instructions du chef de bataillon.

« La situation générale du territoire et de la circonscription, écrivait le commandant Julien, ne peut
supporter même un demi succès : victoire ou rien. Ne
vous engagez pas contre les Foriens sans être absolument sûr de la victoire ; dans le doute, abstenez-vous,
notre mission spéciale étant de gagner du temps pour
permettre l'arrivée des renforts qui nous mettront en
situation de parler haut et ferme. D'autre part, la question Doudmourrah grossit à vue d'œil et cette question
est pour nous bien plus importante que celle du Tama.
Aurons-nous seulement 8 jours à notre disposition ?
J'en doute. »

Composition et marche de la colonne. — Le soir du
3 avril est employé à l'organisation définitive de la colonne qui comprend :

6 officiers (capitaine Chauvelot, lieutenants Crépin,
Georg, Hamel, de Joncquières, médecin aide-major
Armstrong) ;

4 sous-officiers européens ;
202 tirailleurs des 1re, 2e et 3e compagnies ;
50 auxiliaires avec l'aguid El Rachid, Barkaï.

Partie de Mabron, le 4 avril au matin, la colonne atteint, le 5, Guilmé, où l'on apprend que Othman a évacué Niéri et rejoint Adoum Roudjial à Guéréda. Par Bir Bassoum on arrive, le 6 au soir, à un point d'eau distant de 13 à 14 kilomètres des campements Foriens. On campe à l'abri d'une forte zériba. Une ample provision d'eau est constituée, le seul puits que l'on doive rencontrer étant celui de Guéréda, d'où il faut d'abord déloger l'ennemi.

Combat de Guéréda (croquis n° 23). — Le 7 avril, à 4 heures du matin, la colonne est mise en marche dans la formation suivante :

Avant-garde :

Aguid Barkaï avec 15 cavaliers auxiliaires ;
1/2 section (lieutenant Georg).

Gros :

1/2 section (sergent Giudicelli) ;
1 section (lieutenant de Joncquières) ;
Convoi encadré par 2 sections (lieutenants Crépin et Hamel).

Arrière-garde :

5 cavaliers et 10 partisans à pied.

Flancs-gardes :

10 cavaliers auxiliaires sur chaque flanc.

Vers 8 heures, la colonne arrive sur une croupe dénudée au Sud-Ouest du massif rocheux A B (voir croquis n° 23). Deux groupes d'une centaine de cavaliers apparaissent à droite et à gauche. Malgré les salves

dirigées contre eux, ils harcellent le détachement jusqu'à ce qu'il ait franchi le col B C, et s'éclipsent alors
en tournant par le Nord et par le Sud les deux mouvements de terrain.

Le col franchi, la colonne, évitant de longer le couvert épineux qui borde la rive droite du ravin, suit les
pentes Est du massif A B, protégée sur sa gauche par
des rochers inaccessibles.

A 9 heures 1/2, l'aguid Barkaï, qui éclaire en avant,
rend compte de ce que toutes les forces ennemies sont
à notre droite sur les pentes de l'Ouadi Guéréda. Le
capitaine Chauvelot dirige la section Georg sur le mouvement de terrain E F qui nous sépare de l'ennemi.
Parvenu sur la crête, le lieutenant Georg aperçoit les
forces adverses massées à 400 mètres de là, en avant
des campements. Il déploie sa section et ouvre le feu.
La section de Joncquières vient le prolonger à sa droite.
Le convoi est abrité en arrière de la crête.

La position est excellente, un peu en arrière d'une
crête qui masque parfaitement les tirailleurs, tandis
que les masses ennemies sont à bonne portée sur un
superbe glacis complètement découvert. A notre droite
est un couvert épineux : une masse de guerriers en
surgit brusquement. Le lieutenant Hamel leur fait face,
tandis que le lieutenant Crépin, qui jusque là a dû faire
front au Nord-Est contre un mouvement tournant exécuté par les cavaliers de Badiour, se porte sur la ligne
entre les sections de Joncquières et Hamel. A 9 heures 45' les 4 sections sont en ligne. En arrière, le sergent Verdet avec une vingtaine d'hommes couvre le
convoi contre des groupes de cavaliers qui cherchent à
y jeter le désordre

Devant nous les Foriens présentent un groupe principal relié par une chaîne de tirailleurs à un autre
groupe important sur notre droite. Les forces ennemies

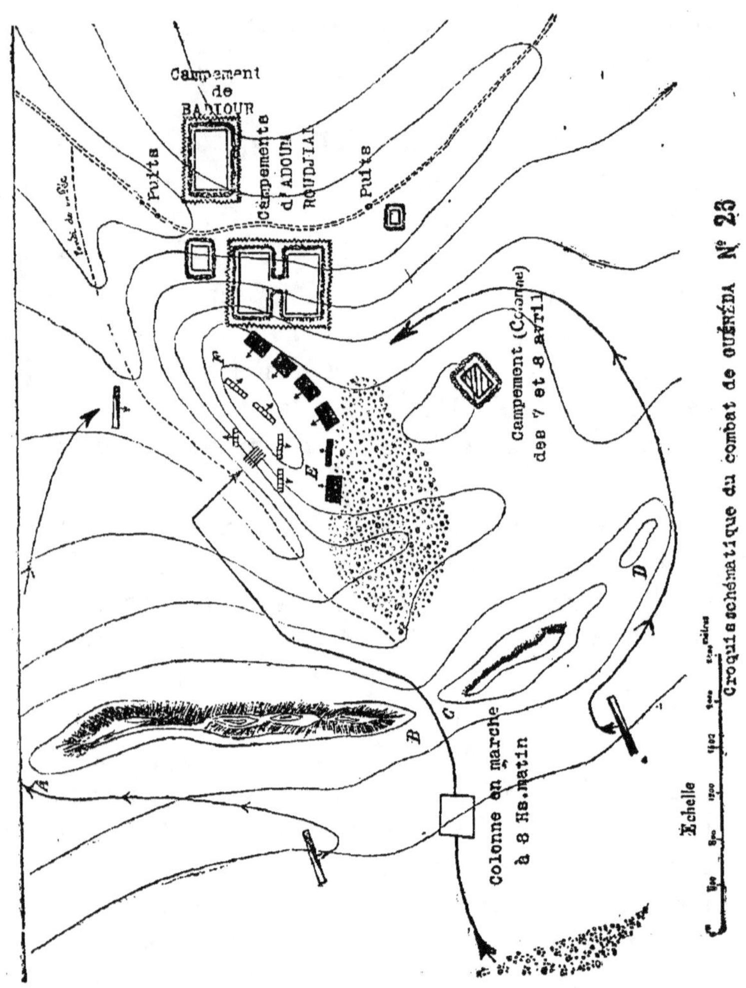
Campement
de
BADIOUR
Campements
d'ADOUD
ROUDJIA
Puits
Puits
Puits
Puits de sec
Campement (Colonne)
des 7 et 8 avril
B
C
D
E
Colonne en marche
à 3 Hs. matin
Echelle
Croquis schématique du combat de OUÉNÉDA   N° 23

se pressent autour de 5 bannières qui, par bonds suc-
cessifs, ont été plantées à 100 mètres de notre ligne.
Dans ces masses profondes notre feu fait des trouées
terribles. Les bannières tombent, un flottement se produit, le feu diminue. C'est l'instant à saisir. Le capitaine
fait sonner la charge et devant les baïonnettes de nos
tirailleurs l'ennemi démoralisé lâche pied sans oppo
ser la moindre résistance.

Il est 10 heures, la chaleur est terrible, les dernières
gouttes d'eau sont épuisées, européens et tirailleurs
sont exténués. Barkaï et 30 cavaliers sont chargés de la
poursuite : ils rentrent vers midi n'ayant surpris que
quelques trainards

Résultats. — L'ennemi laissait sur le terrain les cadavres de 200 hommes et de 45 chevaux, 3 bannières,
63 fusils. De notre côté, la victoire nous coûtait 17 tirailleurs ou auxiliaires blessés, dont 2 mortellement ;
11.000 cartouches avaient été consommées au cours du
combat.

Cette dépense considérable de munitions pour un
engagement d'aussi courte durée, s'explique aisément.
Il faut faire naturellement entrer en ligne de compte la
difficulté que l'on éprouve toujours à plier les tirailleurs à une stricte discipline de feu et à les empêcher
de gaspiller leurs munitions. Mais ici il y a autre chose.
Que l'on se représente, en effet, une troupe embus
quée et abritée derrière une crête et devant elle, sur
un glacis, à bonne portée de tir, la cible superbe formée par des masses compactes comme celles des Foriens. Dans de pareilles conditions un feu aussi violent
que possible, soutenu pendant 10 ou 15 minutes, doit
suffire pour amener l'ennemi à cet état de flottement,
d'indécision, de démoralisation, qui le laisse sans force
devant un assaut vigoureusement poussé par notre

troupe qui, elle, se trouve bien en mains, matériellement et moralement intacte. C'est ce que comprit immédiatement le capitaine Chauvelot et ce qui dicta sa
tactique : sections en ligne, feu extrêmement intense,
et tout de suite l'assaut.

Sur la rive droite de l'Ouadi Guéréda, on trouva les
campements abandonnés par l'ennemi. Les deux plus
importants (ceux de Badiour et d'Adoum Roudjial)
étaient entourés d'une palanque faite de forts troncs
d'arbres, et d'une zériba de 4 à 5 mètres d'épaisseur,
séparée de la palanque par un chemin de ronde. « Les
Foriens avaient ainsi installé de formidables défenses
en avant desquelles ils se sont heureusement porté pour
nous attaquer ; il eut été impossible de franchir ces
obstacles pour les atteindre, mais il est toutefois à remarquer que, placés comme ils l'étaient en bas d'une
pente, à la partie inférieure d'un superbe glacis, ils
eussent été facilement balayés par notre feu et aucun
de leurs défenseurs n'eut pu s'échapper par les étroites
sorties ménagées dans chacune des zéribas (1). »

Retour à Abécher. — Le 7 au soir, le campement est
installé sur un petit mamelon, à l'Ouest de l'Ouadi
Guéréda

Le lendemain, bien que ne se faisant guère illusion
sur l'efficacité d'une poursuite sans cavalerie, le capitaine Chauvelot partait sur les traces de l'ennemi en
fuite vers le Dar Four, lorsqu'il obtint d'un transfuge
les renseignements suivants : les Foriens devaient reculer devant nous très loin dans leur pays ; pendant
que nous serions occupés avec eux, Doudmourrah devait s'avancer par le Nord et les Massalits par le Sud.
C'était l'encerclement méthodique du Ouadaï.

---

(1) Rapport du capitaine Chauvelot, en date du 5 mai 1910.

Dans ces conditions, se rappelant les instructions du chef de bataillon : « La question Doudmourrah grossit à vue d'œil et cette question est pour nous bien plus importante que celle du Tama », le commandant du détachement estima avec raison que sa présence serait plus utile à Abécher. Le 9 avril, la colonne quittait Guéréda; le 15, elle était de retour dans la capitale du Ouadaï.

Le Dar Tama et la partie Est du Ouadaï débarrassés des incursions foriennes ; l'orgueil d'Ali Dinar qui se vantait de nous chasser du Ouadaï, abaissé ; un rude coup porté à la coalition qui se préparait contre nous : tel était le bilan de l'expédition. Ces résultats étaient dûs à l'énergie, à l'entrain dont tout le personnel européen et indigène avait fait preuve. Ils étaient dûs surtout à l'initiative qu'avait montrée le capitaine Chauvelot en allant, dans de graves conditions de responsabilité, « atteindre et culbuter un ennemi renommé. avant que les dangers qui lui étaient signalés aient eu le temps de grossir et avant que la coalition de nos adversaires ait pu mettre à exécution son projet de réunir la totalité de ses forces · et de nous attaquer en masse (1). »

*
* *

IV. Rentrée en scène de Doudmourrah.
Opérations au Zaghaoua et sur la frontière Massalit.

Affaire de Biltine. — Pendant que la colonne Chauvelot opérait avec succès au Tama, Doudmourrah rentrait en scène, conformément au plan arrêté de concert avec Ali Dinar et Tadjeddine. Cette intervention s'ag-

<hr>

(1) Transmission du rapport du capitaine Chauvelot, par le lieutenant-colonel Moll, commandant le territoire militaire du Tchad, en date du 14 juin 1910.

gravait pour nous de la défection subite du puissant et influent aguid Mahamid et de plusieurs autres dignitaires du Ouadaï qui, faisant brusquement volte-face, abandonnaient la cause d'Acyl et allaient rejoindre l'ancien sultan. Ce dernier, installé en forces au cirque de Kapka dans la Zaghaoua Ouadaïen, faisait piller le Dar Mimi et lançait des proclamations dans tout le pays.

Pour surveiller le Nord et couvrir Abécher, un contingent de 250 fusils d'Acyl, sous les ordres de l'aguid Seigheïroun, quitte la capitale et va occuper le point d'eau de Biltine. Il y est attaqué le 17. Les renseignements les plus contradictoires parviennent à Abécher sur l'issue du combat, ainsi que sur les forces de Doudmourrah, qui semblent toutefois devoir être évaluées à 1.000 ou 1.500 hommes dont la moitié environ armée de fusils.

Le commandant Julien ordonne en conséquence au capitaine Chauvelot, qui vient de rentrer à Abécher avec son détachement, de se porter sur Biltine, d'attaquer l'ennemi, de le poursuivre, le cas échéant, jusqu'à Kapka, et de revenir à Abécher sitôt la mission terminée.

Opérations au Zaghaoua. Affaire de Kapka (1). — La colonne qui vient d'opérer dans le Dar Tama repart donc, le 18 avril au soir, ayant à peine touché barre à Abécher. Barkaï avec 100 cavaliers, le djermah Abou Sekkine avec 125 fusils se joignent à elle (2). Le soir même, on campe à Sougourou et le 19 au matin à N'Ga-

---

(1) D'après le rapport du capitaine Chauvelot, en date du 10 mai 1910 et la transmission du commandant Julien.

(2) C'était la dernière fois que Barkaï marchait à nos côtés. Quelques mois plus tard, ce vaillant aguid, le meilleur et le plus dévoué des chefs Ouadaïens, devait trouver la mort dans un coup d'audace sur le repaire de Beskéré (octobre 1910).

tagara. Ou est au début de la période des fortes chaleurs : aussi, pendant toute la durée de l'opération, sera-t-il fait le plus grand emploi des marches de nuit afin de diminuer la fatigue des chameaux. Le 21, à Billine, on rencontre les contingents ouadaïens de Seigheïroun. Par eux on apprend que le combat de Biltine s'est terminé plutôt à notre avantage ; Doudmourrah s'est replié vers le Nord, sans que l'on sache toutefois s'il s'est arrêté à Gourf, à Dourgné, ou s'il a regagné Kapka.

Le détachement est maintenant grossi de toute la horde des contingents oudaïens, qui a fait boule de neige et s'élève à un millier de personnes; la moitié sont sans armes et ne nous suivent que dans l'espoir du pillage. Barkaï avec une centaine de cavaliers est seul utilisé à la colonne. Le reste est maintenu en respect à bonne distance du détachement, sous menace d'être impitoyablement fusillé.

Le 22, on arrive à Gourf, et le 23 au matin à Dourgné, que Doudmourrah a évacué depuis 48 heures, se retirant sur Kapka. Le puits de Dourgné a 30 mètres de profondeur, son rendement est par suite assez faible ; la plus grande partie de la journée se passe à tirer l'eau pour le détachement. Le mil commence à faire défaut.

D'après les renseignements des rares habitants qui n'ont pas fui, le cirque rocheux de Kapka, où se trouve le campement de Doudmourrah, n'aurait que deux issues : l'une à l'Ouest, l'autre au Nord-Est. Le capitaine Chauvelot décide de faire occuper par les cavaliers de Barkaï le défilé Ouest, tandis que le détachement, tournant le cirque par le Nord, se portera sur le défilé Nord-Est. Mais, malgré une marche forcée de 17 heures, au cours de laquelle les tirailleurs font preuve de la plus grande endurance, les deux mâchoires de la tenaille se referment sur le vide : depuis la veille Doudmourrah a évacué Kapka.

L'absence de vivres, le petit nombre des chameaux rend la poursuite impossible. Du reste, l'ordre de ne pas dépasser Kapka est formel. Il n'y a plus qu'à reprendre la route d'Abécher, où la colonne est de retour le 2 mai.

Si les résultats matériels étaient nuls, la colonne n'ayant pas eu l'occasion et la gloire de combattre, en revanche les résultats moraux étaient considérables. Nous avions éprouvé la fidélité de nos partisans ouadaïens, montré aux populations que nous étions en mesure de faire face au Nord comme à l'Est, obligé Doudmourrah à fuir devant nous sans combat, au détriment de son prestige, donné enfin un nouveau coup à la coalition montée contre nous.

Opérations sur la frontière Massalit. — Ne pouvant plus compter ni sur ses partisans du Nord, découragés par notre succès de Guéréda et leur échec de Biltine, ni sur les Senoussistes maintenus sur la défensive par la menace de la compagnie méhariste qui vient d'être établie à Zigueï, « Doudmourrah se porte au seul endroit où il peut encore avoir quelque espoir de reprendre la lutte et va rejoindre au Massalit les dignitaires dissidents du Ouadaï. Le Massalit, jadis sans puissance, que l'impunité dont il jouit, alors que nous avons vaincu les Foriens, gonfle d'un orgueil qui n'est d'ailleurs pas exempt de vives appréhensions, est le salut de tous ceux qui nous font opposition (1). »

Le 25 mai, une colonne forte de 500 fusils et 1.000 lances, composée de Ouadaïens dissidents et de Massalits,

---

(1) Lettre du lieutenant-colonel Moll, commandant le territoire militaire, au colonel commandant supérieur des troupes de l'A. E. F. en date du 20 juin 1910.

franchit la frontière ; le 26 au matin, elle attaque Bir Taouil, défendu seulement par quelques auxiliaires d'Acyl, s'en empare, brûle une partie du village et se retire, emmenant plus de 200 personnes.

La nouvelle est connue à Abécher le 27 au matin, et, le 27 au soir, le détachement du capitaine Chauvelot repartait pour la troisième fois et se dirigeait sur Bir Taouil, avec 250 partisans. Mais l'ennemi était déjà loin, le détachement n'eut pas à intervenir et rentra à Abécher, laissant un poste à Bir Taouil.

CHAPITRE XVIII

SITUATION GÉNÉRALE DU TERRITOIRE A LA VEILLE DE LA PREMIÈRE COLONNE DU MASSALIT (OCTOBRE 1910)

SOMMAIRE : I. *Situation sur la frontière septentrionale.* — II. *Situation sur la frontière orientale.* — III. *Accroissement des effectifs en 1910. Leur répartition.* — IV. *Organisation administrative.*

I. SITUATION SUR LA FRONTIÈRE SEPTENTRIONALE

Le désastre de l'Ouadi Kadja avait eu un retentissement énorme chez les Senoussistes du Borkou. Ces adversaires irréductibles de l'influence française crurent le moment venu de prendre l'offensive contre nous, soit par des attaques directes sur nos postes du Kanem, soit en prêtant aide à Doudmourrah au Ouadaï. L'établissement fort opportun d'une compagnie méhariste à Ziguei (7e compagnie, capitaine Cauvin), leur parut constituer une menace — alors que ce n'était qu'une parade —, les amena à renoncer à ces velléités et les maintint sur une stricte défensive pendant nos opérations d'avril et mai au Ouadaï. Mais une action au Borkou n'entrait pas, pour l'instant, dans les idées du commandement, qui n'en voyait ni la possibilité, ni même l'utilité. Aussi, enhardis par notre attitude, nos ennemis redeviennent agressifs. En juillet, trois rezzous opèrent avec succès sur le front Nord du Ouadaï. Un autre vient, au début d'août, piller le village de Kourkour, dans le Nord du Batha : il est poursuivi, rejoint et détruit par le lieutenant Berraud, qui reprend le butin et délivre les prisonniers. De nombreux agents Senoussistes, des patrouilles du Borkou sont signalés en juillet et août sur les confins du Kanem et jusque dans le territoire du Niger. La propagande des Senoussistes s'exerce avec ardeur sur les populations nomades, qu'ils cherchent à détacher de nous, les invitant à les rejoindre au Borkou : ils entraînent ainsi, le 11 août, la défection de plusieurs groupes des Ouled Slimans et de leur chef. Sur l'ordre du commandant du territoire, la surveillance la plus étroite est désormais exercée sur les Tédas et Slimans restés au Kanem.

Dans un autre ordre d'idées, il y a lieu de relater, dans la circonscription du Batha, l'opération exécutée en octobre par le capitaine Lagrange et le lieutenant Alexandre contre les Kirdis du massif de Guéra, populations sauvages, encore en partie insoumises, contre lesquelles, plusieurs fois déjà, la 3ᵉ compagnie avait essayé d'agir sans grand succès. Contre des gens armés uniquement de sagaies et fort habiles, du reste, dans le maniement de cette arme, la tactique de cette petite opération consista avant tout — pour éviter des pertes inutiles — à « voir » et à ne pas se laisser approcher : deux résultats assez malaisés à obtenir en pays montagneux, surtout pour une troupe de faible effectif. Le capitaine Lagrange s'en tira fort habilement : 1 tirailleur tué et 1 blessé furent le prix de cette expédition, qui faisait faire un pas important à la pacification de la région de l'Abou Telfane.

II. Situation sur la Frontière orientale

De ce côté, Doudmourrah et Tadjeddine constituent le gros danger. En mai, le Massalit était encore trop faible pour réaliser ce que nos ennemis attendaient de lui. Mais, à mesure que notre inaction se prolonge, sa situation matérielle et morale grandit. On répète partout que le Massalit est interdit aux Français, qu'ils n'ont pas le droit d'y pénétrer. Aussi, le lieutenant-colonel Moll câblait-il, le 29 juin, au gouverneur général de l'Afrique Equatoriale Française, à la suite de la marche du capitaine Chauvelot sur Bir Taouil : « Reste « absolument convaincu nouvelle impunité nous fera « perdre de nouveau sécurité reconquise à Guéréda. Je « demande instamment autorisation châtier Massalit « dès que je jugerai circonstances favorables. Je garan- « tis succès complet. »

La réponse du gouverneur général rappelait que le Massalit se trouvait sur un territoire à frontière indéterminée, dont une grande partie pouvait nous être contestée par l'Angleterre ; qu'il importait d'y constituer nos droits éventuels moins par des postes, que nous pourrions être appelés à évacuer, que par la reconnaissance du pays et l'extension de notre influence sur les populations ; que, par suite, notre occupation devait « se faire plus par action politique que par action mili- « taire, l'action militaire n'étant là que pour appuyer « l'action politique ». Toutefois, au cas où les Foriens et les Massalits continueraient leurs incursions sur des régions ayant reconnu notre autorité, le commandant du territoire était autorisé à les poursuivre — avec des effectifs suffisants pour éviter tout insuccès — et à exercer le droit de suite comme il est naturel vis-à-vis de peuplades inorganisées.

Pendant les mois d'hivernage (juillet-septembre), tout reste à peu près calme, mais en octobre les incursions recommencent.

L'arrivée des unités de nouvelle formation va bientôt permettre au colonel Moll d'agir. Ces deux compagnies arrivent à Abécher en octobre et leur seule présence

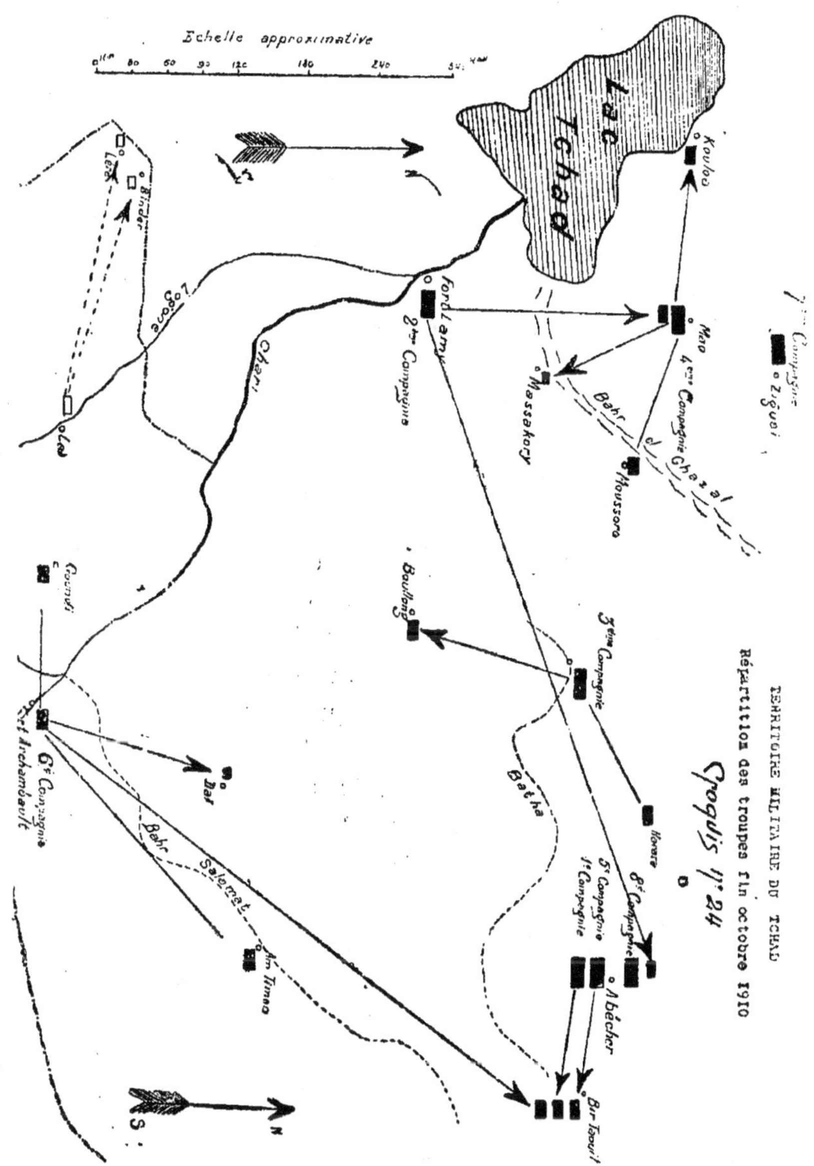
Echelle approximative
TERRITOIRE MILITAIRE DU TCHAD
Répartition des troupes fin octobre 1910
Croquis n° 24
Lac Tchad
Logone
Chari
Batha
Bahr el Ghazal
Bahr Salamat
Fort Lamy
Fort Archambault
Massakory
Moussoro
Koulou
Mao
Abécher
Bir Taouil
Boulteng
Ziguei
Léré
Binder
Koutou
Gorondi
Am Timan
Dar
Novara
1re Compagnie
2me Compagnie
3ème Compagnie
4ème Compagnie
5e Compagnie
6e Compagnie
7e Compagnie
8e Compagnie
S.
N.

produit déjà une impression des plus salutaires dans tout le Ouadaï.

III. ACCROISSEMENT DES EFFECTIFS EN 1910.
LEUR RÉPARTITION

Après le massacre de la colonne Fiegenschuh, l'effectif du bataillon mixte, tant par suite des pertes que des libérations, était tombé à 950 hommes.

Nous avons vu plus haut les mesures proposées et adoptées pour son renforcement.

Les premiers renforts arrivés furent : la 6ᵉ compagnie, fournie par le bataillon de l'Oubangui-Chari, qui occupa le Bahr Salamàt et le Moyen Chari, et les 110 hommes recrutés à Zinder, qui formèrent le noyau de la compagnie méhariste de Zigueï (7ᵉ). Les deux dernières compagnies (5ᵉ et 8ᵉ) arrivent à Abécher le 4 et le 19 octobre.

Ces huit unités devaient former 2 bataillons ; le « bataillon mixte du Tchad » devenait le « régiment de tirailleurs sénégalais du Tchad ».

L'idée générale qui présida à la nouvelle répartition des unités fut la suivante : .

Couvrir les flancs Sud et surtout Nord par l'occupation du Salamat d'une part, du Kanem et du Batha d'autre part ;

Faire tenir par des gardes régionaux et par la compagnie de Fort-Lamy les régions de l'arrière-pays depuis longtemps pacifiées (Dékakiré, Baghirmi, Bas Chari, etc., etc.).

Tout le reste du bataillon (3 compagnies, y compris les 5ᵉ et 8ᵉ attendues en octobre) : au Ouadaï, comme troupes d'occupation et d'opération.

En fin octobre, l'effectif des troupes du territoire est remonté à 1.600 hommes. Au moment où vont s'enga-

8 •

ger les opérations contre le Massalit, les emplacements des unités sont les suivants (Voir croquis 24) :

Région	Unité		Localité
Kanem	7ᵉ compagnie (méhariste) (capitaine Cauvin)		Ziguëi.
	4ᵉ compagnie (capitaine Brochot)	centre à......	Mao.
		postes à......	Moussoro. Massakory. Koùloa (Rig-rig).
	Section d'artillerie (lieutenant Maulouin)		Mao.
Batha	3ᵉ compagnie (capitaine Lagrange)	centre à......	Ati.
		postes à......	Boullong. Haraze.
Bahr Salamat et Moyen-Chari	6ᵉ compagnie (capitaine Cros)	centre à......	Fort Archambault.
		postes à......	Am Timan. Daï. Goundi.
Bas-Chari	2ᵉ compagnie (capitaine N.)...		Fort Lamy.
Ouadaï	1ʳᵉ compagnie (capitaine Chauvelot)	centre à......	Abécher.
		détachement à	Bir Taouil.
	5ᵉ compagnie (capitaine Faure)	centre à......	Abécher.
		détachement à	Bir Taouil.
	8ᵉ compagnie (capitaine Arnaud)		Abécher (1).
	section d'artillerie (Lieut. Jolly)		Abécher.

La 2ᵉ compagnie fournit en plus deux détachements de renfort, à Mao et à Abécher ; la 6ᵉ compagnie un détachement de renfort, à Bir Taouil.

Le bataillon de l'Oubangui-Chari tient Laï, Léré, Binder.

L'organisation de la défense du Kanem mérite d'être exposée avec quelque détail. Elle comprend tout d'abord un certain nombre de postes, dont chacun a un rôle spécial et une mission bien déterminée. Au Nord,

---

(1) La 8ᵉ compagnie est destinée à tenir garnison à Arada, une fois les opérations terminées..

Ziguéï sert de poste avancé. Mao, en arrière, forme centre et réserve. Le poste de Kouloa (ou de Rig-Rig) assure la liaison avec l'Afrique Occidentale Française et sert de point d'appui aux nomades du Chittati. Moussoro tient le Bahr el Ghazal et relie le Kanem au Batha. Enfin, Massakory assure les communications avec Fort-Lamy en même temps que l'administration du Dagana.

Indépendamment des garnisons fixes de ces postes, deux détachements mobiles sont constitués par les unités stationnées à Mao et Ziguéï. Leur rôle est de protéger tous les points de la région contre les incursions possibles et, le cas échéant, de donner la chasse aux rezzous. Ils doivent se tenir constamment en liaison et être toujours prêts à marcher instantanément.

Malgré ce dispositif, à la fois serré et mobile, la tranquillité dont jouira la région du Kanem ne sera encore que très relative.

IV. ORGANISATION ADMINISTRATIVE

Un arrêté du gouverneur général, en date du 5 octobre 1910, déterminait et organisait les circonscriptions administratives du territoire militaire.

Ces circonscriptions, au nombre de 9, étaient les suivantes :

Circonscription	Chef-lieu
Kanem	Mao.
Batha	Ati.
Ouadaï	Abécher.
Bas-Chari	Fort-Lamy.
Baghirmi	Massé (Tchekna).
Selamat	Am Timan.
Mayo-Kebbi	Léré.
Logone	Laï (Béhagle).
Moyen-Chari	Fort Archambault.

CHAPITRE XIX

LES OPÉRATIONS MILITAIRES
DEPUIS LA PREMIÈRE COLONNE DU MASSALIT
JUSQU'A L'ARRIVÉE DU COLONEL LARGEAU
(NOVEMBRE 1910-MARS 1911)

SOMMAIRE : I. *Première colonne du Massalit. — Combat de Doroté (9 novembre). — Mort du lieutenant-colonel Moll. — II. Les enseignements du combat de Doroté. — III. Deuxième colonne du Massalit. — IV. Reconnaissance du Djourab (9 février-7 mars 1911). Combat de Faika.*

(Croquis n°ˢ 25, 26, 27)

I. PREMIÈRE COLONNE DU MASSALIT. COMBAT DE DOROTÉ (9 NOVEMBRE). MORT DU LIEUTENANT-COLONEL MOLL (1)

Décidé à opérer en pays Massalit la répression depuis longtemps projetée, le lieutenant-colonel Moll arrête les dispositions suivantes :

1° Une colonne principale, d'environ 300 hommes et 2 pièces de canon, se concentrera à Bir Taouil pour marcher contre les forces de Tadjeddine et de Doudmourrah, signalées aux environs de Dridjel, capitale du Massalit ;

2° Une colonne secondaire, formée par la 8ᵉ compagnie (capitaine Arnaud), à l'effectif de 3 officiers,

---

(1) D'après le rapport du capitaine Chauvelot, en date du 25 décembre 1910 et la note du colonel Largeau sur le combat de Doroté, en date du 25 mai 1911.

3 sous-officiers, 130 indigènes et 70 cavaliers auxiliaires, quittera Abécher le 28 octobre et se portera par Mourrah, Niéri et Birrok sur la frontière, entre le Guimr et le Massalit. Sa mission est de barrer la route à Doudmourrah s'il cherche à retourner vers le Nord, de rallier à notre cause les Tamas et les Guimrs et de détacher de Tadjeddine les populations du Massalit Nord, afin de nous faire, des uns et des autres, des auxiliaires pour l'arrestation de Doudmourrah. Dans cette mission « tant politique que militaire », le capitaine Arnaud doit se faire prêter un concours actif par les sultans du Tama et du Guimr. La faculté lui est laissée d'envahir le Massalit par le Nord et de marcher sur l'Ouadi Kadja pour faire sa jonction avec la colonne principale. Mais il ne doit pas perdre de vue que son but le plus important est la capture de Doudmourrah : tout doit être subordonné à cette partie de sa mission, et il ne devra, en particulier, effectuer son mouvement sur le Sud que si ce mouvement ne diminue en rien les chances d'atteindre le but fixé. De toutes façons, il ne devra pas être, avant le 10 novembre, dans la région de Dridjel.

Les communications entre les deux colonnes se feront d'abord par Abécher, puis par Bir Taouil.

Composition de la colonne principale. — La colonne principale comprenait : 10 officiers, 10 sous-officiers, 310 tirailleurs et canonniers, fournis en majorité par la 5ᵉ compagnie, le reste par les 1ʳᵉ et 6ᵉ.

Ces éléments furent répartis ainsi :

1° Une compagnie de manœuvre (capitaine Faure) à 4 sections (lieutenant Crépin, lieutenant L'Herrou, lieutenant Georg, adjudant Lonardi ;

2° Une section de convoi (adjudant Leclerc) ;

3° Une section montée (lieutenant Vial) ;

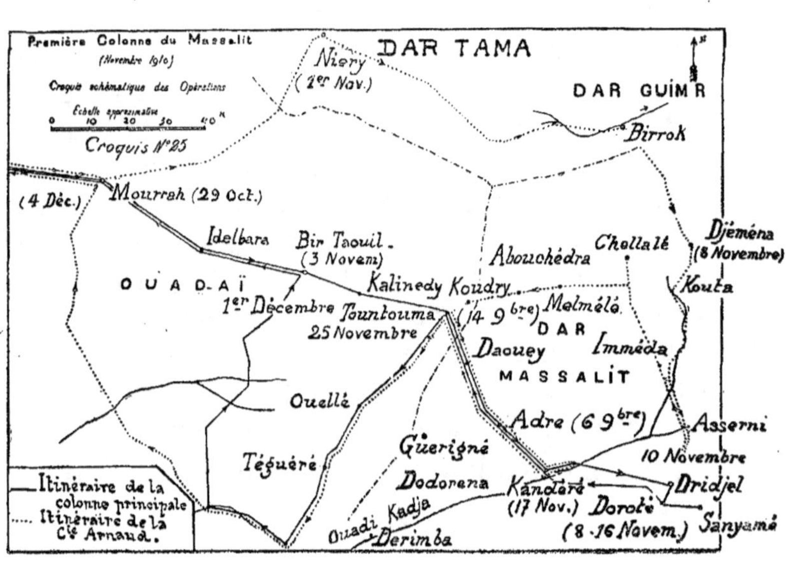

Première Colonne du Massalit
(Novembre 1910)
Croquis schématique des Opérations
Echelle approximative
0   10   20   30   40 K
Croquis Nº 25
DAR TAMA
Niery
(1er Nov.)
DAR GUIMR
Birrok
Djeména
(8 Novembre)
(4 Déc.)
Mourrah (29 Oct.)
Idelbara
Bir Taouil
(3 Novem)
Abouchédra
Chellalé
Kalinedy Koudry
Kouta
1er Décembre   Tountouma
25 Novembre
(14 9bre)   Melmélé
DAR
MASSALIT
OUADAÏ
Daouey   Imméda
Ouellé
Adre (6 9bre)   Asserni
10 Novembre
Téguéré
Güerigné
Dodorena
Kandéré
(17 Nov.)   Dridjel
Ouadi Kadja
Derimba
Doroté
(8-16 Novem.)   Sanyamé
Itinéraire de la colonne principale
Itinéraire de la Cie Arnaud.

4° Une section de 80 m/m de montagne (lieutenant d'artillerie Jolly) ;

5° Une ambulance (médecin aide-major Armstrong).

Le capitaine Chauvelot prit les fonctions de major de colonne, le lieutenant Brulé celles d'officier de renseignements et de chef des partisans (200 auxiliaires sous les ordres du djermah Abou Sekkine).

Les hommes avaient sur eux 200 cartouches et deux jours de vivres. Une réserve de 50 cartouches par homme était transportée au convoi.

Le nombre d'animaux de la colonne s'élevait, au total, à 58 chameaux et 59 chevaux.

Marche de la colonne (Voir croquis n° 25). — La colonne quitte Bir Taouil le 4 novembre. On essaie, pendant les deux premiers jours, de faire traîner les pièces par des bœufs, mais la lenteur de l'allure et la nécessité de charger les canons sur les chameaux pour tous les passages difficiles, font bientôt renoncer à ce mode de transport.

La frontière Massalit est franchie le 5, entre Tountouma et Daouey. On campe le 6 à Adré, le 7 à Kandéré, où la colonne Fiegenschuh passa sa dernière nuit. Le détachement est couvert à une heure de distance par les partisans ouadaïens et par des fractions de sûreté rapprochée. Le convoi et l'artillerie alourdissent beaucoup la colonne, rendent sa marche lente et pénible (3 kilomètres à l'heure environ).

Le 8, départ à 5 heures 30' du matin. On atteint Djénéné et on traverse l'Ouadi Kadja. Quelques instants sont consacrés à la mémoire des braves tombés à cette place, puis la marche est reprise sur Dridjel. Quatre indigènes capturés signalent la présence de Doudmourrah et Tadjeddine vers Sanyamé. Dans l'après-midi, les guides déclarent ne plus savoir où sont les puits, les prisonniers affirment d'autre part qu'il n'y a pas d'eau à Dridjel, qu'il faut aller à Doroté pour en trouver. Le détachement fait un crochet vers le Sud-Ouest et arrive à 5 heures 30' à Doroté où l'on campe. Les tirailleurs, épuisés par cette longue journée de marche sans eau, sont à bout de forces. La section de l'adjudant Leclerc va fouiller et détruire Dridjel et revient au camp à 10 heures.

On sut plus tard que, dans la même journée, les deux sultans s'étaient portés sur Djénéné pour nous attaquer. Nous ayant manqués, ils se rabattent dans les environs de Doroté, par la route Kandéré-Sanyamé.

Installation du campement. — Le carré est établi à 5 kilomètres au Sud de Dridjel, à 1 kilomètre au Nord de Doroté, sur une croupe orientée Nord-Sud. Le champ de tir est bon dans toutes les directions, sauf vers l'Est : de ce côté, une crête, des cases, des arbustes, des champs de mil masquent les vues (voir croquis n° 26).

Les épineux faisant défaut pour établir une zériba formant obstacle sérieux, on se contente d'élever autour du camp une faible barrière en branchages.

Le détail de formation du carré est indiqué dans le croquis n° 27. Chaque section occupe deux demi-faces voisines de façon à tenir les angles. Les côtés ont environ 50 mètres, les hommes sont presque au coude à coude. Les deux pièces d'artillerie sont en batterie aux deux angles Nord-Est (lieutenant Jolly) et Sud-Ouest (maréchal des logis Dubail).

Le service de sûreté consiste en un petit poste de 4 hommes en avant de chaque angle du carré, à 100 mètres la nuit, à 150 mètres le jour. Les vues des deux petits postes de l'Est sont très bornées. Une sentinelle double à 30 ou 40 mètres devant chaque face. Service de quart à l'intérieur du carré.

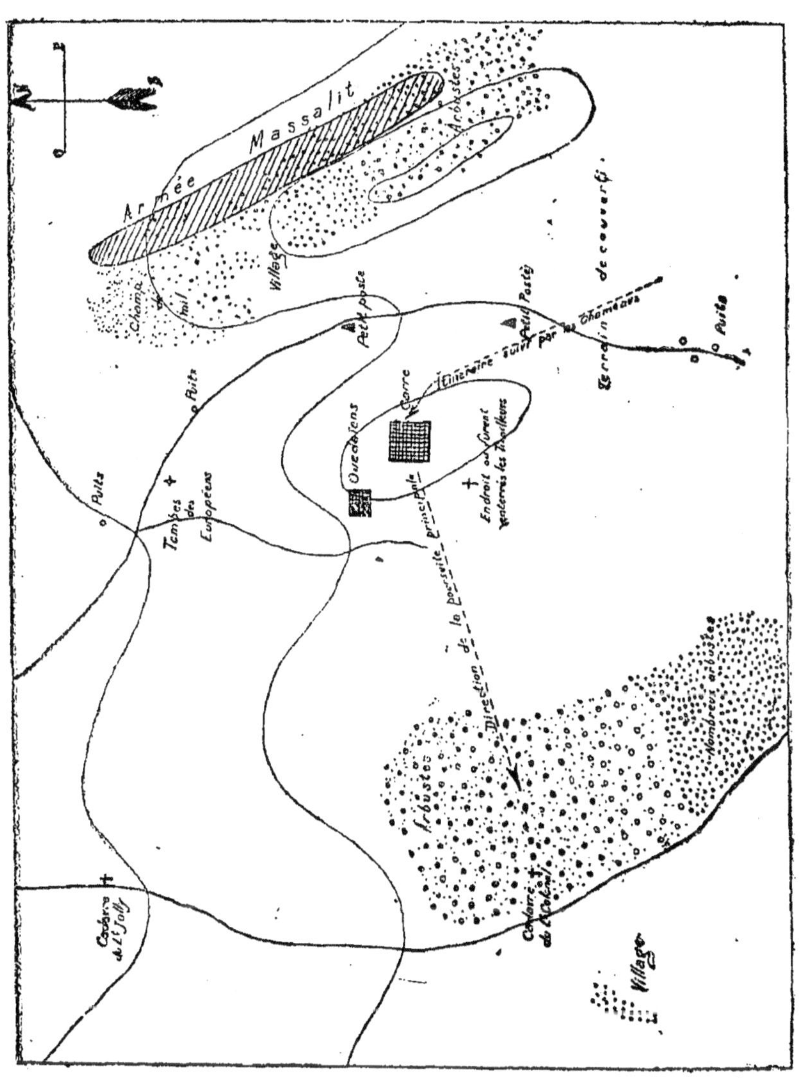

Combat de Dorothé (9 Novembre 1910), Croquis n° 26.

Les auxiliaires ouadaïens campent à 80 mètres dans le Nord-Ouest.

Combat de Doroté. — Le 9 novembre, réveil à 6 heures. Les chameaux et le troupeau de boucherie sont au pâturage, vers l'Est, sous la garde des bellas et du tiers de la réserve. Les sections de la compagnie de marche vont successivement chercher du mil dans les villages voisins.

A 9 heures 30′ la situation est la suivante : pas de service de sûreté éloigné, les cavaliers ouadaïens étant encore occupés à installer leur campement ; service de sûreté rapproché fonctionnant comme nous l'avons indiqué, c'est-à-dire sans vues dans la direction dangereuse ; les animaux au pâturage ; quelques hommes des sections Crépin, L'Herrou et Lonardi en corvée d'eau ; la section Georg en entier à la corvée de mil. Le colonel assiste à l'interrogatoire que le lieutenant Brulé fait subir aux prisonniers et qui confirme la présence des sultans vers Sanyamé.

A ce moment, le sergent Verdet et les tirailleurs de la section Georg, en corvée vers le Nord-Est, rentrent en courant : ils ont vu par dessus la crête, à l'Est, des masses ennemies en marche vers le camp. On entend au loin le tam-tam de guerre. Le colonel fait sonner le rappel et ordonne de faire rentrer les chameaux dans le carré. Les animaux reviennent lentement vers la zériba. Par malheur ils vont, au moment d'aborder le carré, masquer une partie des tirailleurs du lieutenant Crépin sur la face Est et tous les tirailleurs du lieutenant L'Herrou, qui occupent l'autre moitié de cette face.

L'ennemi est arrivé à 600 mètres : il est encore au delà de la crête, mais déjà on aperçoit les étendards et la lueur des lances. Dans la partie Nord de la croupe il commence à être vulnérable. Le colonel ordonne de « ne pas tirer encore ».

A 400 mètres, l'ennemi est bien visible : c'est une masse hurlante de 4.000 hommes environ, arrivant à toute allure, piétons et cavaliers confondus, ceux-ci armés de sabres et de fusils, ceux-là de sagaies (1) et de haches. En tête, Tadjeddine, vêtu de rouge, galope entre ses principaux aguids, vêtus de blanc. Cette horde s'avance à la vitesse d'un cheval à la course, en poussant une sorte de clameur lugubre, impressionnante, à laquelle les tirailleurs répondent par un rire mal assuré.

La pièce du lieutenant Jolly tire alors, sans en avoir reçu l'ordre, son premier coup de canon. Le maréchal des logis Dubail a braqué également sa pièce : il aura le temps de tirer quatre projectiles. La section Crépin ouvre le feu, la section Georg commence un tir oblique. A ce moment, les chameaux défilent devant la face menacée. D'une voix calme, le colonel ordonne de les faire baraquer (agenouiller).

Le lieutenant Jolly tire une seconde boîte à mitraille : le coup fait une large trouée dans la masse ennemie. Mais les chameaux, effrayés par la fusillade, les hurlements des Massalits, le bruit du canon, défoncent la zériba, bousculent la droite de la section Crépin et provoquent dans le camp un désordre qui va grandissant de proche en proche. Cependant le lieutenant Jolly fait charger une troisième fois sa pièce : sous le coup de refouloir le projectile passe au travers de l'âme et retombe devant la bouche. On recharge en hâte : même résultat. On constate alors que la boîte à mitraille n'a pas de ceinture.

____

(1) Chez les Massalits, comme du reste au Ouadaï, les combattants à pied sont en général munis de 4 ou 5 sagaies chacun. Ils les lancent tout en courant, dès qu'ils sont parvenus à 100 mètres environ de l'ennemi, qu'ils abordent ensuite à la pique ou à la hache.

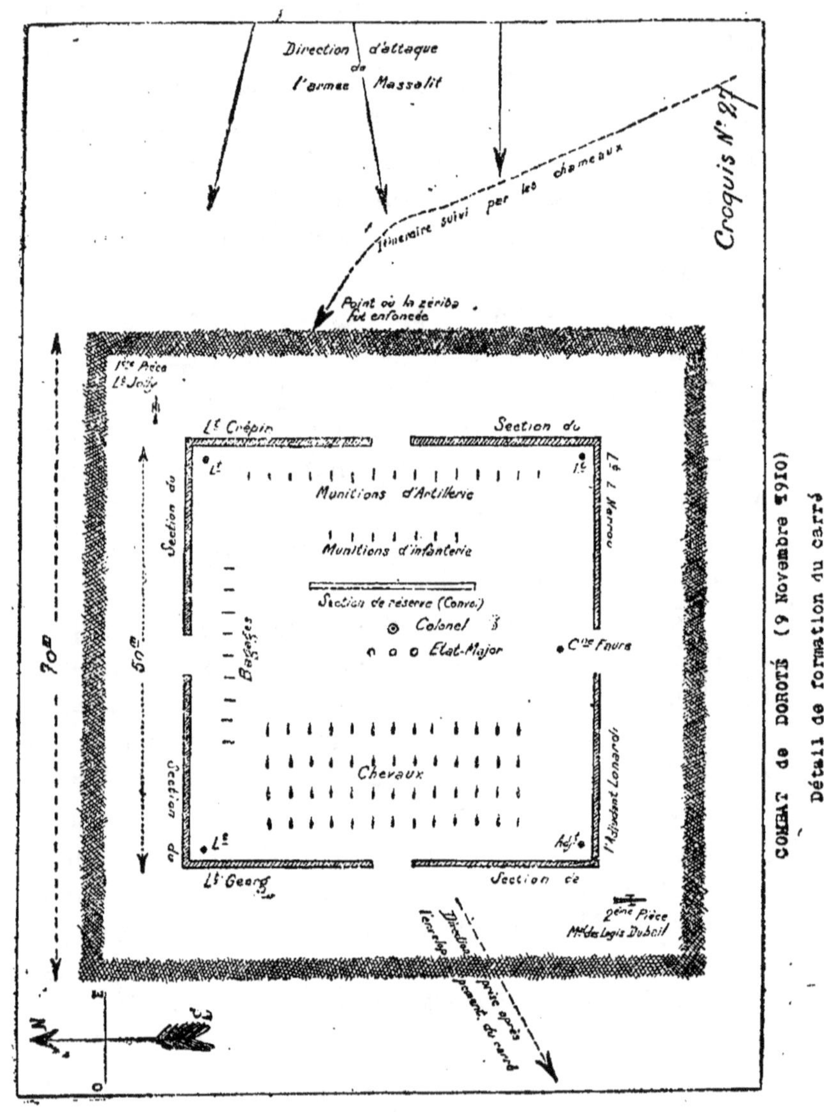

Direction d'attaque de l'armée Massalit
Itinéraire suivi par les chameaux
Croquis N° 27
Point où la zériba fut enfoncée
1re Pièce Lt Jolly
Lt Crépin
Section du
Section du Maroua 1 et 7
Lt
1re
Munitions d'Artillerie
Munitions d'Infanterie
Section de réserve (Convoi)
Colonel
Etat-Major
Baggages
C.ne Foura
Chevaux
l'Adjudant Lonardi
70m
50m
Section du
Section du
Lt
Adjt
Lt Georg
Section de
2me Pièce M.l des Logis Dubail
Direction prise après l'escalade pendant du carré
N
E
O
COMBAT de DOROTÉ (9 Novembre 1910)
Détail de formation du carré

Dans le carré, où déjà les sagaies pleuvent, le désordre augmente. Des palefreniers fuient, des chevaux
affolés rompent leurs entraves, et sous la poussée des
uns et des autres les tirailleurs de la face Ouest bousculés, renversés, se débandent. A l'Est, l'ennemi arrive sur le carré. Le lieutenant Jolly est atteint d'une
balle qui le traverse de part en part. Le sergent Bal
tombe frappé d'une sagaie au cœur. Les tirailleurs de
la face Est commencent à plier, ceux de la face Sud font
encore bonne contenance. Et l'un des officiers, passant
à ce moment près du colonel, l'entend dire sans la
moindre émotion : « De grâce, messieurs, tenez vos
hommes, ce n'est rien ». Il est 9 heures 45′.

Le carré est envahi. Alors c'est un torrent, une trombe
irrésistible ou tout est confondu, hommes, animaux,
Européens, Massalits, tirailleurs, fuyards, poursuivants.
Cette avalanche dévale vers l'Ouest sur environ 200 mètres de front. Le sergent Bergère est tué d'une balle au
sortir de la zériba, le lieutenant Jolly est achevé un peu
plus loin d'un coup de sagaie, le colonel Moll tombe
près de l'ouadi, à 350 mètres dans l'Ouest, au milieu
d'une mare de sang, la nuque hachée de coups de sabre.
Le sergent Alessandri, renversé par la hache d'un
Massalit, que le lieutenant Vial abat d'une balle de revolver, est achevé un instant après d'un coup de fusil.

Cependant des noyaux de résistance se forment,
d'abord vers le Nord-Ouest, autour du capitaine Chauvelot, du capitaine Faure, du lieutenant Crépin, puis
vers le Sud (10 heures ou 10 heures 15′). Les Européens
font le coup de feu. Les tirailleurs se groupent de plus
en plus nombreux autour d'eux. Du côté de l'ennemi,
la mort de Tadjeddine a enlevé à la poursuite une
grande partie de sa vigueur. N'étant plus retenus et
guidés par ce chef énergique, qui avait le sens de la
destruction de l'adversaire, la majorité des Massalits,

s'abandonnant à leur penchant naturel, se sont mis à piller le camp. Les poursuivants de la troupe française, peu nombreux, se sont usés dans la poursuite même.

Une centaine de tirailleurs sont bientôt réunis autour des Européens survivants. La marche au carré commence alors. Le camp qui a été pillé, dévasté, est réoccupé sans résistance. Le maréchal des logis Dubail bien que blessé, poursuit l'ennemi à coups de canon. Le dernier projectile est tiré à 11 heures 20'. Les tirailleurs dispersés rallient.

Résultats du combat. — La trop longue liste de nos morts était glorieusement ouverte par le lieutenant-colonel Moll, dont le corps sanglant est le premier ramené dans le carré. Puis, sont apportés les corps du lieutenant Brulé, de l'adjudant Noël, des sergents Bal, Bergère, Alessandri, du lieutenant Jolly. Dans l'après-midi on retrouve le corps de l'adjudant Leclerc.

Après Fiegenschuh et ses compagnons, c'étaient de nouvelles victimes du devoir, tombées vaillamment, aux avant-postes pour le service et la gloire de la plus grande France. « Ce sont de nouveaux noms à ins-« crire au Livre d'Or de notre conquête africaine ; mais « ce sont aussi de nouvelles tombes qui doivent nous « rendre plus précieux et plus cher le sol acquis ainsi « au prix du sang des meilleurs d'entre nous (1). »

Nos pertes définitivement constatées seront de : 8 Européens tués et 5 blessés sur 20 ; 37 tirailleurs tués ou disparus et 69 blessés sur 310.

Le djermah Abou Sekkine a été tué, l'aguid Es Sabah est couvert de blessures.

---

(1) Discours prononcé par M. Merlin, gouverneur général de l'A. E. F., à l'ouverture de la session du Conseil du Gouvernement de 1911.

54 fusils ont été pris. Presque tous les bagages et presque tous les animaux ont disparu.

L'ennemi, de son côté, a subi des pertes considérables. 600 cadavres Massalits jonchent le sol. Trois étendards ont été abandonnés sur le terrain. Le soir, des partisans apportent au bivouac la tête de Tadjeddine.

Séjour à Doroté. Combat de Sanyamé. — La situation ne laisse pas que d'être des plus graves. Si, par malheur, l'attaque ennemie se renouvelait, quelle force de résistance pourrait-on attendre d'un détachement aussi éprouvé ? Le capitaine Chauvelot, auquel revient le commandement, prend immédiatement toutes les mesures nécessaires. La zériba est renforcée, le service de sûreté rigoureusement organisé. Le soir du combat il fait tirer le canon comme signal pour la colonne Arnaud, qui doit être à proximité : l'arrivée de cette compagnie constituerait un précieux renfort pour le détachement, remonterait son moral et lui procurerait les moyens matériels indispensables pour pouvoir reprendre la marche.

Le 10, on procède à l'ensevelissement des morts. Les Européens sont enterrés dans le sable de l'ouadi qui passe au Nord du carré, les fosses soigneusement dissimulées pour éviter toute profanation ultérieure : le 4 janvier, les têtes des Européens avaient été coupées et exposées sur le marché de Dridjel, celle du capitaine Fiegenschuh fut envoyée à El Facher.

Les journées des 10, 11 et 12 novembre se passent dans la plus cruelle perplexité. Une certaine inquiétude commence à se répandre sur le sort de la colonne secondaire. Trois fois par jour, le matin, à midi et le soir, le canon est tiré comme signal. Une patrouille est envoyée vers le Nord sans succès.

Le 13, afin d'avoir à tout prix des renseignements, de savoir tout au moins ce qu'est devenu le reste de l'armée massalit, le capitaine Faure part en reconnaissance avec 90 tirailleurs et 30 cavaliers ouadaïens. Le même jour, l'ennemi, retiré dans l'Est de Sanyamé, envoie une reconnaissance d'une centaine d'hommes (peut-être davantage), sous les ordres du nouveau sultan Andoka, vers Dridjel et Doroté, pour savoir ce que font les Français. Les deux reconnaissances se heurtent l'une à l'autre près de Sanyamé. Le détachement français chasse les Massalits d'un mamelon qu'ils oc cupent : les Massalits se retirent dans les fourrés épineux environnants et cherchent à nous envelopper. Ils échouent, non sans être parvenus toutefois un instant jusqu'à moins de 100 mètres de notre ligne. Après une fusillade d'un quart d'heure, l'ennemi se retire. La reconnaissance rentre au camp. A la nouvelle de ce léger succès — spontanément grossi par l'imagination dans des âmes avides de réconfort — les nerfs se détendent, la confiance renaît.

Mais on ne peut cependant s'éterniser à Doroté. Poursuivre l'action, impossible : l'épuisement du détachement, le manque d'animaux ne le permettent pas. Tout espoir de voir arriver la compagnie Arnaud semble, par ailleurs, perdu. Le 16 novembre, la colonne prend la route du retour. Les quelques chevaux qui restent sont affectés au transport des blessés. Les pièces sont traînées à bras d'hommes, les munitions réparties entre les tirailleurs ; tout ce qui ne peut pas être emporté est brûlé. La marche est des plus lentes, la traction des pièces extrêmement pénible. Le 17 au matin, la colonne arrive à Kandéré : presque en même temps, la compagnie Arnaud est signalée.

Marche de la colonne secondaire (Voir croquis n° 25). — La 8ᵉ compagnie, partie — ainsi que nous l'avons dit

— d'Abécher le 28 octobre, s'était rendue par Niéri et Birrok au Dar Djebel (Massalit). « Le 8 novembre au « soir, elle campe à Djéména, le 9 au matin elle atteint « Koula, et dans la soirée Imméda où, vers 8 heures, « elle entend les trois coups de canon du capitaine « Chauvelot. Le capitaine réunit tout le cadre français « pour le consulter sur la conduite à tenir : la majorité « est d'avis de marcher au canon. Le 10 au matin la « compagnie atteint vers 9 heures la mare d'Assarni : « on entend dans la direction de Dridjel une nouvelle « détonation. Alors le capitaine Arnaud décide de con-« tinuer à marcher au canon. Mais à quelques kilo-« mètres de Dridjel, les auxiliaires reviennent groupés : « ils ont appris d'un jeune boy du djerma Abou Sek-« kine, fait prisonnier par les Massalits et échappé de « Dridjel le matin même, que la colonne principale a « été surprise la veille vers 8 heures du soir dans son « carré, que les canons ont été enlevés, que le colonel « a été tué, que les tirailleurs sont en retraite sur Bir « Taouil ; ce sont les Massalits qui ont tiré le canon le « matin à Dridjel dans un grand tam-tam.

« Le capitaine Arnaud estime qu'il n'a pas le droit « d'engager dans une aventure risquée la compagnie « dont il a le commandement et qui peut devenir la « seule sauvegarde de la région du Ouadaï. Il décide, « en conséquence, d'opérer sa jonction avec la colonne « principale, vers l'arrière, sur la ligne de retraite pro-« bable.

« Le 11, marche dans la direction du Nord vers l'oued « Chellalé ; le 12 on fait de l'Ouest et on gagne le col « de Melmélé ; à 3 heures de l'après-midi, on est au « puits d'Abouchédra ; le 13, à 9 heures du matin, à « Koudry, et à Tountouma dans la soirée ; là le capi-« taine est en relation avec le poste de Bir Taouil, et, « sur les nouvelles indications qu'il reçoit, il pourra

« faire le 17, près de Kandéré, sa jonction avec le capi-
« taine Chauvelot, en retraite sur le Ouadaï (1). »

En fait l'arrivée de la compagnie Arnaud, le 11 ou
le 12, à Doroté, n'eût rien changé à la situation : la
reprise de l'offensive était impossible, une troupe aussi
éprouvée que celle qui avait combattu à Doroté se trouvant dans la nécessité absolue de se refaire matériellement et moralement. Cette arrivée eût simplement
calmé les inquiétudes et diminué les fatigues de la colonne principale, à laquelle, dans le cas d'une nouvelle
attaque, les 130 fusils de la 8ᵉ compagnie auraient com-
muniqué un surcroît de forces très utile.

Retour au Ouadaï. — Quoi qu'il en soit, les deux détachements sont réunis. Les pièces sont chargées sur
des chameaux de la compagnie Arnaud. Le 20, la colonne entière est de retour à Tountouma, d'où les
blessés sont évacués sur Bir Taouil, et où l'on reçoit
enfin quelques moyens de transport.

Le capitaine Chauvelot n'a pas encore perdu tout espoir de reprendre l'offensive. Peut-être avec le concours
du kamkalak Nasser, qui se trouve depuis quelques
mois dans la région de Gourgnes, sera-t-il possible de
se procurer les guides et les vivres nécessaires. On se
dirige donc vers le Sud-Ouest par Ouellé et Téguéré.
Mais en arrivant à Gourgnes, le 27, on apprend que le
kamkalak Nasser est en fuite sur Abécher.

Il n'y a plus qu'à se résoudre au retour. Tandis que
la compagnie Arnaud rentre directement à Abécher
par Mourrah, la compagnie Faure fait un crochet par
Bir Taouil afin d'installer dans ce poste une partie de
son effectif.

Le 10 décembre, les deux colonnes étaient de retour
à Abécher.

____

(1) Note du colonel Largeau sur le combat de Doroté, en
date du 25 mai 1911.

II. Les Enseignements du Combat de Doroté (1).

Dans l'histoire de la conquête du Tchad, au milieu
de cette série brillante de hauts faits, de succès, de victoires, qui forment la trame de notre épopée dans le
centre africain, trois noms seuls sonnent douloureuse-
ment à notre oreille : Ouachenkalé, l'Ouadi Kadja, Doroté. Mais Ouachenkalé n'est, en somme, que la surprise — banale pourrait-on dire — d'un petit détachement isolé. Le guet-apens de l'Ouadi Kadja est un assassinat plutôt qu'un combat. Ces deux faits peuvent
constituer pour nous des souvenirs douloureux : les
enseignements que nous en retirons ont une portée
assez limitée. A Doroté, au contraire, nous voyons une
troupe de 300 tirailleurs, renforcée de 200 auxiliaires,
commandée par un chef de la plus haute valeur, en-
cadrée par des officiers et sous-officiers dont la plupart
ont déjà fait leurs preuves dans le pays même, nous
voyons cette troupe, attaquée dans son propre campement, remporter en fin de compte, ou plus exactement
« ramasser » la victoire, mais une victoire si chèrement
payée, une victoire qui fut si près de nous échapper,
qu'il y a lieu de rechercher les causes de ce demi-
succès au même titre que s'il eût été une défaite.
N'est-ce pas d'ailleurs, la plus noble façon d'honorer
nos camarades tombés à l'ennemi que de rechercher des
enseignements à travers l'héroïsme même de leur mort?

De ces causes, la plus profonde paraît être l'optimisme du commandement et de la plupart des Européens, contrastant avec l'inquiétude des indigènes depuis l'affaire Fiegenschuh. Cet optimisme est l'un des
écueils les plus graves de la guerre coloniale : des

____

(1) D'après, la note du colonel Largeau sur le combat de
Doroté, en date du 25 mai 1911, la lettre du colonel Goullet,
commandant supérieur des troupes de l'A. E. F. au Ministre
des Colonies, en date du 23 août 1911.

succès trop fréquents entraînent volontiers un mépris exagéré de l'adversaire. On ne croyait pas dans la colonne à une attaque massalit. N'est-elle pas caractéristique à cet égard cette parole prononcée par un officier quelques instants avant l'alerte : « Nous allons nous couvrir de ridicule avec nos « 300 fusils et nos deux pièces de canon ». Quant à l'état d'esprit des tirailleurs, ce cri poussé par l'un d'eux dans la mêlée le peint bien mieux encore : « Il faut partir ! Même chose capitaine Ficgenschuh ! »

Il y avait donc dans le détachement un désaccord, une sorte de fissure morale à laquelle la composition très défectueuse de la 5° compagnie donnait une gravité toute particulière. Certes, l'éloge de nos tirailleurs, Sénégalais et Soudanais, n'est plus à faire. Les hommes qui nous ont conquis le Soudan tout entier en moins de 20 ans, qui ont traversé l'Afrique à la suite de Marchand, qui travaillent aujourd'hui à nous donner le Maroc après nous avoir donné Madagascar, ces hommes-là ont amplement montré, et sur tous les terrains, qu'elle peut être leur valeur. A coups d'héroïsme et au prix de leurs souffrances et de leur sang, ils ont acquis les droits les plus absolus à notre reconnaissance et à notre admiration. Tous ceux qui ont eu l'honneur de marcher à leur tête savent quel est leur entrain, leur endurance, leur courage et surtout quelle confiance aveugle et réconfortante, ils témoignent à leurs chefs.

Mais donner une chéchia à un nègre, lui mettre entre les mains un fusil sans même lui apprendre à s'en servir, ce n'est pas faire de lui un tirailleur. Formée hâtivement à Zinder avec des éléments de valeur très inégale, dont beaucoup sans instruction militaire, coupée en deux à Mao où elle laisse la moitié de son effectif, passée des ordres du capitaine Brochot à ceux du capitaine Faure, recomplétée à la dernière minute

avec des éléments d'autres unités, la 5ᵉ compagnie
était un groupement sans valeur militaire, sur lequel
l'action du chef ne pouvait être qu'illusoire et dont la
place, en définitive, était moins sur un champ de bataille que sur le terrain de manœuvre (1). Les tirailleurs de Doroté n'étaient pas les tirailleurs de Dogotchi,
de Djoua et de la prise d'Abécher. Plus exactement : ce
n'étaient même pas des tirailleurs.

Si l'infanterie était de valeur inférieure, la cavalerie
faisait défaut. Sans doute, une section montée faisait
partie du détachement, mais la meilleure infanterie
montée ne peut jamais tenir lieu de cavalerie. Il y a
entre elles une différence fondamentale que l'on est
trop souvent porté à oublier : c'est que l'une combat à
pied et l'autre à cheval ; pour l'une, le cheval n'est
qu'un moyen de transport, pour l'autre, c'est un instru-
ment de combat ; la première n'est qu'un « organe »,
la seconde seule est une « arme ». Si le moindre peloton
de cavalerie eût accompagné la colonne, le 9 novembre,
dès le matin son chef eût certainement fait battre les
environs, tout au moins dans la direction signalée
comme dangereuse. Dès le début de la lutte, une charge
dans le flanc de la colonne Massalit eût émoussé l'élan
de l'attaque et peut-être évité l'envahissement du carré
et la panique. Or il avait existé jadis au Tchad un
escadron de cavalerie : supprimé, en 1908, en tant
qu'unité administrative autonome et incorporé dans une
compagnie, cet escadron ayant perdu son indépendance,
avait fini peu à peu par perdre jusqu'à l'existence.

Un sort presque analogue avait été réservé à la batterie. Supprimée en même temps que l'escadron, elle
avait vu ses deux sections réparties entre deux unités

____

(1) Un certain nombre de tirailleurs de la 5ᵉ compagnie ont
subi le choc du 9 novembre sans avoir, au préalable, exécuté
un seul tir. Quelques recrues autochtones de la 1ʳᵉ compagnie
se trouvaient dans le même cas.

d'infanterie, l'une au Kanem, l'autre au Ouadaï. A ce
régime, l'artillerie était devenue fatalement la domestique de l'infanterie, cette domestique commode qui
effectue les convois et les corvées au détriment de son
instruction, de sa formation, du développement de ses
qualités propres. A constater l'effet terrible produit dans
les rangs Massalits par les quelques boîtes à mitraille
que nos pièces eurent le temps de tirer, on ne peut que
regretter amèrement le désastreux incident qui arrêta
le tir du lieutenant Jolly au moment même où il allait
être le plus efficace. N'est-on pas en droit de penser que,
si l'artillerie avait eu à sa tête un commandant d'unité
indépendant et responsable, les munitions auraient été
visitées tant à leur arrivée qu'au départ de la colonne,
et qu'aucun projectile défectueux n'aurait été emporté
dans les caisses.

Ainsi : mépris exagéré de l'adversaire, insuffisance de
formation et d'instruction des tirailleurs, manque d'autonomie de l'artillerie et de la cavalerie au Tchad, telles
paraissent être les causes premières du demi-échec de
Doroté.

A ces causes d'ordre général intéressant le commandement, l'organisation, il faut ajouter d'autres causes
secondaires, d'ordre tactique : l'extrême fatigue des
hommes et des animaux après la longue étape sans
eau de la veille, et, comme conséquence, l'insuffisance
du service de sûreté, le 9 au matin ; la zériba trop
faible ; l'emplacement défectueux des petits postes de
l'Est : les dimensions insuffisantes du carré, eu égard
à l'énorme quantité de personnel, matériel, animaux qui
s'y trouvaient entassés ; le procédé de commandement
du carré par coins et non par faces, procédé qui divise
l'attention des chefs de section et établit sur chaque
face une dualité de commandement ; enfin l'ouverture
du feu trop tardive, faute qui fut encore aggravée par

le fâcheux contretemps des chameaux venant masquer
le tir de la face attaquée.

Il faut — en dernier lieu — tenir un juste compte de
la valeur de cet adversaire trop méprisé et du caractère
particulier de la résistance à laquelle nous nous étions
heurtés. Alors que, jusqu'à ce moment, nous n'avions
eu à combattre que les bandes guerrières des sultans
(la masse de la population restant indifférente aux
luttes), au Massalit, un chef ayant du prestige, comme
Tadjeddine, avait pu grouper autour de lui la population même. Nous avions eu ainsi affaire à une résistance, non pas nationale à vrai dire, mais populaire.
Sous la conduite de ce chef intelligent et énergique, les
Massalits avaient fort judicieusement recouru, à Doroté comme à l'Ouadi Kadja, à la seule tactique qui
pût être favorable à leur nombre et convenir à leur
armement : l'attaque en masse et par surprise et la recherche immédiate du corps à corps, tactique désespérée, qui, en face d'un adversaire bien armé, entraîne
des pertes énormes et qui ne peut être pratiquée que
par un peuple d'une farouche énergie, exalté par le
fanatisme religieux et la haine de l'étranger.

III. Deuxième Colonne du Massalit (1)

*Premières mesures prises à la suite de l'affaire de
Doroté.* — Dès que lui fut parvenu la nouvelle du
combat de Doroté et de la mort du colonel Moll, le
chef de bataillon Maillard, auquel revenaient de droit
les fonctions de commandant du territoire, prit les mesures indispensables pour combler les vides produits
et préparer les éléments nécessaires à une action énergique et définitive contre le Massalit. La situation était
sensiblement la même qu'après l'affaire Fiegenschuh :

---

(1) **D'après le rapport du commandant Maillard.**

le territoire encore n'avait pas la moindre réserve à sa disposition, et, dégarnir d'un seul homme, en un pareil moment, le Kanem ou le Batha eût été une véritable folie. Il fallut, pour la seconde fois, recourir aux ressources de la colonie voisine. Sur la demande du commandant Maillard, la compagnie Chambon (1ʳᵉ compagnie de l'Oubangui-Chari, rassemblée à Fort-Archambault, fut dirigée d'urgence sur Fort-Lamy et Abécher où elle arriva le 10 janvier. Le commandant était arrivé lui-même, le 21 décembre, à Abécher, accompagné du capitaine d'artillerie coloniale Blard, qui devait réorganiser la section d'artillerie.

Préparation de la colonne. — Dans le but de protéger la frontière ouadaïenne contre les incursions des Massalits enhardis par le retrait de nos troupes, le commandant de la circonscription du Ouadaï avait, dès le milieu de décembre, fait partir les compagnies Arnaud et Faure respectivement pour Téguéré et Gourgnes. A l'abri de la couverture constituée par ces unités et par le poste de Bir Taouil, le commandant Maillard va pouvoir organiser la colonne ; leurs reconnaissances dans les directions de Dérimba, Guérigné, vont lui permettre de l'orienter (voir croquis n° 25).

L'ennemi, après quelques incursions, s'est replié derrière l'Ouadi Kadja. Le commandant décide de concentrer la colonne à Gourgnes et de pénétrer dans le Massalit en remontant le cours desséché de l'Ouadi. La question de l'eau est, en effet, primordiale à cette époque de l'année, et l'on peut espérer en trouver en abondance le long de la route choisie, en creusant dans le lit sablonneux de la rivière.

Le détachement réuni le 18 janvier à Gourgnes comprenait 26 officiers et sous-officiers européens et 516 indigènes, répartis en 4 compagnies (capitaines Chauvelot, Faure, Arnaud, Chambon), une section d'artillerie

(capitaine Biard) et une section montée (lieutenant Vial).
150 cavaliers auxiliaires ouadaïens accompagnaient la
colonne. 76 chameaux marchaient en convoi. Bien que
devant vivre sur le pays, on emportait 4 jours de vivres
sur l'homme, 4 jours de vivres de réserve, 10 jours de
viande sur pied.

Dispositif de marche et de stationnement. — Les
dures leçons de l'Ouadi Kadja et de Doroté nous avaient
suffisamment renseignés sur la méthode de combat
préférée de l'ennemi. Aussi les dispositifs de marche,
de stationnement et de sûreté furent-ils particulièrement étudiés dans le double but d'éviter la surprise et
de parer à l'attaque en masse et à l'enveloppement.

En marche :

La sûreté éloignée était assurée par les auxiliaires
ouadaïens sous les ordres du lieutenant Berraud, la sûreté rapprochée par la section montée.

A l'avant-garde : 1 compagnie ayant une section à
200 mètres en pointe et 2 escouades de flanc-garde.
Chaque fois que le terrain le permet, les sections du
gros d'avant-garde marchent en ligne de sections par
deux à intervalles de déploiement.

Le gros, à 200 ou 300 mètres en arrière comprend :
1 compagnie — l'artillerie — 1 compagnie — le convoi.
Si le terrain permet la marche en carré, les deux compagnies encadrent l'artillerie et le convoi, leurs sections
étant disposées en échelons débordant de l'avant à l'arrière, avec escouades de flanc-garde.

A l'arrière-garde : 1 compagnie.

En station :

Le bivouac est formé en carré, une compagnie sur
chaque face. L'installation au carré se fait sous la protection des auxiliaires et des deux compagnies d'avant-

garde et d'arrière-garde, qui viennent ensuite former les faces avant et arrière du carré.

La sûreté est assurée par un petit poste d'une escouade, le jour, de 4 hommes, la nuit, placé à 200 ou 300 mètres sur chaque bissectrice d'angle, de façon à dégager le champ de tir des faces. Une sentinelle double en avant de chaque face. Dans le carré, chaque homme couche à son poste de combat, son fusil à côté de lui.

Marche et opérations. — Le 19 au matin, la colonne quitte Gourgnes : son objectif est le rassemblement principal ennemi signalé vers Doroté.

Le 20, à Dodorona, le campement est attaqué par environ 300 hommes. Reçu vigoureusement par le feu des compagnies Faure et Arnaud, l'ennemi bat en retraite, laissant 80 morts sur le terrain.

On continue la marche sur Doroté, en suivant jusqu'à Abouroundi le lit de l'Ouadi Kadja. Le 23 janvier, en débouchant dans la plaine de Doroté, la cavalerie auxiliaire signale la présence de l'ennemi. La compagnie d'avant-garde (Chauvelot) se déploie, la compagnie Arnaud à sa gauche, l'artillerie à sa droite ; la compagnie Faure se place en crochet défensif à la droite, la compagnie Chambon en réserve en arrière et à gauche. Suivant leur invariable tactique, les Massalits (1 millier d'hommes à pied et 250 ou 300 cavaliers) se lancent en masse à l'assaut : leur élan est arrêté net à 400 mètres par nos feux d'infanterie et le tir à mitraille de nos deux pièces. Les compagnies Arnaud et Chauvelot se portent alors en avant, baïonnette au canon : l'ennemi fuit sans grande résistance, abandonnant sur le terrain un étendard, 100 cadavres et un grand nombre d'armes.

Le groupement principal étant dispersé, il s'agit maintenant d'atteindre les fugitifs ou les petites fractions disséminées. Le commandant Maillard se porte sur les traces des fuyards dans la direction de Soubach et établit son camp à Tioumané, où il reste du 24 au 27 janvier, faisant rayonner, tout autour de ce point central, des détachements mobiles. L'un d'eux, sous le commandement du capitaine Faure, met encore en déroute, à Djiméné, une troupe de 300 Massalits à laquelle il tue 120 hommes.

Andoka et Doudmourrah se sont, paraît-il, réfugiés au Dar Four, territoire étranger où il n'est pas possible au commandant de la colonne de les poursuivre sans autorisation. Les instructions du gouvernement inter disent par ailleurs tout établissement de poste, toute installation durable dans le Màssalit. Il ne restait d'autre moyen d'action à la colonne que de parcourir le pays en tous sens pour bien montrer aux populations que nous étions les vainqueurs incontestés. Pendant un mois donc des détachements sillonnèrent le pays, suivant de préférence le lit desséché des cours d'eau afin de rencontrer les agglomérations. Nous ne pouvons suivre dans le détail les mouvements de ces détachements, malgré l'intérêt qu'ils présentent. Dridjel, la capitale, est détruite, ainsi qu'un certain nombre de villages, plus de 2.000 têtes de bétail sont capturées, les régions du Dar Djebel et du Dar Irenga font leur soumission.

Le but que s'était proposé le commandant pouvant être considéré comme atteint, les détachements regagnent alors le Ouadaï par différents itinéraires. Le 2 mars, tous les éléments étaient rentrés à Abécher et la colonne était dissoute.

Résultats obtenus. — Au prix de pertes insignifiantes, la colonne avait obtenu des résultats importants : trois victoires, brillamment remportées, Andoka et Doudmourrah en fuite au Dar Four, notre prestige rétabli aux dépens du leur, les « meskins » (1) rendus désormais circonspects par la perte de leurs troupeaux et la ruine de leurs villages.

Enfin nos troupes avaient accompli un pieux devoir en recueillant et ramenant au Ouadaï, pour y être inhumés en terre française, les ossements des Européens tués à Doroté et à l'Ouadi Kadja.

IV. Reconnaissance du Djourab (9 février-7 mars 1911). Combat de Fouka (2).

(Voir croquis n° 17)

Depuis l'affaire de Ouachenkalé, et surtout depuis la fuite des Slimans en août 1910, il régnait dans le Nord du Kanem un malaise bien explicable. Notre impuissance apparente, résultat de l'inaction à laquelle nous condamnait momentanément la situation troublée du Ouadaï, l'audace de nos ennemis se traduisant par des incursions continuelles, n'étaient pas fait pour le calmer. Il était urgent de porter un coup sensible à nos adversaires sitôt que l'occasion s'offrirait.

Le 1er février, le capitaine Cauvin, commandant la compagnie de Zigueï, apprenait par une patrouille de Tédas soumis, qu'il avait envoyée vers le Nord, que tous les campements des Slimans et Tédas dissidents, ainsi que presque tous les chameaux d'Aïn Galakka se trouvaient dans la région de Alo, au Nord du Djourab, à 60 kilomètres environ au Nord-Est du puits de Chicha. Plusieurs rezzous semblaient y être en préparation. Le capitaine estima le moment venu d'agir : il résolut de se porter sur les campements et de disperser le rassemblement en lui infligeant le plus de pertes possible. Ce faisant, il vengerait l'échec de Ouachenkalé et prou-

---

(1) « Meskins », le menu peuple.
(2) D'après le rapport du capitaine Cauvin.

verait à nos adversaires que, malgré leur éloignement, ils ne devaient pas se croire à l'abri de nos coups.

Tout en faisant répandre le bruit que le détachement va probablement se porter sur Ati, les préparatifs de départ se font secrètement, les officiers seuls sont mis au courant du projet.

Composition de la colonne. — La colonne devait comprendre :

4 officiers (capitaine Cauvin, lieutenants Gauckler et Legrand, médecin-major Bouillez) ;
2 sous-officiers européens ;
121 gradés et tirailleurs (114 méharistes, 7 cavaliers) ;
25 employés divers (bellas, boys, guides, etc.).

Elle emmenait 8 chevaux et 210 chameaux, dont 142 de selle et 68 de bât, ces derniers portant la réserve d'eau (24 tonnelets), de cartouches (8 caisses), de vivres (10 jours), le mil des chevaux (30 jours), etc. Chaque cavalier avait un chameau à sa disposition : il est, en effet, de pratique constante sur les confins sahariens, que les chevaux ne doivent pas être montés en cours de marche, sous peine de s'épuiser très rapidement ; le cavalier ne prend son cheval qu'au moment du combat ou lorsqu'il a à exécuter une reconnaissance rapide.

Marche de la colonne. — Le départ a lieu le 9 février. La colonne prend franchement la direction de l'Est, vers Aourack. Ce n'est que le lendemain, à 20 kilomètres de Ziguéï, lorsque les espions qui surveillent certainement le détachement seront bien convaincus de ce qu'il se dirige vers le Ghazal, que la route du Nord sera prise.

Le 13, on arrive à Hacha où l'on passe plus d'une journée à abreuver les chameaux et refaire la provision d'eau. Le capitaine Cauvin apprend là par un Téda, récemment évadé des mains des Borkouans, qu'un rez-zou important est parti d'Aïn Galakka se dirigeant vers le Mortcha.

La marche est reprisé par un vent épouvantable, le sable fouette les visages et masque la vue à moins de 150 mètres. A Yékia où l'on passe 2 jours (du 17 au 19), il est impossible même de dresser les tentes, en même temps la température descend à + 8°, la nuit. Les tirailleurs souffrent beaucoup, l'un d'eux meurt dans la nuit du 18 au 19.

Le 20 on atteint Tangaléa, le vent n'a cessé de souffler en tempête, présentant au moins — en compensation du surcroît de fatigues qu'il impose — l'avantage d'effacer, au fur et à mesure de la marche, la piste du détachement. Le 21 à Kizimi, on trouve autour du puits des traces fort nettes indiquant qu'une troupe d'une centaine d'hommes, avec un grand nombre de chameaux, y séjournait récemment. Dans l'après-midi on réussit à capturer deux hommes : ils déclarent que les traces relevées sont précisément celles du rezzou qui, rentrant d'Om Chalouba, s'est dirigé, avec son butin, sur le puits voisin de Fouka. A ce puits se trouveraient actuellement tous les campements signalés précédemment à Alo ; il y aurait là 200 hommes séparés en deux groupements : 80 Khoans d'une part, 120 Slimans, Tédas et Kindins d'autre part.

Combat de Fouka. — L'occasion est belle. Dès le soir une patrouille va reconnaître la position et le lendemain, 22 février, on part dès 3 heures du matin pour arriver à 5 heures sur une dune qui domine le camp ennemi à l'Est. Le capitaine Cauvin donne ses ordres pour l'engagement. Les Khoans constituant l'adversaire le plus dangereux, c'est sur eux que se portera le premier effort de l'attaque : débuter par un feu intense pour profiter de la surprise, puis foncer rapidement sans laisser traîner le combat, ce qui pourrait être dangereux en présence d'aussi bons tireurs.

A 6 heures 10′ le premier peloton (lieutenant Gauckler) ouvre le feu sur les Khoans. Ceux-ci, malgré la surprise, ripostent immédiatement. Le 2ᵉ peloton (lieutenant Legrand) vient renforcer la ligne, une partie de ce peloton et de la réserve tient en respect les Tédas et les Slimans. Le tir des Khoans bien ajusté, nous cause de rapides pertes, ils reculent à peine devant une première charge. Mais la fuite des Slimans et Tédas et l'entrain extraordinaire de nos tirailleurs les forcent à la retraite. A 8 heures tout est terminé.

Nous avions 1 caporal tué et 9 indigènes blessés dont 1 sergent et 3 caporaux. La plupart des gradés avaient été atteints en venant prendre les ordres auprès de leurs officiers, point de mire des Khoans. L'ennemi laissait une vingtaine de cadavres sur le terrain. Nos prises s'élevaient au chiffre appréciable de 450 chameaux.

Un certain nombre de femmes et d'enfants se trouvaient entre nos mains. Une lettre envoyée à Abdallah Tower, chef de Galakka, le prévenait qu'ils seraient emmenés comme otages et que leur mise en liberté serait subordonnée à la restitution des femmes et des enfants enlevés à Ouachenkalé (1).

---

(1) Cette façon de procéder, bien que dictée par un sentiment louable, fit plus tard l'objet d'une interdiction formelle de la part du colonel Largeau.

« Il est interdit de capturer, au cours des opérations, des « femmes ou des petits enfants, même sous prétexte d'échanges « ultérieurs. » (Consigne annexée à l'ordre général n° 11 du territoire militaire du Tchad, en date du 20 avril 1912.)

Il est, en effet, d'un intérêt primordial de bien ancrer dans l'esprit de ces populations primitives cette conviction que, contrairement à leurs adversaires, les Français « ne font pas la guerre aux femmes et aux enfants ».

Cette fructueuse expédition renouait heureusement la série des succès interrompus par l'échec de Ouachen-kalé. La conduite des tirailleurs avait été parfaite : l'admirable tenue qu'ils avaient montrée au feu n'avait d'égale que l'endurance dont ils avaient fait preuve en cours de route.

www.ingramcontent.com/pod-product-compliance
Lightning Source LLC
LaVergne TN
LVHW021427170726
843501LV00005B/1227